David Safier

Miss Merkel

Mord in der Therapie

Roman

Rowohlt **Kindler**

Originalausgabe
Veröffentlicht im Rowohlt Verlag, Hamburg, Dezember 2024

Satz Albertina MT
Gesamtherstellung CPI books GmbH, Leck
ISBN 978-3-463-00045-9

MIX
Papier | Fördert gute Waldnutzung
FSC® C083411

Für Marion, Ben und Daniel.
Ich liebe euch.

1

Ich bin nicht gereizt», sagte Angela gereizt.

«Oh doch, das bist du», erwiderte ihre beste Freundin Marie. Die Neununddreißigjährige war die einzige Person auf der Welt, die keine Angst hatte, Angela mit der Wahrheit über sich selbst zu konfrontieren.

«Bin ich nicht.» Angela klang noch eine Spur gereizter.

«Und wie du das bist.»

Die beiden Frauen saßen bei schönstem Frühlingssonnenschein an dem Holztisch in Angelas Garten, der ihr Fachwerkhäuschen in Klein-Freudenstadt umgab, einem winzigen Flecken am malerischen Uckermärker Dumpfsee. Dort, so raunte man, schlummere ein schlangenartiges Ungeheuer, das seit den finsteren Tagen des Mittelalters Jormudgandr genannt, aber zu DDR-Zeiten von der Bevölkerung Klein-Freudenstadts heimlich in Margot umgetauft wurde, nach Honeckers Ehefrau.

Der Dritte am Tisch war Angelas Ehemann Achim, der sich gerade eine weitere Tasse seines geliebten Hagebuttentees einschenkte – außer ihm gab es wohl keinen Menschen, der davon im infektfreien Zustand freiwillig mehr als drei Tassen trank. Währenddessen starrte Mike, Angelas Bodyguard, auf die angeschnittene Aprikosentorte. Sie duftete mindestens so wundervoll wie die aufblühenden Rosen im Garten. Mike hatte bereits zwei Stücke gegessen, die so verdammt lecker waren, dass er sichtlich mit sich rang, ein drittes zu verputzen. Seit Mike bei der Hobby-Bäckerin Angela im Dienst stand, hatte er bereits mehrfach neue Dienstkleidung beantragen müssen. Die Ausrede, sein ausgiebiges Bauchmuskeltraining sei schuld an seinem wachsenden Umfang, nahmen ihm seine Chefs schon lange nicht mehr ab. Was jedoch fast schlimmer war: Mike drohte nicht mehr in den stilvollen grünen Anzug zu passen, den er am Wochenende bei seiner Hochzeit mit Marie tragen wollte.

«Ein für alle Mal, ich bin nicht gereizt!», erklärte Angela noch deutlich gereizter.

«Dann bist du vielleicht unleidlich?»

«Marie.»

«Unwirsch?»

«Hör auf.»

«Missgestimmt? Knurrig? Kiebig?»

«Hast du einen Thesaurus verschluckt?»

«Fünsch?»

«Jetzt reicht's aber!», rief Angela unleidlich, unwirsch, missgestimmt, knurrig, kiebig und fünsch, alles auf einmal. Sie schlug mit der Hand auf den Tisch wie damals, als Verkehrsminister Andreas Scheuer in einer Kabinettssitzung behauptete, die Deutsche Bahn würde unter seiner Ägide von Jahr zu Jahr besser werden.

Vor lauter Schreck verschüttete Achim beim Einschenken den Hagebuttentee auf dem Tisch, und Mike schnappte sich seufzend ein weiteres Stück Torte. Er war halt ein Stressesser. Das Ärgerlichste an seiner Angewohnheit war, dass er zunahm, ohne das Essen richtig genießen zu können. Manchmal schmeckte er das Süße gar nicht auf der Zunge, sondern schaufelte es sich hinein wie früher als Kind, wenn seine Eltern sich stritten. In solchen Situationen war das Krümelmonster aus der *Sesamstraße* im Vergleich zu ihm ein Meister der Impulskontrolle.

«Und hiermit beende ich meine Beweisführung», grinste Marie.

«Ich habe nur aufgeschrien», bemühte sich Angela, ihre Fassung wiederzugewinnen, «weil du mich gereizt hast.»

«Du hast schon vorhin am Telefon den Friedrich Merz zurechtgewiesen. Nur weil du nicht für die Partei in den Wahlkampf ziehen willst und er es bitte schön auch nicht tun soll. Und dann hast du ihm gesagt, dass es viele Dinge gäbe, die du lieber tätest, als mit ihm zu sprechen. Zum Beispiel, dir einen Kugelschreiber ins Auge zu bohren. Wie würdest du deinen Zustand denn sonst nennen, wenn nicht gereizt?»

«Aufrichtig», entgegnete Angela. Sie kannte nur wenige Menschen, die sie derart verabscheute wie den CDU-Vorsitzenden. Sie, die gerne vor anderen zum Spaß Politiker imitierte – besonders treffend konnte sie Markus Söder nachahmen, wie er Bäume umarmte –, fand, dass der gute Herr Merz im Grunde eine Parodie seiner selbst war, wenn er, als ehemaliger Investmentfonds-Mann und Privatjet-Besitzer, verkündete, er gehöre zur Mittelschicht.

«Ich möchte dich nicht auf die Palme bringen», sagte ihre Schwarze Freundin sanft und griff nach Angelas Hand. «Aber du bist nicht mehr du selbst, seitdem du deine Autobiografie beendet hast.»

«Das bildest du dir ein», wiegelte Angela ab, fühlte sich aber auch ein klein wenig ertappt. Seitdem sie die letzten Worte der Biografie im Zweifingersystem in den Computer getippt hatte, verspürte sie eine innere Leere. Beim Schreiben hatte sie jeden Tag für mehrere Stunden auf ihre politische Karriere zurückgeblickt, und obwohl sie seitenweise über ihre Erfolge berichtet hatte, konnte sie – trotz allen Stolzes – nicht anders, als auch über ihre Versäumnisse nachzudenken. Gegen den Klimawandel hatte sie nicht genug tun können, die Digitalisierung Deutschlands war eher Anlass zu Trauerkundgebungen, und die Deutsche Bahn sollte man besser umbenennen in *Verstehen Sie Spaß?*. Von der Russland- und Chinapolitik ganz zu schweigen. Sie hatte sich über die grausamen grauen Herren Putin und Xi nie Illusionen gemacht und sich dennoch bei ihnen verschätzt. Wegen all dem hatte Angela, egal wie viele Ehrungen sie auch entgegengenommen hatte, in schwachen Momenten den Eindruck, zu oft versagt zu haben. Und als Rentnerin ohne nennenswerte Hobbys außer Backen und dem Lösen von Mordfällen hatte sie genug Zeit für solche schwachen Momente. War sie wirklich gereizt? Ließ sie etwa ihren inneren Frust an anderen aus?

Angela wandte sich an ihren geliebten Mann Achim. «Puffel, findest du auch, dass ich in der letzten Zeit häufiger gereizt bin?», fragte sie vorsichtig.

«Puffeline», lächelte Achim, «bevor ich antworte, möchte ich voranstellen, dass ich dich liebe.»

«Das weiß ich doch.»

«Schon seit dem ersten Augenblick, an dem wir uns getroffen haben.»

«Das ist mir bewusst.»

«Und ich liebe alles an dir, auch deine Schwächen.»

«Eins der Geheimnisse unserer erfolgreichen Ehe.»

«Ich finde es zum Beispiel sehr süß, wie du kurz nach dem Einschlafen schnarchst.»

Angela hätte sich ein anderes Beispiel für eine liebenswerte Schwäche gewünscht, zumal sich Marie ein Grinsen nicht verkneifen konnte. Mike ließ plötzlich vom vierten Stück Aprikosentorte ab – ja, er hatte sich das dritte bereits vor lauter Nervosität vollständig einverleibt – und schaute irritiert auf.

«Oder dieses Knautschgesicht, das du morgens hast. Ein klein wenig wie Pupsi.» Achim deutete auf den Mops, der im Garten die Stöckchen ignorierte, die Maries knapp dreijähriger Sohn Adrian ihm hinwarf.

Maries Grinsen wurde breiter, woraufhin Angela ihre Hand von der ihrer Freundin löste. Mike bot all seine Selbstbeherrschung auf, um nicht laut aufzulachen. Er war zwar mit seiner Vorgesetzten mittlerweile recht vertraut, aber so vertraut, dass er sich über sie amüsieren durfte, natürlich nicht.

«Puffel, du musst nicht noch mehr aufzählen», versuchte Angela behutsam, ihrem Mann Einhalt zu gebieten.

«Aber ich möchte es.» Achim ließ sich nicht beirren. «Du bist sogar liebenswert, wenn du nach dem Essen eins deiner kieksenden Bäuerchen machst.»

«Bäuerchen?», echote Angela.

«Kieksenden Bäuerchen!», kicherte Marie.

Um nicht loszuprusten, kniff sich Mike in den Unterarm.

«Oder wenn du in der Dusche laut und schief singst, wie gestern zum Beispiel *Skandal um Rosi.*»

Nun biss sich Mike in den Unterarm.

«Und besonders hinreißend war deine Nachdichtung. Du hast das Lied umgetextet in *Skandal um Scholzi.*»

Angela hatte dabei an die Cum-ex-Affäre gedacht.

«Worauf willst du hinaus, Puffel?», fragte sie, nun wieder gereizt.

«Du sollst wissen, dass ich das Folgende aus Liebe und Sorge um dich sage: Du bist nicht nur gereizter, seitdem du deine Biografie geschrieben hast, sondern auch trauriger.»

Trauriger.

Das saß.

Erst jetzt begriff Angela: Sie war tatsächlich trauriger geworden.

Weil sie ihre Fehler der Vergangenheit nicht mehr ändern konnte.

Weil sie die innere Leere in der Rente kaum füllen konnte.

Und obwohl sie so viele liebe Menschen und einen geliebten Hund um sich hatte, spürte Angela einen tiefen Schmerz.

Warum nur reichte ihr das nicht aus, um ein glückliches Rentnerleben zu führen?

Was stimmte nicht mit ihr?

Angela schwieg. Die anderen schwiegen mit ihr. Nur der kleine Adrian nicht, der durch den Garten sprang und so tat, als sei er ein mutiger Ritter und sein Stöckchen ein Schwert, mit dessen Hilfe er einem bösen Drachen klarmachte, dass dieser nur zwei Möglichkeiten für seine Zukunft hatte: sich Hiebe einzuhandeln oder in Zukunft die Flugbereitschaft des kleinen Ritters zu sein. Flugbereitschaft war ein Wort, das nur jene Kinder kannten, die sehr viel Zeit mit pensionierten Spitzenpolitikern wie Angela verbrachten.

«Ich befürchte», sagte Angela mit leiser, gebrochener Stimme, die alle am Tisch besorgte und Mike dazu brachte, doch das vierte Stück Torte zu verputzen, «ich bin nicht in einer Finanz-, Flüchtlings- oder Corona-, sondern in einer ganz persönlichen Krise.»

Nach Angelas Geständnis kehrte Schweigen ein. Marie ergriff erneut Angelas Hand, Achim die andere. Man hörte nichts außer dem leichten Frühlingswind in den Bäumen, Vogelgezwitscher, Adrians lustigem Ritterspiel – das Stöckchen hatte sich mittlerweile in den Flugbereitschaftsdrachen verwandelt, auf dessen Rücken Adrian saß und durch die Winde ritt – und Mikes Schmatzen. Diese Schweigephase dauerte länger als die erste, bis Marie sich ein Herz fasste und sagte: «Ich glaube, du brauchst ein wenig Hilfe.»

«Hilfe?» Angela verstand nicht recht.

«Ja, Hilfe … im Sinne von Hilfe …» Marie betonte das zweite «Hilfe» auf merkwürdige Weise. Angela begriff immer noch nicht.

«Puffeline», mischte sich Achim ein.

«Ja?»

«Marie meint eine Therapie.»

«Therapie?», rief Angela aus. Darüber hatte sie noch niemals nachgedacht. Weil sie es nicht nötig gehabt hatte. Im Gegensatz zu vielen anderen Politikern, die sich in Alkohol, Drogen oder in Frauen- und/ oder Männergeschichten gestürzt hatten, um mit Druck und Überforderung klarzukommen, hatte sie nie solche Kompensationen benötigt, geschweige denn einen Besuch bei einem Psychologen. Erst jetzt, da sie keiner Belastung mehr ausgesetzt war, begann ihre Seele zu schmerzen. Aber das war doch nicht so schlimm, dass sie einen Therapeuten aufsuchen musste, wie Armin Laschet, der seinen Tick, in unmöglichen Situationen zu lachen, heilen wollte. Oder etwa doch?

«Therapie», sagte nun auch Marie mit fester Stimme.

«Seid ihr wirklich alle der Ansicht, dass ich eine machen sollte?», fragte Angela verunsichert in die Runde.

«Nur ein paar Sitzungen», erwiderte Marie. «Die werden bestimmt reichen, damit du dich ein wenig sortierst und stabiler wirst.»

«Schaden kann es nicht, Puffeline», fand Achim.

«Ihr beide habt euch darüber schon unterhalten, nicht wahr?», argwöhnte Angela. Als ehemalige Regierungschefin konnte sie geheime Absprachen, die hinter ihrem Rücken getroffen wurden, buchstäblich wittern.

Marie und Achim nickten bestätigend und drückten ihr dabei lieb die Hände.

Ein paar Sitzungen ..., dachte Angela. Nun, Zeit hatte sie ja genug. Aber dennoch behagte ihr der Gedanke nicht, mit einem wildfremden Menschen über Probleme zu reden, die sie selbst nicht richtig greifen, geschweige denn präzise ausformulieren konnte. Ihr Blick fiel auf Mike. Vielleicht würde er Marie und Achim widersprechen?

Er tat es nicht.

Stattdessen sagte der Bodyguard: «Jedem Menschen kann geholfen werden.»

Angela fiel wieder ein, dass Mike nach dem Aus seiner ersten Ehe ebenfalls in Therapie gewesen war, die ihn emotional gestärkt hatte. Davon hatte er bei seinem Vorstellungsgespräch mit ihr freiwillig und ohne Scham erzählt.

Der Bodyguard setzte in ungewohnt klarem Ton hinzu: «Man zeigt keine Schwäche, wenn man mit einem Profi seine Probleme bespricht. Ganz im Gegenteil: Das ist ein Zeichen der Stärke.»

Der Stärke, zu einer Schwäche zu stehen.

Besaß sie diese Kraft?

Die Vorstellung, zu einem jener auf Politiker spezialisierten Therapeuten in Berlin zu gehen und dort im Wartezimmer auf ehemalige Kollegen zu treffen, war Angela zuwider. Kaum auszudenken, dass sie neben Mitgliedern der Linken-Fraktion, die von Sahra Wagenknecht in den Wahnsinn getrieben worden waren, auf der Couch saß. Ein Hauptstadtpsychologe kam auf gar keinen Fall infrage! Und in dem wahrlich kleinen Klein-Freudenstadt fand sich gewiss kein Therapeut. Die mangelnde ärztliche Versorgung auf dem Land war ein weiterer Punkt, für den sich Angela manchmal schämte, besonders jetzt, als ihr ein Gespräch von letzter Woche einfiel. Ihre alte Nachbarin, Frau Kunze-Kuntze (die Frau hieß von Geburt an Kunze, heiratete einen Kuntze und fand den Doppelnamen witzig – sollte noch einmal jemand sagen, Uckermärker hätten keinen schrägen Humor), hatte Angela ihr Leid geklagt. Die Frau hatte nicht nur sieben Monate auf einen Termin beim Proktologen in Templin warten müssen, sondern verpasste ihn auch noch, weil der Bus, der planmäßig dreimal am Tag von Klein-Freudenstadt abfuhr, plötzlich nur noch dreimal die Woche auftauchte.

«Ich glaube nicht», sagte Angela in die Runde und hoffte, dass sich das Thema Therapie damit erledigen würde, «dass es hier in der Gegend eine entsprechende Praxis gibt.»

«Oh doch. Diplompsychologe Dietrich Fenstermacher», erklärte Marie.

«In der Grünengasse 7», ergänzte Achim.

«Ihr habt das nachgeguckt?»

«Ja, das haben wir, Puffeline.»

«Jeder für sich», fügte Marie hinzu.

«Ihr habt also über mich geredet.»

«Ja», bestätigten beide unisono.

«Und beschlossen, es gemeinsam anzusprechen, damit nicht nur einer von euch Ärger mit mir bekommt?»

«Ja», bestätigten die beiden erneut wie aus einem Mund.

«Am besten in einem Augenblick, in dem ich mich mal wieder gereizt zeige, wie vorhin bei Friedrich Merz?»

«Genau!» Marie und Achim schienen bestens aufeinander synchronisiert zu sein.

«Und wenn ich es nicht mit dem Therapeuten in der Grünengasse versuche, werdet ihr mir auf den Wecker fallen, bis ich einlenke?»

«Du kannst dir wirklich viel Stress mit uns ersparen», grinste Marie. Achim grinste natürlich mit.

«In Ordnung.» Angela gab sich geschlagen und staunte sogleich, dass sie daraufhin so etwas wie Hoffnung schöpfte: Vielleicht würde ihr dieser Doktor Fenstermacher tatsächlich helfen, etwas weniger betrübt zu sein. «Ich werde mir einen Termin organisieren.»

«Nicht nötig», lächelte Marie.

«Ihr habt schon einen für mich vereinbart?»

«In der Tat», bestätigte Achim.

«Und wann?»

«Morgen früh, zehn Uhr», erscholl es von Marie und Achim im Duett zurück.

«Wegen euch beiden», stöhnte Angela, «benötige ich bestimmt eine Extrasitzung.»

Und alle am Tisch lachten, wobei Mike die Tortenkrümel aus dem Mund fielen.

2

Die ganze Nacht hatte Angela kein Auge zubekommen. Die Aussicht, einem Wildfremden die eigenen Probleme offenzulegen, war furchterregend. Achim hatte von ihrer Im-Bett-Herumwälzerei nichts mitbekommen. Der Quantenchemiker besaß einen gesegneten Schlaf, was wohl auch daran lag, dass er zum Einschlafen Quanten zählte. Mops Pupsi, der am Fußende schlummern durfte – er besaß nicht nur eine Vorliebe für Käse, sondern auch für Achims Füße –, hatte die Nacht durchgeschnarcht, wie es nun einmal seine Art war. Mindestens fünfundzwanzig Mal hatte Angela währenddessen entschieden, den Therapeuten nicht aufzusuchen, und mindestens sechsundzwanzig Mal, es doch zu tun. Nun stand sie frisch geduscht und im blauen Blazer in der Küche, während Achim den Mops im nahe gelegenen Wald ausführte. In ihrer Hand hielt sie eine Jubiläumskaffeetasse der CDU zum siebzigsten Geburtstag der Partei. Darauf stand: *70 Jahre sind wir froh, CDU, mach weiter so!* Ursprünglich hatte der Marketingexperte vorgeschlagen, das Wort ‹so› mit ‹h› zu schreiben: ‹soh›, damit jeder den Reim auch verstand. Damit hatte er Angela in ihrer Ansicht bestätigt, dass Leute, die sich Slogans für Parteien ausdachten, die Wähler in Wahrheit verachteten.

Sie blickte auf die Uhr: In zehn Minuten müsste sie aufbrechen, um ihren Termin bei Doktor Fenstermacher in der Grünengasse wahrzunehmen. Sie gab sich innerlich einen Ruck, aber bevor sie damit fertig war, klingelte es. Angela eilte durch den schmalen Flur ihres Fachwerkhäuschens und öffnete die Tür. Vor ihr stand ein kleiner, südländisch wirkender Mann, der sie ein wenig an diesen Sänger erinnerte, Adriano Celentano. Mit italienischem Akzent stellte der Mann eine Frage, die Angela schon seit den Neunzigerjahren nicht mehr gehört hatte: «Sind Sie Angela Merkel?»

«Ja, ich bin Angela Merkel», antwortete Angela, etwas, was sie ebenso lange nicht mehr hatte tun müssen.

«Mein Name ist Enrico Pallazzo, Signora. Und ich habe etwas für Sie.»

Angela staunte. Was sollte der Mann für sie haben? Da er aussah wie Adriano Celentano, dachte sie für einen Augenblick, er würde sagen: ‹Ein Ständchen›, und sogleich singen: *Azzurro* ...

Doch Enrico Pallazzo tat nichts dergleichen, sondern zeigte auf ein dreirädriges motorisiertes Gefährt, ein Kleintransporter mit offener Ladefläche. Eine sogenannte Ape. Sie war grün und schon ein wenig ramponiert.

«Die ist für Sie, Signora.»

«Für mich?»

«Für Sie.»

«Das muss ein Missverständnis sein.»

«Sie sind doch Signora Merkel.»

«Ja.»

«Dann ist das kein Missverständnis. Sie haben sie geerbt.»

«Wie? Von wem?»

«Von Silvio Berlusconi.»

«Berlusconi?» Angela war sprachlos. Er hatte sie in seinem Testament bedacht? Dabei hatten sie sich gar nicht gemocht, was den Italiener jedoch nie daran gehindert hatte, ihr Bussis auf die Wange zu drücken, die mehr als feucht waren.

«Ich soll Ihnen vom Testamentsvollstrecker ausrichten, dass es etwas gedauert hat, bevor unser Ex-Premier das Erbe sortieren konnte. Signor Berlusconi hatte so viele Model-Freundinnen, die behaupten, ihre Kinder wären von ihm. Und dann die ganzen Briefkastenfirmen. Der Notar glaubt, dass die Aufgabe erst gelöst sein wird, wenn alle angeblichen Erben und Erbeserben tot sind. Aber diese Ape gehört jetzt Ihnen. Und hier ist noch ein Brief von Signor Berlusconi für Sie.»

Pallazzo überreichte ihr den Brief, sie öffnete ihn und las: ‹Liebe Angela …›

Angela hörte in Gedanken Berlusconis Stimme, die ölig war wie seine Haare: ‹Ape heißt in deiner Sprache Biene. Du warst zwar keine flotte …›

Na, vielen Dank, jetzt musste sie sich von dem Kerl auch noch posthum beleidigen lassen.

‹… aber eine fleißige, die auch mal brutal stechen konnte. Daher passt das Auto, das ich als Teenager gefahren habe, sehr gut zu dir.›

Das klang jetzt schon freundlicher.

‹PS: Dem Sarkozy habe ich eine Trittleiter vermacht.›

Angela musste schmunzeln: Das einzig Angenehme an Berlusconi war, dass man mit ihm auf EU-Gipfeln wunderbar über den Franzosen mit dem Napoleon-Komplex lästern konnte. So wie das einzig Angenehme an Sarkozy war, dass man mit ihm über Berlusconis Eitelkeit scherzen konnte. Was die beiden hinter ihrem Rücken über Angela tratschten, hatte sie nie wissen wollen und in den Geheimdienstberichten beim Lesen übersprungen.

«Unterschreiben Sie bitte hier», sagte der Überbringer des grünen Gefährts, das nicht den Anschein erweckte, irgendwelchen deutschen Kfz-Normen zu folgen. Angela setzte ihre Signatur auf das Blatt Papier und war damit Besitzerin einer nicht wirklich verkehrssicheren Ape. Zu diesem Zeitpunkt konnte sie nicht ahnen, dass sie sich schon bald darin auf einer mörderischen Verfolgungsjagd befinden würde. Und neben ihr ein Exhibitionist, der voll irrer Freude beim halsbrecherischen Kurven durch die engen Gassen von Klein-Freudenstadt Berlusconis Lieblingsworte brüllte: «Bunga Bunga!»

3

Angela sah sich in der Grünengasse um. Wie in vielen Straßen ostdeutscher Kleinstädte standen auch hier sanierte Häuser neben einigen mehr oder weniger verfallenen, etwa im Verhältnis eins zu vier. Die alten Bruchbuden, im Grunde Ruinen, waren billig zu haben, teilweise reichten schon 10 000 Euro für ein 500-Quadratmeter-Haus. Dafür musste man jedoch mindestens 800 000 Euro hineinstecken, um es auf den neusten Stand zu bringen, und wer investierte eine solche Summe schon in einem Ort, in dem der Zuzug des Ehepaars Merkel die Abwanderung junger Menschen nicht mal im Ansatz wettmachen konnte?

Haus Nummer sieben, in dem der Psychologe Fenstermacher seine Praxis hatte – vielleicht auch seine Wohnung? –, war eindeutig renovierungsbedürftig. Die Fassade des Fachwerks war grau verwittert und mit schwarzen Kritzel-Grafittis überzogen. Das Niveau der Sprüche ging über ‹Deine Mutter› nicht hinaus. Das Gebäude wirkte insgesamt windschief, und am Dach fehlten sogar einige Ziegel, die gewiss von Stürmen davongefegt worden waren. Zwischen den beiden mit gelber Farbe gestrichenen Nachbarhäuschen mutete Nummer sieben zwar recht trist, andererseits aber auch sehr eigen an.

Angela blieb auf der gegenüberliegenden Straßenseite stehen und zögerte. Nicht so sehr aus Unsicherheit, ob sie das Abenteuer Therapie wagen sollte – Marie und Achim hatten sich so bemüht, da war es das Mindeste, dem Ganzen eine Chance zu geben –, sondern weil sie nicht dabei beobachtet werden wollte, wie sie die Praxis des Psychologen betrat. Jetzt verfluchte sie sich, dass sie ihre lange braune Perücke und ihre große braune Sonnenbrille nicht dabeihatte. Utensilien, die sie benutzte, wenn sie unerkannt durch Berlin flanieren wollte. Achim fand immer, dass sie in dieser Aufmachung eine gewisse Ähnlichkeit mit Gina Lollobrigida besaß, was Angela zwar als schmeichelhaft empfand, aber auch daran zweifeln ließ, ob ihr Ehemann überhaupt eine Vorstellung davon hatte, wie die Lollobrigida aussah.

Sie blickte sich um. Doch jedes Mal, wenn sie dachte, jetzt wäre die Bahn frei, tauchten wieder Menschen in der Straße auf. Zum Beispiel die vier Damen im fortgeschritteneren Alter, die ihren Stammtisch in der Marktplatz-Bäckerei Wurst abhielten. Sie nannten sich ‹Die Lästermäulchen›, was keineswegs ironisch gemeint war. Gerade jetzt waren sie wieder im Läster-Einsatz. Eine kleine Frau mit weißer Pudelfrisur, die Anführerin der Truppe, erzählte den anderen: «Dem Albrecht ist die Frau weggerannt.»

Ein ‹Ah› und ‹Oh› ertönte aus den Kehlen der Golden Girls.

«Die ist einfach auf und davon», redete die Pudelfrisur weiter, «obwohl sie ihre Hüftprothese noch nicht bekommen hat.»

Gekicher bei den Damen.

Diese Lästermäuler duften auf keinen Fall bemerken, wie Angela hinter der Praxistür des Therapeuten verschwand. Sie tat daher, als ob sie nur auf der Straße angehalten hatte, weil sie etwas in ihrem Handy nachsehen wollte. Die Damen wuselten an Angela vorbei, ohne sie zu begrüßen. Als Klein-Freudenstädter waren sie schon so sehr daran gewohnt, der Ex-Kanzlerin zu begegnen, dass sie sich davon nicht mehr aus dem Gesprächskonzept bringen ließen.

«Jetzt ist die Doro hinter dem Albrecht her», lästerte die Pudelfrisur weiter. «Die hat sich bei Zalando deshalb sogar ein Negligé gekauft. Ich sag ja: Je oller, je …»

«Doller?», fragte eine besonders hochgewachsene Dame.

«Nö, wuschiger!»

Alle Golden Girls lachten laut auf. Gleich würden sie auf den Marktplatz einbiegen und nicht mitbekommen, was Angela vorhatte. Sie wollte bereits durchatmen, da öffnete sich im Haus Nummer sieben ein Fenster, und ein Mann schaute heraus. Er trug einen braunen Cordanzug, war vielleicht fünfundvierzig Jahre alt, hatte in etwa noch die gleiche Anzahl an Haaren auf dem Kopf und wirkte abgekämpft. Gewiss war es Doktor Fenstermacher. Unwillkürlich wollte Angela auf dem Absatz kehrtmachen, doch der Mann rief: «Frau Merkel, hier ist meine Praxis!»

Prompt fuhren die Lästermäulchen herum.

Das hatte Angela gerade noch gefehlt. Sicher würden die Weiber gleich in der Bäckerei Wurst bei Käsebrötchen mit Remoulade und Cappuccino mit Schokostreuseln tratschen, sie wäre nicht ganz richtig im Kopf. Doch Angela schaltete schnell und rief zurück: «Danke, ich hole dann jetzt die Rezepte für meinen Bodyguard!»

Als Therapeut, so hoffte Angela, würde Fenstermacher sofort erkennen, dass sie sich nicht in der Öffentlichkeit als seine Patientin zu erkennen geben wollte.

Er erkannte es nicht. Sondern erwiderte unüberhörbar: «Ich habe keine Rezepte. Sie haben jetzt Ihren Termin bei mir!»

Neugierig starrten die Lästermäulchen Angela an. Sie versuchte sich an einem Lächeln und sagte zu den Damen: «Der Herr Fenstermacher ist wirklich ein Witzbold.»

«Sie können», brüllte der Psychologe daraufhin über die Straße, «ruhig dazu stehen, dass Sie bei mir in Therapie gehen. Das ist der erste Schritt zur Heilung!»

Die Lästermäulchen grinsten, drehten sich um und eilten in Richtung Marktplatz. Dabei hörte Angela noch, wie die Pudelfrisur-Dame meinte: «Vielleicht ist der Merkel ja der Mann weggelaufen.»

«Wäre die dann eine für den Albrecht?», fragte die hochgewachsene Alte.

«Wenn die Merkel sich an ihn ranmacht, läuft die Doro Amok», gluckste die Frau mit der Pudelfrisur, und alle Lästermäulchen amüsierten sich bei dieser Vorstellung.

Angela seufzte und blickte zu dem Psychologen, der jedoch nicht mehr am Fenster stand. Dafür öffnete er bereits unten die Tür. Sie überquerte die Straße und betrat die Praxis für die letzte Therapiestunde, die der Psychotherapeut Dietrich Fenstermacher in seinem Leben abhalten sollte.

4

Gemeinsam mit dem Psychologen stieg Angela die abgewetzte Holztreppe hoch, die noch lauter knarzte als Joe Bidens Hüftgelenke. Im muffigen Treppenhaus hing ein Van-Gogh-Bilderkalender von 2008. Damals hätte Angela es sich sicher nicht träumen lassen, dass sie an dieses Jahr – trotz der Finanzkrise – einmal als ‹die gute alte Zeit› zurückdenken würde. Oben angekommen, folgte sie dem Therapeuten in sein Arbeitszimmer, das überraschend modern eingerichtet war und damit einen Gegensatz zu den windschiefen alten Wänden bildete: Auf dem schicken Chromschreibtisch entdeckte Angela einen Apple-Laptop, eine Stehlampe aus dem Einrichtungshaus und weiße Bücherregale voller Aktenordner, wie man sie auch in Abgeordnetenbüros finden würde. Fenstermacher setzte sich auf seinen ergonomischen Stuhl und bat Angela um ihre Krankenkassenkarte. Er las sie ein und tippte diverse Dinge in Formulare, wobei er sich Zeit ließ. Nicht demonstrativ, sondern weil es ihm sichtlich an Elan fehlte. Von Nahem wirkte der Therapeut noch müder. Wie ein Mann, der dringend ein Jahr Auszeit benötigte. Es muss, dachte Angela, auch hart sein, sich ständig mit den belastenden Problemen von anderen Leuten auseinanderzusetzen.

Vorerst jedoch bekam Fenstermacher belastende Probleme mit seinem Drucker und versuchte, die Tintenpatrone neu einzusetzen, eine Aufgabe, in deren Verlauf er seine Finger und den braunen Cordanzug bekleckerte. Währenddessen harrte Angela vor dem Designer-Schreibtisch aus. Es fehlte schlicht eine Sitzgelegenheit. In der Nacht hatte sie sich gefragt, ob sie bei der Therapie auf einem Stuhl sitzen oder auf einer Couch liegen würde, aber weder das eine noch das andere Möbel war in diesem Büro zu finden. Sie kombinierte daher, dass die eigentliche Stunde mit Fenstermacher in einem anderen Raum des Hauses stattfinden würde.

«So.» Fenstermacher reichte ihr die Karte zurück. «Ich bin jetzt mit den Formalitäten fertig.»

«Und was geschieht jetzt?»

«Sie gehen schon mal in das Zimmer gegenüber.»

«Einverstanden.»

«Und dann warten Sie da bitte auf die anderen.»

«Die anderen?»

«Aus der Gruppe.»

«Gruppe?»

«Es ist eine Gruppentherapie.»

Über dieses Detail wäre Angela gerne vorher informiert worden.

5

Angela verließ das Büro und blickte ins Treppenhaus. Für einen kurzen Augenblick spielte sie mit dem Gedanken, gleich wieder zu verschwinden und sich wie die alten Damen in der Bäckerei Wurst ein Käsebrötchen – nirgends sonst gab es so leckere Remoulade – und einen Cappuccino mit Schokostreuseln zu bestellen und sich draußen an einen Tisch in den Uckermärker Sonnenschein zu setzen. Angela fand sowieso, ohne jegliche wissenschaftliche Evidenz, dass er der schönste Sonnenschein der Welt war. Aber wenn sie dies täte, würde Achim enttäuscht sein und Marie sie feige nennen. Und sie würde der Freundin nicht einmal widersprechen können. Aber wenn Angela eines nicht sein wollte in ihrem Leben, dann feige. Sie hielt inne und versuchte, sich das Positive der Situation zu vergegenwärtigen: In einer Gruppentherapie würde sie sich gewiss nicht gleich zu Beginn mit ihren Problemen offenbaren müssen. Das konnte niemand von ihr erwarten. Stattdessen könnte sie beobachten, ob der Therapeut überhaupt etwas taugte – Zweifel waren angesichts seines erschöpften Auftretens angebracht.

Angela trat in den gegenüberliegenden Raum, wobei ihr das mehrmals gesprungene Milchglas der Tür ins Auge stach. War das eine Alterserscheinung, oder hatte jemand vor lauter Zorn gegen die Scheibe gehämmert?

In dem Zimmer war ein Stuhlkreis aus alten Holzstühlen aufgestellt, deren geblümte Sitzpolster bereits verblichen waren. An der Wand entdeckte Angela einen Holztisch mit einer orangefarbenen Plastiktischdecke, darauf drei Thermoskannen, zudem Kekse, Obst und jede Menge Becher und Teller, die der Therapeut vermutlich seit seinem Studium in verschiedenen Lebensphasen gesammelt hatte. Insgesamt zählte Angela sieben Stühle – was darauf schließen ließ, dass außer ihr noch fünf weitere Patienten kommen würden, denn einer der Plätze war sicher für den Therapeuten reserviert.

Ein Mitglied der Gruppentherapie saß schon da und wippte nervös hin und her: eine junge Frau mit blau gefärbtem Filzhaar, abgeknabberten Fingernägeln und einem Tattoo, das einen roten Kreis in einem schwarzen Herz abbildete. Angela kannte das Symbol, da war sie sich sicher, konnte es aber momentan nicht zuordnen. Die junge Frau blickte zu ihr hoch, erkannte sie, erschrak, wandte rasch den Kopf zur Seite und schlang ihre Arme um sich, wie um sich festzuhalten. Na, das kann ja heiter werden, dachte Angela bei sich.

Sie näherte sich dem Tisch, suchte sich einen Becher aus, der ihr sauber erschien, und öffnete eine der Thermoskannen. Der Geruch von viel zu starkem Beutelschwarztee strömte ihr entgegen. Sie griff sich die nächste und seufzte. Instantkaffee. Plötzlich sehnte sie sich nur noch mehr nach den Tischen im Sonnenschein vor der Bäckerei Wurst.

Angela goss sich Kaffee ein, verfärbte ihn mit jeder Menge H-Milch, natürlich nicht ohne sich vorher des Haltbarkeitsdatums zu vergewissern, und setzte sich auf einen freien Platz. Erst jetzt bemerkte sie das iPad, das auf einem der Stühle lag. Was wollte der Therapeut damit?

Bevor sie weiter darüber rätseln konnte, schwang die Tür auf, und ein junger Mann trat ein. Er trug ein schwarz-weiß quer gestreiftes T-Shirt und eine weiße Hose, die von roten Hosenträgern festgehalten wurde. Sein Gesicht war weiß geschminkt: ein Pantomime.

Ein Pantomime?

Angela überlegte ernsthaft, ob sie in einem absurden Theaterstück von Samuel Beckett gelandet war: *Warten auf den Therapeuten.*

Der Pantomime begrüßte sie, indem er eine imaginäre Blume von einer ebenso imaginären Wiese pflückte und sie Angela entgegenstreckte. Dabei lächelte er mit aufgerissenen Augen, wie es nur Pantomimen taten. Der junge Mann schien freundlich zu sein. Mental instabil, aber freundlich. Angela nahm die Blume – bestimmt eine Rose – und sagte, durchaus amüsiert: «Vielen Dank.»

Der Pantomime verbeugte sich galant. Anschließend pflückte er eine Menge weiterer Blumen von der Wiese, band sie zu einem Strauß und wollte sie der jungen Frau überreichen, doch die zog ihre Beine auf den Stuhl und kauerte sich noch mehr zusammen. Der Pantomime legte seinen Strauß auf dem Platz neben ihr ab und setzte sich auf einen anderen. Dabei rieb er sich eine imaginäre Träne aus dem Auge. Er wirkte aufrichtig betrübt.

Eine Weile saßen die drei schweigend da. Die junge Frau mit den blau gefärbten Filzhaaren schloss die Augen, während der Pantomime so tat, als würde er Luftballons aufblasen und zu Ballontieren zusammenknoten. Was die beiden Patienten wohl hierherführte? Angela konnte sich keinen Reim darauf machen. Umso neugieriger war sie, was passieren würde, wenn die Therapiestunde losging. Vorausgesetzt, der Pantomime würde überhaupt sprechen.

In diesem Moment wurde die Tür aufgerissen, und ein kleiner untersetzter Mann mit silbernem Haarkranz stürmte in den Raum. Er war vielleicht sechzig Jahre alt. Sein schwarzgrauer Oberlippenbart war gerade noch breit genug, um nicht sofort Assoziationen mit Charlie Chaplin und Adolf Hitler zu wecken. Dass zwei derart unterschiedliche Menschen wie der Komiker und der Diktator zur gleichen Zeit ein so ähnliches Markenzeichen besessen hatten, faszinierte Angela stets aufs Neue, besonders seitdem sie erfahren hatte, dass Chaplin und Hitler in einem Abstand von nur vier Tagen geboren worden waren.

«Meine verdammte Krankenkasse», meckerte der Mann drauflos, «hat die Therapie nicht verlängert. Da zahlt man Jahrzehnte ein und bekommt rein gar nichts für seine Kohle! Dieses Land geht endgültig den Bach runter!»

Es war Angela sofort klar, dass sie einen waschechten Wutbürger vor sich hatte. Sicher hatten diese Menschen Gründe für ihren Zorn, meist sehr persönliche, wie Angela wusste, doch sie hatte kein Interesse daran zu erfahren, um welche es sich bei diesem Mann handelte.

«Ach du Scheiße!», fluchte er, als er Angela entdeckte. «Was machen Sie denn hier?»

«Das Gleiche wie Sie», konterte Angela nüchtern.

«Sich über die Krankenkasse aufregen?» Der Mann verstand nicht sofort.

«Ich nehme an der Gruppensitzung teil.»

«Soll das eine Schocktherapie für mich werden?», ätzte der Kerl.

«Werner», erklang eine Frauenstimme, «was habe ich dir gesagt, wie du dich anderen Menschen gegenüber benehmen sollst?»

«Netter», grummelte der Wutbürger und schielte zur Tür, wo eine rundliche, fröhliche, blond gefärbte Mittfünfzigerin im knallrosa Kleid stand.

«Ganz genau!»

«Aber das ist Angela Merkel!»

«Und auch zu ihr sind wir nett!», erklärte die mollige Frau, ging auf Angela zu, streckte ihr die Hand entgegen und sagte: «Hallo, ich bin die Rosa.»

«Guten Tag, Rosa.» Angela schüttelte ihr die Hand.

«Eigentlich heiße ich Barbara, aber ich finde Rosa schöner.»

Angela lächelte freundlich und dachte sich, dass Rosa eine bessere Vornamenswahl war als Magenta, Creme oder Ocker.

«Willkommen in der Gruppe», strahlte Rosa zurück und löste den Händedruck, «ich habe mich schon gefragt, wann Sie hier mitmachen.»

«Sie haben sich das gefragt?», staunte Angela.

«Ich habe Sie öfter mit Ihrem Hund durch den Ort spazieren sehen, und dabei wirkten Sie in letzter Zeit immer so betrübt.»

Hatten etwa alle Einwohner Klein-Freudenstadts begriffen, dass sie traurig war, bevor sie es selbst bemerkt hatte?

«Ich wäre», stänkerte Werner, der sich einen Kaffee einschenkte, der ihn garantiert nicht beruhigen würde, «auch traurig, wenn ich das Land in diesem Zustand hinterlassen hätte.»

Angela war tief getroffen, tiefer, als ihr lieb war. Rosa hingegen meinte mitfühlend: «Hören Sie nicht auf Werner. Das tun wir auch nicht. Tut keiner.»

«Wäre aber besser», grummelte der Wutbürger.

«Das hier ist die Nele.» Rosa deutete auf die junge Frau.

«Eine Bekloppte aus der *Letzten Generation*», schnarrte Werner und setzte sich auf einen Stuhl, während Rosa sich den Keksen widmete, frei nach dem Motto: ‹Wenn schon einer, dann gleich drei!› Jetzt erinnerte sich Angela wieder, woher sie das Tattoo der jungen Frau kannte: Es war das Logo der Klimaaktivisten-Organisation.

«Die haben alle zu oft von ihrem Kleber geschnüffelt», fuhr Werner fort, «und zu viele Gendersternchen geraucht.»

Der Mann war wirklich kein Meister des Sprachbildes, doch Angela merkte sofort, dass zwischen ihm und dem Mädchen eine nicht gerade therapieförderliche Stimmung herrschte. Ebenso wie zwischen ihm und dem Pantomimen, der sich vor Werner aufbaute und seine Lippen mit einem Reißverschluss zu verschließen schien, eine Bewegung, die dem Wutbürger bedeuten sollte, den Mund zu halten. Ganz offenbar wollte der Pantomime Nele schützen.

«Wie oft denn noch», schnauzte der kleine Werner den jungen Künstler an, «wenn du etwas zu sagen hast, dann sag es!»

«Du weißt», mischte sich Rosa ein, «dass er das nicht kann, wegen seinem Trauma.» Sie biss genüsslich in ihren fünften Keks.

«Trauma, Trauma, wenn ich das höre, früher hatten Männer keine Traumen, sondern Träume!»

«Sie sind schon wieder am Streiten», seufzte Fenstermacher, der in diesem Moment den Raum betrat.

«Sie wissen doch», lächelte Rosa, «wie unser Werner ist.»

«Ja», antwortete der Therapeut, und man hörte förmlich sein nicht ausgesprochenes ‹Leider›. Kurz hegte Angela den Verdacht, Fenstermacher hätte höchstpersönlich dafür gesorgt, dass die Kasse die Therapie des Wutbürgers nicht verlängerte, um sich das Leben einfacher zu machen.

Der Therapeut hingegen griff nach dem iPad und erklärte: «Ich schalte noch die Hiltrud hinzu.» Er entsperrte das Tablet, wischte zweimal und drückte einmal, stellte das Gerät hochkant auf den Stuhl, und eine Frau um die vierzig mit anscheinend seit Wochen nicht gewaschenen Haaren und fahlem Gesicht erschien auf dem kleinen Bildschirm. Sie saß in einem Zimmer eines alten Hauses auf einem Plüschsessel, umgeben von Stapeln und Stapeln und noch mehr Stapeln von Büchern, zwischen denen sich weitere Haufen wahllos aufeinandergeworfener Druckerzeugnisse türmten. Die Teilnehmerin war offensichtlich eine Art Bücher-Messie. Hatte Fenstermacher sie zugeschaltet, weil sie weit entfernt lebte? Oder weil sie an einer Krankheit litt?

Fenstermacher wollte sich auf seinem Stuhl niederlassen, da hielt der Pantomime ihm die Hand entgegen.

«Ich soll mich nicht hinsetzen?»

Der Pantomime nickte.

«Liegt da wieder eine unsichtbare Reißzwecke auf meinem Platz?»

Der Pantomime schüttelte den Kopf.

«Ein Furzkissen?»

Erneutes Kopfschütteln.

«Es ist», flüsterte Nele, kaum hörbar, «ein Strauß Sonnenblumen.»

Der Pantomime nickte, nahm den imaginären Strauß vom Stuhl,

ging zu einer leeren verstaubten Billigvase, die auf dem Fensterbrett stand, und steckte die Blumen hinein. Angela aber staunte. Die junge Frau wusste sogar, dass es sich bei dem Strauß um Sonnenblumen handelte. Sie selbst war ja von Rosen ausgegangen. Anscheinend lag diese Nele mit ihrer Fantasie auf der gleichen Wellenlänge wie der Pantomime.

«Was für ein Affenzirkus», stöhnte Werner.

Auch wenn Angela Wutbürgern ungern recht gab, konnte sie den Gedanken, dass sie in einem ebensolchen gelandet war, nicht abschütteln. Um sie herum nur bunte, merkwürdige Gestalten, die man nicht ernst nehmen konnte. Das änderte sich erst, als Angela von dem Schmerz ihrer Mitpatienten erfuhr.

6

Nele», begann Fenstermacher in behutsamem Ton. «Magst du uns erzählen, was dich diese Woche bewegt hat?»

Die junge Klimaaktivistin schwieg und hielt sich weiter selbst umklammert.

«Du kannst dich ruhig öffnen, du bist hier sicher.»

«Der …», sagte Nele leise und brach ab.

«Ja?»

«Der Schwertstör …», hob sie noch mal an und brach wieder ab.

«Der Schwertstör?»

«… ist jetzt ausgestorben.»

«Ich verstehe nicht ganz.»

Damit ist er nicht allein, dachte Angela, die in der Runde und auf dem iPad fragende Gesichter bemerkte. Sie nippte an dem Instantkaffee, woraufhin ihr klar wurde, warum sie außer dem Wutbürger die Einzige im Raum war, die sich welchen eingegossen hatte. Rasch stellte sie die Tasse auf dem Boden ab.

«Der Schwertstör ist ein Riesenfisch, der im Jangtse gelebt hat.»

«Ach du meine Güte», stöhnte Werner auf, dem anscheinend nichts gleichgültiger sein konnte als eine ausgestorbene Tierart in einem chinesischen Fluss. Vielleicht noch, mutmaßte Angela, der Klimawandel und das Schicksal von Flüchtlingen an den Außengrenzen der Europäischen Union. Für Letzteres fühlte sich Angela ebenfalls verantwortlich, hatte sie doch, obwohl sie offiziell von ‹Wir schaffen das› gesprochen hatte, den ein oder anderen unappetitlichen Hinterzimmerdeal mit Autokraten wie dem türkischen Präsidenten Erdoğan abgeschlossen. Wie unappetitlich diese Abmachungen waren, wurde einem bewusst, wenn man Flüchtlingslager wie das griechische Moria besuchte, was Angela tunlichst vermieden hatte.

«Woher weißt du das mit dem Fisch?», fragte Fenstermacher. «Hast du das wieder in den sozialen Medien aufgeschnappt?»

Nele schwieg.

«Was habe ich dir gesagt, was du tun sollst, wenn du wieder gesund werden möchtest?»

«Mir ein Handy kaufen, mit dem man nicht im Internet surfen kann.»

«Und, hast du das getan?»

«Nein.»

«Und warum nicht?»

«Wie hätte ich denn sonst vom Schwertstör erfahren sollen?»

Fenstermacher bemühte sich sichtlich, nicht die Augen zu verdrehen.

«Weißt du, Nele», mischte sich Werner Wutbürger, wie ihn Angela mittlerweile insgeheim nannte, ein, «warum dir der Schwertstör so wichtig ist?»

«Weil mir alle Wesen, die wir Menschen vernichten, wichtig sind?»

«Weil ihr beide schwer gestört seid.» Werner lachte als Einziger über seinen Witz. Fenstermacher schielte zur Decke, als ob er sich dort Erlösung von seinen Patienten erhoffte. Rosa verzog missbilligend das Gesicht. Der Frau im iPad schien das Ganze Unbehagen zu bereiten. Und der Pantomime zündete unbemerkt von Werner eine imaginierte Dynamitstange an und rollte sie unter seinen Stuhl. Anscheinend war der junge Mann doch nicht so freundlich wie gedacht. Besaß er gar ein Gewaltpotenzial?

«Nele», Fenstermacher zog das Gespräch wieder an sich, «du wirst keine Fortschritte verzeichnen, wenn du weiter alles Üble der Welt auf dich einprasseln lässt. Damit ist niemandem geholfen. Weder dir noch dem Schwertstör.»

«Der ist ja auch ausgestorben», erwiderte sie leise.

Fenstermacher seufzte, und Angela betrachtete mitfühlend das Mädchen, das, wie einige in seiner Generation, von den schrecklichen Nachrichten über den Planeten und seine Ökosysteme paralysiert war.

«Und du, Werner», wandte sich der Therapeut an den Wutbürger, «fühlst du dich besser, wenn du verbal auf jemanden einschlägst, der anders aufs Leben blickt als du?»

«Ein bisschen schon», antwortete Werner defensiv.

«Das ist ja auch einfacher, als sich mit dem Tod auseinanderzusetzen.» Fenstermachers Stimme wurde überraschend scharf. War dies eine Therapeutentechnik, um etwas aus seinem Patienten herauszukitzeln, oder verlor er die Geduld mit dem Schnauzbartträger?

Werner jedenfalls sagte gar nichts mehr. Und Angela erkannte auf einmal einen tiefen Schmerz in seinen Augen. War Werner etwa krank und stand kurz vor dem Tod? Oder war jemand, den er liebte, verstorben? Die Ehefrau vielleicht? War das vielleicht der persönliche Grund für seinen Zorn? Angela selbst würde die Welt jedenfalls als furchtbar ungerecht empfinden und auf sie wütend werden, wenn ihr Achim vorzeitig aus dem Leben gerissen werden sollte.

«Wollen wir über mich reden?», schlug Rosa vor. «Das könnte die Stimmung aufhellen.»

«Gute Stimmung ist bei dir ja nie das Problem», antwortete Fenstermacher. Einerseits schien er dankbar dafür zu sein, sich vorerst nicht weiter mit Werner auseinandersetzen zu müssen, aber Angela schloss aus seiner Äußerung, dass Rosas heiterer Gemütszustand Teil ihres eigentlichen Problems war.

Im Folgenden beschrieb die gut gelaunte Mittfünfzigerin in vielen Einzelheiten, wie wunderbar die letzte Woche verlaufen war: Sie hatte wieder eine Katze im Internet geordert, die ansonsten in Kreta verhungert wäre. Ein richtiger Springinsfeld war die Kleine, die sich auch prächtig mit den anderen neun Katzen verstand, wenn auch nicht so sehr mit dem Ziegenbock. Aber das würde schon werden. Wenn der Bock erst einmal einen eigenen Gefährten bekäme, zum Beispiel ein Schaf …

Rosa plapperte weiter und weiter, und es dauerte, bis Fenstermacher versuchte, ihren freudigen Redefluss aufzuhalten: «Wir haben bereits darüber gesprochen, dass du mit deiner Tierliebe etwas kompensierst.»

«Und wir haben bereits darüber gesprochen», erwiderte Rosa, «dass ich das nicht für ein Problem halte.»

«Du hast dich», sagte Werner, «über beide Ohren verschuldet für die Tiere, die du bei dir zu Hause beherbergst.»

«Die sind es ja auch wert.»

«Und weil du deine Hypothek nicht bezahlen kannst, wird die Bank dir das Haus wegnehmen», legte Werner nach. «Wenn das kein Problem für dich ist, bist du so verblendet wie der Habeck.»

«Das werden die Banker schon nicht tun, wenn sie feststellen, wie sehr meine Tiere ihre Heimat brauchen.»

Rosa trägt nicht nur ein rosa Kleid, dachte Angela, sondern auch eine rosarote Brille, durch die sie weltfremd das Leben betrachtet. Wer sich so intensiv mit Tieren umgab wie Rosa, hatte mit Menschen offensichtlich ein Problem. Was immer der Grund dafür war, es war mit Sicherheit ein schmerzlicher. Fenstermacher schien jedoch gar kein Interesse daran zu haben, nach den Ursachen zu forschen, sondern ließ Rosa weiter über Tiere jeglicher Art plappern. Weil der Therapeut bei ihr schon aufgegeben hatte? Langsam gewann Angela den Eindruck, dass Fenstermacher kein Meister seines Fachs war.

7

Nachdem Rosa noch eine ganze Weile von sich erzählt hatte, stand sie auf und steckte sich weitere Kekse in den Mund. Diese Pause nutzte Fenstermacher, um sich dem iPad zuzuwenden: «Hiltrud?»

«Ja?»

«Magst du uns von deiner Woche erzählen?»

«Ich habe *Gullivers Reisen* gelesen. Und zum siebzehnten Mal *Don Quijote*. Und …»

«Ich bin mir sicher, du hattest viele großartige Leseerlebnisse. Aber ich wollte wissen, ob du das getan hast, was wir das letzte Mal besprochen hatten?»

«Und die letzten zehn Mal davor», ätzte Werner leise.

«Ja.»

«Ja?», staunte Fenstermacher.

«Ja», entgegnete die fahl wirkende Frau.

«Du hast das Haus verlassen?»

«Ja.»

«Du hast wirklich das Haus verlassen?» Fenstermacher konnte es offenbar kaum fassen.

«Mit Maske.»

«Natürlich mit Maske.»

Angela kombinierte, dass die Frau sich aus lauter Angst vor Viren in ihrem Heim eingenistet und sich in ihre Bücher geflüchtet hatte.

Es gab nun mal Corona-Opfer, die nicht direkt Opfer von Corona waren.

«Ich bin, wie ausgemacht, bis zum Briefkasten an der Straßenecke gegangen.»

«Und wie hast du dich dabei gefühlt?»

«Es war … ungewohnt … und dann habe ich wieder Panik bekommen und bin schnell zurück.»

«Aber du warst draußen!» Fenstermacher freute sich sichtlich.

«Ja», lächelte die Frau im iPad stolz.

«Das ist ein großer Erfolg!», strahlte Fenstermacher. Er war so glücklich, dass man fast glauben konnte, er würde gleich ‹Halleluja› rufen. Stattdessen sagte er in die Runde: «Einen großen Applaus für Hiltrud, dafür, dass sie sich ihrem Problem gestellt hat!»

Rosa klatschte vor Begeisterung, als wäre sie bei einem Roland-Kaiser-Konzert. Werner stimmte eher widerwillig mit ein. Nele löste ihre Selbstumarmung und applaudierte leise, der Pantomime zollte Beifall, ohne dass sich seine Hände berührten, und Angela selbst fiel freundlich, aber zurückhaltend mit ein. Bis eben hatte sie noch gedacht, dass Fenstermacher bei seinen Patienten gar nichts erreichte, aber der Frau im iPad hatte er offensichtlich zu einem wesentlichen Fortschritt verholfen.

Der Therapeut wandte sich nun dem Pantomimen zu und fragte: «Hast du ihn besucht?»

Der Pantomime nickte.

«Und hast du die anderen wieder zum Lachen gebracht?»

Der Künstler nickte erneut, und Angela erwartete, dass der junge Mann nun auch lächeln würde, schließlich hatte er Menschen zum Lachen gebracht. Wenn auch wohl nicht die Person, die er besucht hatte. Doch plötzlich weinte der Pantomime, als sei in ihm ein Damm gebrochen. Es flossen keine pantomimischen Tränen, sondern echte, die seine weiße Schminke im Gesicht verlaufen ließen.

«Es ist gut, wenn du es endlich mal herauslässt», meinte Fenstermacher sanft.

Der Pantomime schluchzte herzzerreißend auf. Angela konnte sich nicht erinnern, wann sie das letzte Mal jemanden so hatte weinen sehen.

Niemand tröstete den jungen Mann. Immerhin legte der Therapeut ihm besänftigend den Arm auf die Schulter. «Auch du hast in letzter Zeit große Fortschritte gemacht, Paul.»

«Ja, Pauli, das hast du», stimmte Nele leise zu und sah dem Pantomimen direkt in die Augen. Er warf ihr einen dankbaren Blick zu, und auf einmal versiegten seine Tränen. Jetzt war Angela klar, dass er etwas für die junge Frau empfand.

«Ein Applaus für unseren Paul», sagte Fenstermacher. Und nun klatschten wieder alle, diesmal aber aufrichtig aufmunternd: Rosa nicht übertrieben, Werner ernsthaft, Nele vielleicht sogar liebevoll, Hiltrud vom iPad-Bildschirm aus, und Angela spendete im Rhythmus der ganzen Runde Beifall. Ein warmes unterstützendes Gefühl legte sich über die Menschen im Raum, und nun begriff Angela, wozu eine Gruppentherapie in der Lage war: Man unterstützte sich gegenseitig im Heilungsprozess.

Für einen Augenblick fragte sie sich, wie es wohl wäre, wenn sie einen solchen Beifall geschenkt bekäme. Wenn diese Leute, die sie ehrlicherweise immer noch nicht wirklich ernst nahm, klatschen würden, weil ihr ein Durchbruch zu ihren Gefühlen gelänge.

«Werner?», wandte sich Fenstermacher an den Wutbürger.

«Ja?»

«Worüber willst du uns heute berichten?»

«Eine verdammte Wärmepumpe kommt mir nicht ins Haus!»

«Über *dich*.»

«*Ich* hole mir keine verdammte Wärmepumpe ins Haus!»

«Werner?»

«Ja?»

«Wir haben doch schon festgestellt, dass die Politik der Regierung nur ein Anlass ist, deinen Ärger zu zeigen. Der Grund für deine Wut liegt ganz woanders.»

Werner grummelte etwas Unverständliches.

«Du musst dich dem Kern des Problems widmen, oder der Zorn wird dich zerstören.»

Werner grummelte weiter.

«Du hattest bereits einen Herzinfarkt.»

Werner griff sich an die Brust, wahrscheinlich weil er sich an den Schmerz erinnerte.

«Sollen wir dich alle zusammen zu dem Ort begleiten, an dem sie gestorben ist?», schlug Fenstermacher vor.

Eine Konfrontationstherapie? Werner war von der Idee überrascht.

Angela ebenso, aber ihre Vermutung, dass Werners Ehefrau verstorben war, schien sich zu bestätigen.

«Dann müsstest du nicht allein das erste Mal hingehen», bot der Therapeut an, den Angela von Minute zu Minute positiver einschätzte.

Werner sah sich um. Rosa nickte, der junge Pantomime hob den Daumen, selbst Nele zuckte mit den Schultern, als wollte sie sagen: ‹Warum nicht?› Auch wenn die junge Frau und Werner politisch Welten trennten, waren sie durch die Therapiegruppe offenbar miteinander verbunden. Fenstermacher war etwas gelungen, was in Deutschland sonst nicht klappte: politische Gegner zusammenzuführen, indem sie erkannten, dass die Menschen überall auf die gleiche Weise litten. Vielleicht wäre das ein Modell für die gesamte deutsche Gesellschaft, überlegte Angela: Wir machen alle eine Gruppentherapie!

«Kommt die etwa auch mit?», fragte Werner und nickte zu Angela hinüber. Sie erschrak: Sie sollte gemeinsam mit den anderen einen Wutbürger zum Grab seiner Frau begleiten?

«Wenn du es willst», antwortete Fenstermacher.

Werner musterte Angela, und ein Teil von ihr hoffte, dass er es nicht wollte. Doch er sagte: «Ach, meinetwegen.»

«Würdest du dich uns und Werner denn anschließen, Angela?»

Angela wusste nicht, wann sie dem Therapeuten das Du angeboten haben sollte, aber das war nebensächlich. Sie hatte sowieso keine Ahnung, was sie antworten sollte. Derartig überrumpelt hatte sie sich nicht einmal gefühlt, als Wolfgang Schäuble sie gedrängt hatte, Edmund Stoiber die Kanzlerkandidatur zu überlassen. Das war 2002 gewesen. Stoiber hatte die Wahlen anschließend so in den Sand gesetzt, wie es nur ein sich selbst überschätzender Bayer schaffte.

Die Runde schaute erwartungsvoll, als ob sie schon dazugehörte und alle enttäuschen würde, wenn sie verneinte. Angela wollte diese Leute nicht enttäuschen. Im Gegenteil, sie wollte sogar wirklich zu ihnen gehören. Diese Gruppe schien sich aufrichtig zu unterstützen, auch wenn die Teilnehmer sehr unterschiedlich waren.

«Ja, ich komme mit», verkündete Angela schließlich.

Alle strahlten. Bis auf Werner. Aber immerhin nickte er leicht, schien also für Angelas Geste dankbar zu sein.

«Gut, dann treffen wir uns morgen um zehn Uhr wieder in diesem Raum und spazieren anschließend mit Werner zu dem Ort, den er so viele Jahre nie aufgesucht hat.»

«Nehmt ihr das iPad mit?», fragte Hiltrud, die sich offensichtlich den Weg noch nicht zutraute.

«Das Ding funktioniert nur im WLAN, aber ich schalte dich über Facetime auf dem Handy dazu.»

«Danke.»

«Und morgen begrüßen wir Angela dann auch ganz offiziell in der Gruppe!»

«Wir reden heute also gar nicht mehr über mich?», erkundigte sich Angela mehr erleichtert als enttäuscht.

«Die Stunde ist leider vorbei», erklärte Fenstermacher. «Aber es werden ja noch einige Sitzungen folgen.»

Angela blickte erneut in die Runde, und alle sahen sie aufmunternd an, selbst Werner grinste freundlich. Und Angela begriff: Sie hatte auf einmal neue Menschen in ihrem Leben. Menschen, von deren verrückter, trauriger, lebendiger Existenz sie vor einer Stunde nicht einmal etwas geahnt hatte.

8

In der Nacht lag Angela erneut wach, während Achim neben ihr mit den selbst gezeichneten Bauplänen für eine Garage auf dem Bauch schlief. Die Zeichnungen machten nicht gerade einen vertrauenerweckenden Eindruck. Nicht nur, weil Achim der Maßstab verrutscht war – die geplante Garage würde Angelas Meinung nach höchstens Hüfthöhe erreichen –, sondern auch, weil er sich zwischendrin offenbar nicht hatte entscheiden können: Handelte es sich bei der Auslassung in der Hinterwand um ein Fenster oder um einen Anschluss für eine Elektroladestation? Der Förderantrag für Letztere war im Übrigen so kompliziert auszufüllen, dass Angela sich insgeheim fragte, warum Google Translate nicht die Übersetzungsfunktion ‹Behördendeutsch nach Deutsch› anbot. Vermutlich weil selbst der beste Algorithmus an der Sprachlogik der deutschen Verwaltung scheiterte.

Während Achim im Schlaf vor sich hin schmatzte – manchmal träumte er von den Gelatine-Ersatz-Zuckerwaren, die ihm seine Oma Emma oft geschenkt hatte –, dachte Angela an die Patienten, die sie in der Therapie kennengelernt hatte: Diesen Leuten sollte sie sich im Stuhlkreis offenbaren?

Was würden sie von Angelas Problemen halten?

Werner vermutlich nichts Gutes.

Und würde sie überhaupt von ihnen ernst genommen werden?

War es nicht eine bessere Idee, einen Therapeuten in Berlin aufzusu…

BUMM!

Angela schreckte zusammen.

Ein gewaltiger Knall war zu hören.

Achim hörte auf zu schmatzen, wachte aber nicht auf.

BUMM!

Noch ein Knall!

Angela saß nun aufrecht im Bett.

Achim murmelte leise: «Oma Emma, hast du noch ein bisschen Gelatine-Ersatz-Zuckerware …?»

Bumm!

Ein leiserer Knall.

Angela blickte zum Schlafzimmerfenster und entdeckte in der Ferne ein Leuchten.

Von Flammen?

Sie sprang auf und rannte zum Fenster, während Achim brummte: «Danke, Oma Emma, du bist die Beste», und gleich darauf wieder zufrieden schmatzte.

Es waren tatsächlich Flammen!

Ein Feuerball über dem Dumpfsee, etwa fünf Kilometer Luftlinie entfernt von Angelas Schlafzimmerfenster.

Was konnte die Ursache sein? Im Dumpfsee verliefen keine Erdgaspipelines, die geheime Kommandos in die Luft sprengen könnten. Es gab auch keine Förderanlagen, aus denen leicht entzündliches Methan ausströmte. Und ebenfalls keine Frachter, in denen die Akkus von Elektroautos explodieren konnten.

Also was zum Teufel brannte auf dem See?

9

Am nächsten Morgen zog sich Angela im Flur ihres Fachwerkhäuschens einen gelben Blazer an, dazu braune Straßenschuhe. Zwischendrin blickte sie auf ihr Handy und rief zum x-ten Mal die Webseite der Tageszeitung *Templiner Bote* auf. Das einzige Blatt, in dem man ab und zu Nachrichten aus Klein-Freudenstadt lesen konnte. Angela wollte herausfinden, was es mit dem Feuer am Dumpfsee auf sich hatte. Aber anscheinend hatte sich bisher kein Reporter darum gekümmert, was Angela nicht wunderte. Der Zeitungsjournalismus, besonders der regionale und ganz besonders der ostdeutsche, lag am Boden. Angela zahlte ihre Abonnementsgebühren für das Kombipack aus E-Abo und gedrucktem Blatt – das mangels Zusteller eher unregelmäßig den Weg in ihren Briefkasten fand – mehr aus Solidarität mit der freien Presse und nicht wegen der Qualität, die geboten wurde. Manchmal ertappte sie sich bei dem Gedanken, dass eine künstliche Intelligenz vermutlich über einen besseren Sprachstil verfügte als der ein oder andere Journalist des *Templiner Boten*. Aber eine künstliche Intelligenz konnte nun mal nicht zu einem See fahren, um zu recherchieren. Jedenfalls noch nicht. An dem Tag, an dem eine KI dazu in der Lage sein würde, hätte die Menschheit ganz andere Probleme als die bescheidene Qualität einer Regionalzeitung.

Als Angela nach draußen trat, stand Mike auf der Straße und knetete nervös die Hände. Die Hochzeitsvorbereitungen schienen dem armen

Mann zuzusetzen. Mit Blick auf die Ape fragte er: «Wissen Sie, wem dieses Gefährt gehört? Oder soll ich es abschleppen lassen?»

«Das ist meines.»

«Ihres?», staunte Mike.

«Mein neuer Dienstwagen», scherzte Angela und ging davon aus, dass Mike der Mund offen stehen würde. In dem Fall hätte sie nachlegen können und sagen: ‹Mund zu, Tigermücken kommen rein.› Doch Mike zuckte nur mit den Schultern. «Schlimmer als der alte kann das Ding auch nicht sein», meinte er.

Mike haderte mit dem kleinen Elektrowagen, den sie als Ex-Kanzlerin gestellt bekam, das war Angela bewusst, aber dass er das von Silvio Berlusconi geerbte Dreiradauto offenbar bevorzugte, überraschte sie doch.

«Immerhin», fügte Mike hinzu und deutete dabei auf das schwarze Dienst-E-Auto, «muss ich dann nicht ständig zwei Dörfer weiterfahren, um eine Ladestation zu finden.»

«Man darf nun mal kein Elektrokabel über den Bürgersteig legen, wie Sie es vorschlagen», gab Angela zurück.

«Und man darf auch keinen Unternehmer beauftragen, eine Garage zu bauen, in der man eine Ladestation einrichtet?»

«Sie haben doch mitbekommen, dass mein Mann sich das als Projekt vorgenommen hat.» Angela deutete auf einen Berg Mauersteine im Vorgarten, der tags zuvor angeliefert worden war.

«Aber Ihr Mann hat zwei linke Hände. Das wird nie etwas werden.»

«Wollen Sie ihm das beibringen?»

«Ich bin nicht mit ihm verheiratet», versetzte Mike.

«Ich schon, und deswegen weiß ich, dass Achim immer für Überraschungen gut ist.» Dass sie selbst kaum an das Gelingen des Bauprojekts glaubte, behielt Angela für sich. In einer Ehe galt es, loyal zueinander zu sein, nach innen und nach außen.

«Da kommen sie», ächzte Mike.

Angela verstand nicht, wen er mit ‹sie› meinte, und folgte seinem Blick. Ein Taxi rauschte heran. Unter Mikes Achseln hatten sich Schweißflecken gebildet. Er tat ihr leid, dennoch erinnerte der schwitzende Bodyguard sie unweigerlich an Hubert ‹Ich war in meiner Jugend kein Antisemit, das war mein Bruder› Aiwanger bei einem Bierzeltauftritt.

«Wer kommt?»

«Meine Eltern.»

Das Taxi hielt vor dem Haus, und Mike strebte darauf zu. Angela war sehr gespannt, die Eltern ihres Leibwächters kennenzulernen. Er hatte bisher nie über seine Familie gesprochen. Seiner Dienstakte, die Angela vorgelegt wurde, als sie einen Personenschützer einstellen wollte, war zu entnehmen gewesen, dass sowohl Mikes Mutter Caroline als auch sein Vater Lutz frühpensionierte Gymnasiallehrer waren, die in jungen Jahren eine linke und jetzt eine grün-ökologische Gesinnung vertraten. Schwer vorzustellen, dass solche Menschen sich für ihren einzigen Sohn eine Laufbahn als Bodyguard gewünscht hatten.

Mike hielt die Tür auf, und eine Frau Mitte sechzig in einem indisch anmutenden Kleid und Birkenstocksandalen kletterte aus dem Wagen. Ihre Haare waren lang und grau und teils zu Zöpfen gebunden. Sie trug eine große runde Brille mit orangefarbenem Rahmen, und die Art, wie sie ihren Sohn anstrahlte, fand Angela deutlich übertrieben. In diesem Augenblick flötete die Frau: «Michi, wie schön, dich zu sehen!»

Mike hieß mit bürgerlichem Vornamen Michael. Aber er hatte schon früh in seiner Laufbahn entschieden, dass Mike ein besserer Name für einen knallharten Bodyguard war als Michi. Anstatt seine Mutter ebenfalls zu begrüßen, fragte er erstaunt: «Wo ist denn Papa?»

«Der kommt später.»

«Wieso?»

«Weil er nicht mit mir zusammen fahren wollte.»

«Warum nicht?»

«Weil ich mich von ihm getrennt habe.»

«Du hast waaas?»

«Mich von ihm getrennt», wiederholte Mutter Caroline.

Mike schaute sie fassungslos an und stammelte: «W... W... Wieso?»

«Er wollte nicht, dass ich an den Amazonas reise.»

«An den Amazonas?»

«Für sieben Monate.»

«Sieben Monate?»

«Zu dem weltberühmten Schamanen Quatozetacel.»

«Schamanen?»

«Wie lange willst du noch alles wiederholen, was ich sage?»

«Schamanen?»

Mikes Gehirn hatte sich offensichtlich verhakt.

Der Taxifahrer stellte einen Reiserucksack vor Caroline ab, sie bezahlte die Fahrt, dann tätschelte sie die Wange ihres geschockten Sohnes und erklärte: «Dein Vater wird es schon verwinden.»

Mike wirkte wie erstarrt, als ob er niemals die Trennung seiner Eltern verwinden würde, selbst wenn es seinem Vater gelänge. Caroline ließ ihn stehen und schritt auf Angela zu. «Und Sie sind also Michis Ersatzmama.»

«Ersatzmama?», staunte Angela.

«Na, der Junge schwärmt immer so von Ihnen.»

Angela sah zu Mike. Der seufzte jedoch nur leise vor sich hin: «Ein Schamane?»

«Michi», sagte Caroline gereizt, «jetzt mach keine große Sache daraus wie dein Vater. Ich lass da unten meinen Körper einmal komplett entgiften.»

Das klingt harmlos, dachte sich Angela, wenn auch nach einem weiten Weg für eine simple Entgiftung, die man auch mit einer Fastenkur in Bad Kissingen erreichen könnte. Da Mike nicht antwortete, beschloss sie, selbst das Gespräch in Gang zu halten.

«Und wie läuft so eine Entschlackung im Amazonas ab?», erkundigte sie sich höflich.

«Mit psychedelischen Pilzen.»

«Mit psychedelischen Pilzen?», echote Mike entsetzt.

«Nun beruhige dich, Michi, dein Vater und ich haben die immer gerne gegessen, als wir jung waren.»

«Ihr habt Drogen genommen?»

«Auch in der Nacht, in der du gezeugt wurdest.»

«Zu viel Information, zu viel Information», stammelte Mike.

«Also.» Caroline ignorierte ihren Sohn und wandte sich an Angela. «Was muss ich tun, um hier einen schönen Yogi-Tee zu bekommen?»

«Einen Yogi finden», scherzte Angela, «aber ich habe einen Grüntee.»

«Dann nehme ich den», lachte Caroline, schnappte sich ihren Reiserucksack und begleitete Angela ins Fachwerkhäuschen. Hinter sich hörte Angela ihren Bodyguard stammeln: «Ich bin im Drogenrausch gezeugt worden?»

10

Auf dem Weg zur Praxis Fenstermacher, wo sich die Therapiegruppe treffen wollte, um Werner Wutbürger zu begleiten, dachte Angela nicht mehr über den Knall in der Nacht nach, sondern über den armen Mike. Die Anwesenheit seiner Mutter und erst recht die bevorstehende Scheidung seiner Eltern setzten ihn sichtlich unter Stress. Während Angela und seine Mutter einen Tee tranken, hatte er nicht nur den Rest der Aprikosentorte vertilgt, sondern auch noch sämtliche Schokokekse, die Angela im Haus hatte. Währenddessen hatte die Mutter unentwegt von dem Schamanen geschwärmt, den sie am Amazonas treffen wollte. Als Caroline dann auf das Thema freie Liebe kam, die der Schamane propagierte, wurde es Mike zu bunt. Er schnitt seiner Mutter das Wort ab und brachte sie zu ihrem Hotel. Allerdings nicht, ohne sich anhören zu müssen, dass sie sich niemals hätte vorstellen können, einen solch prüden Sohn zu haben.

Angela sorgte sich um ihren Bodyguard: Die Trennung der Eltern war kein gutes Omen für seine eigene Hochzeit. Die vielen süßen Sachen, die er in sich hineinstopfte, stellten zudem eine wachsende Gefahr dar – wenn Mike auf diese Art weiterfutterte, würde der Hochzeitsanzug ganz sicher nicht mehr passen.

Angela hörte erst auf, über Mikes Privatleben nachzugrübeln, als sie Haus Nummer sieben in der Grünengasse erreichte. Die Tür stand weit offen. Angela dachte sich nichts groß dabei: Vermutlich war bereits ein anderes Mitglied der Gruppe hochgegangen, dabei fing die Sitzung erst in zehn Minuten an. Sie betrat das Haus und erklomm die knarzenden Treppen. Auf wen sie wohl gleich treffen würde? Hoffentlich nicht den Pantomimen. Bei einem Austausch mit ihm müsste sie die ganze Zeit rätseln, was er ihr mit seinen Gesten sagen wollte. Und bloß nicht Wutbürger Werner. Am liebsten hätte Angela mit der Klimaaktivistin geredet und dem armen Mädchen ein wenig mit wissenschaftlichen Fakten die Angst gelindert: Schließlich war es noch nicht zu spät, den Planeten und all seine Bewohner zu retten. Er würde sogar noch bei fünf Grad Erwärmung weiterexistieren, und ihm würde es dabei herzlich egal sein, welche Lebensformen auf ihm herumwandelten. Er kam ja auch sehr gut damit zurecht, dass es schon seit Millionen von Jahren keine Dinosaurier mehr gab.

Im ersten Stock angelangt, wurde Angela ein weiteres Mal aus ihren Gedanken gerissen: Die Tür zu Fenstermachers Büro stand weit offen. Und es sah aus, als ob eine Horde CIA-Agenten den Raum durchwühlt hätte. Nachdem sie ein paar Lines Kokain geschnupft hatte.

«Herr Fenstermacher?» Angela klopfte an die offene Tür. Keine Antwort. Vorsichtig trat sie ein. Die Aktenschränke waren leer, der ergonomische Stuhl war umgekippt, die Schubladen des Schreibtisches waren rausgezogen, und ihr gesamter Inhalt lag überall auf dem Boden verstreut.

Der gesamte Inhalt?

Nein, in einer der Schreibtischschubladen schimmerte noch etwas Blaues. Neugierig stieg Angela über die Aktenhaufen, bemüht, nicht auf herausgefallene Blätter zu treten. Sobald sie den Tisch erreicht hatte, entpuppte sich das Blaue in der Schublade zu Angelas Überraschung als eine Sammlung von Schlümpfen. Sie erkannte die kleinen blauen Wesen mit den weißen Mützen auf Anhieb. Ihr ehemaliger Wirtschaftsminister Peter Altmaier war ein leidenschaftlicher Sammler der kleinen Figuren gewesen. Am liebsten hatte er den Kochschlumpf. Sie selbst hatte Altmaier gegenüber einmal das Ungleichgewicht zwischen Männern und Frauen in der Schlumpfgesellschaft erwähnt, das gewiss in einigen Jahren zu einem demografischen Problem führen würde. Dabei hatte sie ihr Mitgefühl mit Schlumpfine geäußert, die mit hundert männlichen Schlümpfen leben musste. Verblüffend fand Angela auch, dass es von der Firma Schleich einen Nachhaltigkeitsschlumpf gab, und hatte mit Altmaier darüber spekuliert, wann wohl der Gendersternschlumpf auf den Markt kommen würde und dass man mit einem solchen die AfD-Vertreter im Bundestag gewiss in Wutschlümpfe verwandeln könnte. Obwohl, wenn man es recht betrachtete, war das wohl kaum noch nötig.

Angelas Blick fiel auf eine zweite, weiter hinten auf dem Boden liegende, leere Lade. Offensichtlich war daraus etwas entwendet worden, denn in der dicken Staubschicht, die die Schublade bedeckte, war deutlich eine saubere Stelle in Form einer Pistole zu erkennen.

Warum besaß ein Psychologe eine Pistole?

Zur Selbstverteidigung, weil einer seiner Patienten gewalttätig war?

Werner Wutbürger vielleicht, wenn er richtig zornig wurde?

Oder entsprang ihr Verdacht gegenüber Werner einem Vorurteil?

Angela musterte den Schreibtisch. Der Laptop war nicht mehr da. War dies bloß ein gewöhnlicher Einbruch? Bei dem der Dieb alles aus den Regalen herausgerissen hatte, um nachzusehen, ob hinter den Aktenordnern ein Safe oder zumindest Geldscheine oder andere Wertgegenstände versteckt waren?

Angela trat vom Schreibtisch weg und blickte auf einen der vielen Aktenhaufen. Gleich obenauf entdeckte sie eine mit der Aufschrift ‹Angela Merkel›. Sie hob die Mappe auf, öffnete sie und stellte fest, dass sie bis auf das Deckblatt leer war. Kein Wunder, Fenstermacher hatte sie gerade erst frisch angelegt. Angela fiel auf, dass noch weitere Akten von Mitgliedern der Therapiegruppe auf dem Haufen lagen: von Werner Waltersberg, Nele Stark, Paul Baumert, Barbara ‹Rosa› Knäuels –

also von dem Wutbürger, der Klimakleberin, dem Pantomimen und der Tierfreundin. Nur von der angstgestörten Hiltrud befand sich kein Dossier darunter.

Angela hob die Akten der Therapiegruppe auf, um sie geordnet auf den Schreibtisch zu packen. Da ihr das Arzt-Patienten-Geheimnis heilig war, schaute sie in keine von ihnen hinein, obwohl sie schon sehr neugierig war zu erfahren, ob vielleicht die Angst vor einem der Mitglieder der Grund gewesen war, dass Fenstermacher eine Pistole in seiner Schublade deponiert hatte. Als letzte Mappe hielt Angela jene von Werner Wutbürger in der Hand. Sie war besonders dick, wie Angela feststellte, der Mann schien von allen die meisten Probleme zu haben. Genau in diesem Moment hörte sie ihn empört rufen: «Haben Sie da etwa meine Patientenakte in der Hand?»

11

Ruhe und Gelassenheit wären für Angela in dieser Situation sicher vorteilhafter gewesen.

Doch bedauerlicherweise schrie sie vor Schreck auf.

Es wäre bestimmt auch vorteilhafter gewesen, hätte sie die Akte mit sanfter Hand auf den Tisch gelegt.

Leider warf Angela das Dossier hoch in die Luft.

Und vermutlich hätte sie mit diesem Malheur eleganter umgehen können, wäre die Akte verschlossen geblieben.

Dummerweise öffnete sie sich, und die vielen Blätter flogen hoch durch den Raum, um anschließend langsam zu Boden zu segeln.

Bis auf eines.

Das landete auf Werners Fast-Glatze.

Der Wutbürger war zu erstaunt, um es zu bemerken.

Und Angela zu peinlich berührt, um etwas zu sagen.

Die beiden starrten sich in dem durchwühlten Büro eine Weile lang an, bis Angela versuchte, die Lage, wenn schon nicht unter Kontrolle zu bringen, so doch wenigstens ein bisschen zu entschärfen: «Ich weiß, das sieht hier alles ein wenig merkwürdig aus …»

«Ein wenig?», fragte Werner, der vor Wut rot anlief und dabei immer noch das Blatt auf dem Kopf hatte.

«Na schön, sehr merkwürdig», gestand Angela, «aber ich kann Ihnen erklären, was geschehen ist.»

«Da gibt es nichts zu erklären, Sie haben sich meine Akte unter den Nagel gerissen!» Werners Gesicht wurde immer röter.

«Ich habe aber nicht darin gelesen», entgegnete Angela beschwichtigend.

«Weil ich gerade noch rechtzeitig hereingeschneit bin!»

«Weil ich so etwas nicht tue.»

«Sagt die Frau, die den Überwachungsstaat leitete!»

Angela hatte kein Interesse, jetzt mit Werner eine Diskussion darüber zu führen, ob Deutschland eine Diktatur war, und sich dabei Argumente anzuhören, die mit Fakten ähnlich viel zu tun hatten wie sie selbst mit rhythmischer Sportgymnastik. «Schauen Sie sich bitte um, hier ist alles durchsucht worden …», erklärte sie daher bloß.

«Von Ihnen!» Werner war nicht zu beruhigen.

«Nicht von mir …»

«Haben Sie meine Pistole gefunden?» Werner deutete zu der offenen Schublade, und in seinen Zorn mischte sich eine gehörige Prise Panik.

«Ihre Pistole?» Angela starrte den Mann entgeistert an. Die gestohlene Waffe hatte also nicht dem Psychologen gehört?

«Ich habe sie dem Doktor überlassen, weil er meinte, ich könnte damit Unheil anrichten. Und Sie, und Sie …» Der Wutbürger war kurz davor, vor Wut zu platzen. Und immer noch klebte das Blatt auf seinem Kopf.

Würde er ihr etwas antun?

Falls ja, war es gut, dass die Pistole nicht mehr da war, fand Angela. Aber es würde schwer werden, ihm zu entkommen, denn Werner hatte sich genau zwischen ihr und der Tür zum Treppenhaus aufgebaut.

«Was … was … ist hier los …?», stammelte Nele, die mit dem Pantomimen Paul im Türrahmen aufgetaucht war. Der Künstler stand derart krumm da, als wollte er mit seinem Körper ein Fragezeichen bilden.

«Die hat in unseren Akten geschnüffelt!», verkündete Werner entrüstet.

Paul hielt sich pantomimisch die Hand vor den Mund, um sein Entsetzen zu demonstrieren. Nele stotterte schwer erschüttert: «Das dürfen Sie nicht …»

«Ich kann Ihnen allen versichern, dass ich nicht in Ihren Unterlagen gelesen habe.»

«Und ob Sie das haben!», schrie Werner.

«Werner?», sagte Nele mit einem Mal irritiert.

«Ja?»

«Du hast ein Blatt auf dem Kopf.»

«Was?»

Der Pantomime zog dem Wutbürger das Papier von der kahlen Stirn und reichte es ihm. Werner beäugte es misstrauisch. Ob von Nele beabsichtigt oder nicht, war sein Zorn plötzlich verraucht. Er überflog die Seite aus seiner Akte, und ihm schossen Tränen in die Augen. Was auf dem Blatt wohl stand?

Dass er eine Gefahr für andere war?

Und weinte er, weil er das eigentlich nicht sein wollte?

Werners wütende Reaktion stimmte Angela nachdenklich. Und dann war da noch diese Pistole. Doch während Angela erstaunt feststellte, dass sie Mitgefühl für diesen Mann empfand, begann Werner, die Blätter wieder in seine Akte zu legen. Offensichtlich wollte er sich von seinem Schmerz ablenken. Als er mit dem Einsortieren fertig war, erschien Rosa im Türrahmen. Sie war völlig aufgelöst und rief: «Didi ist tot.»

«Wer zum Geier ist Didi?», fragte Werner. Ein Gedanke, der Angela, bis auf den Kraftausdruck, ebenfalls durch den Kopf geschossen war. Und der den Pantomimen offensichtlich auch umtrieb, verbog er doch seinen Körper wieder zu einer Art Fragezeichen.

«Na, Doktor Fenstermacher!», rief Rosa und brach in Tränen aus.

12

Doktor Fenstermacher ist tot?», wiederholte Angela.

«Jaaaa», schluchzte Rosa auf und warf sich in die Arme des überrumpelten Wutbürgers, der gar nicht wusste, wie er damit umgehen sollte. Wegstoßen wollte er sie nicht, denn ihre Trauer schien viel zu groß zu sein. Hilflos tätschelte er daher Rosa den Rücken. Nele begann zu zittern, als hätte sie erfahren, dass ein geliebter Mensch nicht mehr unter ihnen weilte. Vielleicht weil ihr mit dem Therapeuten eine wichtige Stütze im Leben entrissen wurde?

Im Gegensatz zu Werner und dem Pantomimen war Nele jedenfalls nicht erstaunt gewesen, dass Rosa den Therapeuten Didi nannte. Sie kannte also seinen Spitznamen. Zu Rosa hatte Fenstermacher offensichtlich einen vertraulichen Draht gehabt – zu Nele auch?

Pantomime Paul bot der Klimaaktivistin eine Umarmung an, indem er seine Arme übertrieben zu einem Kreis formte, aber sie drehte sich von ihm weg. Das schien ihn deutlich mehr zu schmerzen als die Nachricht, dass sein Therapeut das Zeitliche gesegnet hatte.

Angelas Blick wanderte durch den durchwühlten Raum: Hatte der Einbruch mit Fenstermachers Ableben zu tun? Die zeitliche Nähe der Ereignisse sprach dafür. Was wiederum bedeutete, dass es womöglich einen Mordfall in Klein-Freudenstadt gab.

Ein neuer Einsatz für Miss Merkel stand bevor!

Angela spürte, wie das Adrenalin in ihren Körper schoss.

Wer brauchte schon eine Therapie, wenn man den Thrill einer Mordermittlung verspüren konnte!

«Was gibt es denn da zu grinsen?», blaffte Werner sie an.

Angela fühlte sich ertappt. Sie ärgerte sich über sich selbst. Früher hatte sie stets ihre Gefühle im Griff gehabt, und nun benahm sie sich wie Armin Laschet bei einer Trauerfeier. Dies war ein weiteres Indiz dafür, dass etwas mit ihr nicht stimmte.

«Ich habe nicht gegrinst», log sie, und auch das war ihr unangenehm. Einen Fehler so plump abzustreiten, anstatt wie früher umfangreich über etwas anderes zu reden, bis das Gegenüber seine Frage vergessen hatte, war schon fast trumpesk. Wobei – Donald Trump hätte noch gemeckert: ‹Du hast gegrinst! Du hast gegrinst! Außerdem stinkst du! Meine Leute werden dich hängen!›

Es gab keinen Zweifel: Sie war nicht mehr die Alte.

«Ich habe es doch genau gesehen!», fuhr der Wutbürger so laut fort, dass Rosa die Umarmung löste und Angela mit verheultem Gesicht anstarrte. Auch Nele und Paul drehten sich zu ihr. Die drei schienen verunsichert zu sein, ob Werner mit seiner Anschuldigung recht hatte.

«Sie lügen wie in Ihrer Regierungszeit. Sie haben eben gegrinst, und Sie wollen unser Volk austauschen gegen die Flüchtlinge!»

Bei dieser offen vorgetragenen Verschwörungstheorie seufzte Rosa nur. «Ach, Werner, jetzt fängst du schon wieder mit so was an.»

Nele wandte sich von dem Wutbürger ab, und der Pantomime verdrehte beeindruckend schnell, fast wie ein Cartoon-Charakter, die Augen. Sie alle glaubten Werner nicht, weil er wohl viel zu oft irgendwelche wilden Geschichten wiederkäute, mit denen er sich dank des Internets das Gehirn selbst gewaschen hatte.

Angelas Blick wanderte zu der auf dem Boden liegenden Schublade, in der die Pistole verwahrt gewesen war. Gewiss handelte es sich dabei um die Tatwaffe. Um ihre Hypothese zu bestätigen, wandte sich Angela an Rosa und fragte: «Wie ist Herr Fenstermacher denn gestorben?»

«Auf schreckliche Weise.»

«Auf welche genau?»

«Es hat ihn regelrecht zerfetzt.»

Nele wich die Farbe aus dem Gesicht. Werner, eben noch rot vor Wut, wurde ebenfalls ganz blass. Nur der Pantomime konnte dank seines weiß geschminkten Gesichts nicht noch bleicher werden.

«Mit einer Pistole», folgerte Angela bereits im Miss-Merkel-Detektiv-Modus.

«Wie kommen Sie denn darauf?» Rosa schien verwirrt.

Angela überlegte, ob sie ihre Beweisführung erläutern sollte. In diesem Moment warf Werner ihr einen entsetzten Blick zu. Kein Wunder, es war ja seine Pistole, die verschwunden war. Da lag es nahe, auf ihn als Täter zu schließen. So nahe, dass sich der Fall wie von selbst lösen würde, wenn Rosa bestätigte, dass Fenstermacher durch eine Kugel getötet worden war.

«Ganz und gar nicht. Es war eine Explosion», setzte Rosa schließlich hinzu.

«Uff», ächzte Werner erleichtert.

«Uff?», echote Nele und klang für ihre Verhältnisse recht laut.

«Schon gut, schon gut», redete Werner sich raus, «ich meine, eine Explosion, da ist man sofort tot. Bei einer Kugel leidet man viel mehr.»

«Okay …» Nele ließ von Werner ab. Fenstermachers Tod schien sie ebenso aufzuwühlen wie Rosa.

«Was ist denn genau passiert?», wollte Angela wissen.

«Sein Boot …» Rosa konnte nicht weiterreden.

«Sein Hausboot ist in die Luft geflogen?» Nele kannte das Boot offenbar. Vielleicht war sie sogar mal an Bord gewesen.

«Auf dem Dumpfsee?», forschte Angela weiter, die eins und eins zusammenzählte. Wobei die erste Eins für das explodierte Hausboot stand und die zweite für den Feuerball, der gestern Nacht über dem See aufgestiegen war.

«Ja, da lag es», erwiderte Rosa.

«Wie kann denn ein verdammtes Hausboot einfach hochgehen?», fragte Werner.

«Die Polizei vermutet, dass der Elektro-Akku die Ursache war.»

«Ich sag ja, der Elektrokram ist Mist!», schimpfte Werner.

«Wer ist für die Ermittlungen zuständig?» Angela befürchtete, die Antwort schon zu kennen.

«Kommissar Hannemann», sagte Rosa.

«Und der muss es wissen!», befand Werner. «Der ist einer der wenigen, auf die man in diesem Land noch zählen kann!»

Angela bemühte sich, ihr Gesicht nicht zu verziehen, es gelang ihr jedoch nicht völlig. Hannemann lag mit seinen großmäuligen Annahmen wirklich jedes Mal falsch, weil sie sich auf nichts anderes als seine eitle Selbstgewissheit stützten. Er war der Richard David Precht unter den Kommissaren.

«Schauen Sie nicht so», sprach Werner weiter. «Im Gegensatz zu Ihnen früher sorgt der Mann für Recht und Ordnung. Er hat die Morde an den beiden Bestsellerautoren aufgeklärt, an dem Friedhofsgärtner und dem Ehepaar von Baugenwitz!»

In Wirklichkeit war es Angela gewesen, die die jeweiligen Täter überführt hatte, aber sie überließ den Ruhm lieber dem Tollpatsch von Kommissar, um nicht in der Presse zu stehen. Sie wollte ein ungestörtes Rentnerleben in Klein-Freudenstadt führen.

«Aber das ist Ihnen ja bekannt», ätzte der Wutbürger. «Sie haben Hannemann schließlich bei all seinen Ermittlungen behindert.»

Diese Geschichte verbreitete der Kommissar seit dem letzten Fall, bei dem der Thriller-Autor Florian Watzek von einer manipulierten Guillotine enthauptet worden war. Angela wehrte sich auch gegen diese Verleumdung nicht, um dem Rampenlicht auszuweichen. Aber es fiel ihr schwer, den Angeber nicht vor aller Welt als Dilettanten und Lügner zu entlarven. Wie hieß es doch so schön: Die deutlich Klügere gibt nach, auch wenn sie dabei am liebsten in den Tisch beißen möchte.

«Warum», meldete sich Nele zu Wort, «vermutet die Polizei das denn nur? Sind sie sich nicht sicher?»

«Sie können sich gar nicht sicher sein», erklärte Rosa, «denn das Boot liegt mitten im See auf dem Grund.. Da ist er wohl mal wieder nachts rausgefahren, der Didi.»

Rosa nannte den Therapeuten nicht nur erneut bei seinem Spitznamen, sie deutete auch an, dass nächtliche Ausflüge auf dem See bei Fenstermacher gang und gäbe gewesen waren. Also wusste sie um seine privaten Gewohnheiten. Warum nur war sie mit ihm derart vertraut?

«Na, dann gute Nacht», seufzte Werner, «in den See traut sich kein Mensch, nicht mal die Spezialkräfte.»

«Weil er so tief ist?», fragte Angela.

«Sehr tief ist er eigentlich nicht. Keine sechs Meter.»

«Und warum will niemand hinein?»

«Wegen Margot», antwortete Werner wie ein Mann, der anscheinend an das Seeungeheuer glaubte. Und während Angela die Stirn zu runzeln begann, fragte Rosa mit Blick auf das Chaos in dem Büro: «Wie sieht es hier denn aus?»

«Unsere Ex-Kanzlerin hat das Zimmer durchwühlt.» Werner zeigte auf Angela.

«Warum tun Sie das?», erkundigte sich Rosa.

«Ich kann Ihnen versichern, dass ich das Durcheinander nicht verursacht habe.»

«Ich habe sie dabei ertappt, wie sie meine Akte in der Hand hielt.»

«Patientenakten sind geheim!», empörte sich Rosa.

«Deswegen habe ich sie ja auch nicht gelesen.»

«Aber Werner sagt …»

«Ich habe die Unterlagen lediglich vom Boden aufgehoben. Jemand anders hat das Büro durchgewühlt.»

«Und wer soll das gewesen sein?»

«Ein Dieb», schlug Angela vor. Sie hätte auch hinzufügen können ‹oder ein Mörder›, ließ es aber bleiben. Noch war nicht völlig klar, ob nicht vielleicht doch ein Elektro-Akku an Fenstermachers Tod schuld war und ein gewöhnlicher Dieb im Büro nach Wertsachen gesucht hatte.

«Ein Dieb?»

«Der Laptop ist auch weg.» Angela nickte zum Schreibtisch hinüber.

«Dann sind», stammelte Nele, «auch unsere Geheimnisse verschwunden.»

Angela merkte, dass das arme Mädchen kurz davor war zusammenzubrechen. «Patientendaten werden von Therapeuten stets als verschlüsselte Dateien abgelegt. Die kann man als Unbefugter nicht öffnen», versuchte sie, das Mädchen zu beruhigen, auch wenn sie große Zweifel hegte, ob ihre Annahme der Wahrheit entsprach.

«Ob das unser Fenstermacher auch so hielt, wage ich zu bezweifeln», kam es trocken von Werner.

«Wieso?», fragte Angela.

«Er war nicht gerade eine Top-Kraft.»

«Und Sie sind dennoch bei ihm gewesen?»

«Was glauben Sie, wie attraktiv ein ostdeutsches Kaff für gute Therapeuten ist? Oder auch nur für mittelmäßige?»

Angela schaute in die Runde. Niemand widersprach Werner. Das bedeutete, keiner von ihnen hielt Fenstermacher für einen fähigen Psychologen. Er war schlicht die einzige Hilfe, die sich ihnen bot. Und nun hatten sie noch nicht einmal mehr die.

Das Beste, was Angela für die Gruppe tun konnte, war, der Sache auf den Grund zu gehen. Sollte es sich tatsächlich um einen Mord handeln, würde es der erste sein, den sie nicht nur im Namen der Gerechtigkeit aufklärte, sondern auch für diese Menschen, die in ihrem Leben zu oft verletzt worden waren.

13

Angela kehrte nach Hause zurück. Die anderen Mitglieder der Therapiegruppe hatten beschlossen, den Spaziergang zum Sterbeort von Werners geliebter Person – wer immer die auch war – abzublasen. Zum einen, weil ein solcher Besuch, wie Rosa vermutlich zu Recht feststellte, ohne einen Therapeuten übel ausgehen konnte, zum anderen, weil jeder für sich Fenstermachers Tod verdauen wollte.

Auf der Straße vor dem Fachwerkhäuschen traf Angela auf ihren Bodyguard. Mike rang die Hände noch mehr als bei der Ankunft seiner Mutter. Angela kombinierte sofort, auf wen er diesmal wartete: «Ihr Vater kommt gleich?»

«Mein Vater kommt gleich», bestätigte Mike mit der Begeisterung eines Mannes, der vom Zahnarzt freundlich auf den Stuhl zur Wurzelbehandlung gebeten wurde. «Er ist von Göttingen aus hierher mit dem Fahrrad unterwegs.»

«Dann kann er das nicht sein, das ist ja ein Tandem», meinte Angela mit Blick auf das Gefährt, das auf dem Kopfsteinpflaster auf sie zuruckelte. Vorne saß ein Mann in abgetragener Rennradfahrerkleidung, der aussah wie eine verbitterte, verknitterte Version des langhaarigen Mallorca-Sängers Jürgen Drews.

«Doch, das ist er», stöhnte Mike.

«Und wer ist die Frau hinten auf dem Tandem?», fragte Angela und nickte zu der schwitzenden Endfünfzigerin in nigelnagelneuen Fahrradklamotten hinüber, deren schwarz gefärbte Haare an ein Vogelnest erinnerten. Nach einer Explosion.

«Ich habe nicht den blassesten Schimmer.»

In diesem Augenblick hielt das Tandem vor den beiden an. Mikes Vater Lutz, offenbar einige Jahre älter als seine Noch-Ehefrau Caroline, sagte knapp: «Hallo, Sohn.»

«Hallo, Papa.» Mike versuchte, sich ein Lächeln abzuringen, es gelang ihm nicht.

«Ich verstehe nicht, warum du dich in solche Klamotten zwängen lässt», erklärte Lutz und musterte abschätzig Mikes schwarzen Dienstanzug. Angelas Verdacht, dass Mikes Berufswahl in seiner Familie nicht gut ankam, bestätigte sich damit. Es erstaunte sie jedoch, dass schon der erste Satz des Vaters nach der Begrüßung eine Kritik an seinem Sohn war. Eine, die Mike sichtlich traf.

«Ich bin die Inge», stellte sich die Endfünfzigerin mit dem explodierten Vogelnesthaar vor und streckte Mike ihre Hand vom Tandem aus hin. Doch der Abstand war zu groß. Und Mike zu verwirrt von der Anwesenheit der Frau, um die für den Handschlag notwendigen Schritte auf sie zuzugehen. So antwortete er nur: «Aha.»

«Sie ist meine neue Freundin», verkündete sein Vater sachlich-grimmig.

«Sie ist waaas?»

«Meine neue Freundin. Bist du taub geworden von der vielen Ballerei?»

«Wie oft denn noch», wehrte sich Mike, «ich benutze meine Waffe nur beim Schießtraining.»

«Behaupten sie alle.»

«Papa!»

«Waffen sind das Übel dieser Welt. Wenn die Ukrainer sie niederlegen würden, könnte Putin sofort Friedensverhandlungen aufnehmen.»

Angela fand, dies wäre das Stichwort für sie, sich vom Acker zu machen. Doch Mikes Vater hatte offenbar nicht vor, sie so einfach davonkommen zu lassen: «Sie hätten die NATO-Osterweiterung nie zulassen dürfen, Frau Merkel!»

Dazu hätte Angela mehrere Dinge zur Antwort geben können. Zum Beispiel, dass sie es war, die 2008 die Aufnahme der Ukraine und Georgiens in die NATO verhindert hatte, und sie jetzt dafür viel Kritik einsteckte, wenn auch von anderer Seite. Aber sie beließ es bei einem: «Wissen Sie, was das Gute an der Rente ist?»

«Dass Sie keine Fehler mehr begehen können?»

Das auch, dachte Angela, aber gestand dies natürlich gegenüber dem Alt-Linken nicht ein. Stattdessen erwiderte sie: «Dass ich mich nicht mehr mit Leuten auseinandersetzen muss, die mich anblaffen, bevor sie überhaupt ‹Guten Tag› gesagt und sich vorgestellt haben.»

Sie begab sich auf den Weg ins Haus. Mikes Vater rief ihr hinterher: «Das ist die Arroganz der Macht.»

«Nein», Angela drehte sich noch mal lächelnd um, «das ist die Vernunft des Alters.»

«Und für diese Frau arbeitest du», sagte Lutz verächtlich zu seinem Sohn.

«Und du hast eine neue Freundin», hörte Angela ihren Bodyguard ächzen, während sie weiterlief. «Wie lange bist du denn schon von Mama getrennt?»

«Vier Wochen.»

«Nur vier Wochen. Und du hast schon eine Neue?»

«Das ist eine lange Zeit, wenn man über siebzig ist», erwiderte Lutz und klang dabei das erste Mal nicht von oben herab oder pampig, sondern ein wenig verletzlich. Anscheinend wollte Mike ihm daher auch keine weiteren Vorwürfe machen. Stattdessen meinte er: «Ich bringe euch in euer Hotel.»

«Ist da auch Mama untergebracht?», fragte Lutz.

«Ja, wir haben nur eins in Klein-Freudenstadt. Es heißt *Zur großen Freude.*»

«Das könnte für Inge unangenehm werden», gab Lutz zu bedenken, der offensichtlich seine Freundin vorschieben wollte, weil es ihm selbst nicht behagte, der Ex-Ehefrau zu begegnen. Mike war das natürlich sofort klar. «Ach, wisst ihr, was, ich bring euch einfach im Schloss unter», schlug er vor.

«Im Schloss?», kiekste Inge vor Begeisterung.

«Meine Verlobte verwaltet es für ihren kleinen Sohn, der es geerbt hat.»

«Ein Schloss», jubelte Inge regelrecht, «ist das nicht wunderbar, Lutzi-Putzi?»

«Lutzi-Putzi?» Mike konnte sich ein Prusten nicht komplett verkneifen. Dass der altlinke Vater verniedlicht und ihm damit etwas von seiner Strenge genommen wurde, schien dem Sohn zu gefallen.

«Hmm», grummelte Lutzi-Putzi und setzte dann hinzu: «Gut, fahren wir zu dem Schloss. Dann lernen wir auch endlich mal deine Verlobte kennen.»

Inge plapperte daraufhin fröhlich: «Lutzi-Putzi hat mir von eurer Multikulti-Patchwork-Familie erzählt! Wie schön! Schwarze Frauen sind ja immer so hübsch!»

Und Angela dachte sich, dass neben der ganzen ‹Die Eltern haben sich getrennt, die Mutter will freie Liebe, und der Vater hat schon eine Neue›-Situation ein weiteres Problem auf Mike zurollte: Marie konnte es – völlig zu Recht – nicht ausstehen, wenn man sie auf ihre Hautfarbe reduzierte.

14

Erst nachdem Mike seinen Vater und dessen neue Geliebte zum Schloss gebracht und den beiden geholfen hatte, sich einzurichten, konnte Angela mit ihm zum Dumpfsee fahren. Sie hatte die Zwischenzeit mit einem leckeren Frühstück in der Bäckerei Wurst überbrückt. Der Bodyguard hatte ihren Scherz, die grüne Ape sei der neue Dienstwagen, ernst genommen, und sie hatte seinen Fehler nicht korrigiert, da sie es amüsant fand, in dem Gefährt durch die Gegend kutschiert zu werden. Auf dem Feldweg, der durch den Wald zum See führte, spürte Angela im Gesäß allerdings jeden noch so kleinen Huckel. Anscheinend war das dreirädrige Auto vor der Erfindung des Stoßdämpfers gebaut worden. Oder Berlusconi hatte die Dämpfer entfernen lassen, um sie zu ärgern.

«Verraten Sie mir, was wir hier machen?», meldete sich Mike zu Wort, der bis dahin geschwiegen hatte.

«Wenn meine Vermutung stimmt, ermitteln wir wieder in einem Mordfall.»

Angela erwartete eigentlich Mikes übliche Reaktion. Er würde sich wie immer empören, weil sie sich in Gefahr brachte und er ihr dies als ihr Bodyguard nicht erlauben könne. Daraufhin würde sie kontern und fragen, wann er sie denn je von etwas habe abhalten können. Er würde dann zerknirscht eingestehen, dass ihm dies noch nie gelungen sei, und sich anschließend vorwerfen, die Stelle beim Kanzleramtsminister nicht angenommen zu haben, dessen Namen kaum ein Mensch in Deutschland kannte und den auch niemand auf der Straße wiedererkannte. Dort hätte Mike eine viel ruhigere Kugel schieben können. Doch der Bodyguard antwortete nur: «Alles besser, als den Tag mit einem meiner Eltern zu verbringen.»

«So schlimm?», erkundigte sich Angela mitfühlend.

«Schlimm ist gar kein Ausdruck.»

«Was wäre denn einer?»

«Supercalifragilistischexpiapokalyptisch», wandelte Mike die Wortschöpfung seiner Lieblingskindheitsheldin Mary Poppins ab.

«Setzt Ihnen Ihr Vater mehr zu oder Ihre Mutter?»

«Beide gleichermaßen. Mein Vater kritisiert alles an meinem Beruf und auch, dass ich mit Marie in einem dekadenten Schloss lebe. Und seine Neue fragt Marie nach ihrer Kultur aus, dabei ist sie hier in Deutschland geboren. Sie hat den afrikanischen Kontinent noch nicht mal betreten, weil die Arme seit Kindertagen keine Verwandten auf der Welt hat außer ihrem Sohn.»

«Und am Wochenende nach der Heirat auch Sie.»

«Ja, ab dann auch mich.» Mike lächelte das erste Mal auf der Fahrt.

«Und wie reagiert Marie auf die Freundin Ihres Vaters?», fragte Angela, während sie durch die Windschutzscheibe der Ape bereits den Dumpfsee erkennen konnte, an dessen Ufer ein Polizeiauto, ein Feuerwehrzug, ein Rettungswagen und außerdem ein brauner VW-Bus zu sehen waren. Letzteren konnte sie nicht zuordnen, er schien weder zur Polizei noch zu den Rettungskräften oder der Feuerwehr zu gehören.

«Lieb», antwortete Mike, «sie will einfach keinen Ärger vor oder während der Hochzeit.»

«Und was treibt Ihre Mutter gerade?»

«Das will ich lieber nicht erzählen.»

«Warum?»

«Weil es Ihnen nicht gefallen wird.»

«Mir nicht gefallen?»

«So was von gar nicht.»

«Ihnen ist klar, dass Sie jetzt erst recht meine Neugier geweckt haben?»

«Können wir über etwas anderes reden?»

«Mike!»

«Am Wochenende soll das Wetter schön werden.»

«Soll ich Ihnen eine Dienstanweisung erteilen, damit Sie es mir verraten?», scherzte Angela.

«Nun, es ist so …», fing Mike an und brach sofort wieder ab.

«Es ist wie?»

«Meine Mutter …»

«Ihre Mutter …?»

«Sie baggert …»

«Baggert?» Angela verstand nicht, was er meinte. Fuhr sie einen Bagger? Spielte sie Volleyball? Und warum zögerte er, es ihr zu verraten, wenn es eins von beiden war?

«… Ihren Mann an. Das habe ich mitbekommen, als ich vorhin die Ape holte.»

«Wie bitte?»

«Meine Mutter baggert Ihren Ehemann an», erklärte Mike und wäre dabei am liebsten vor Scham durch das dünne Bodenblech hindurch in den Feldweg versunken.

«Wie … wie das …?»

«Nun, er baut ja gerade die Garage.»

«Und?»

«Sie bewundert sein handwerkliches Geschick.»

«Er hat kein handwerkliches Geschick.»

«Beim Anbaggern geht es nicht darum, die Wahrheit zu sagen.»

«Hmm …» Über so etwas hatte sich Angela noch nie Gedanken gemacht.

«Und sie redet davon, dass sie gerne im Kleinwald Yoga üben würde, sich aber allein nicht hineintraut.»

«Über solche Sachen spricht sie?»

«Sie erzählt ihm auch von ihren Ideen über freie Liebe.»

«Und Sie haben Ihre Mutter dabei nicht unterbrochen?», empörte sich Angela.

«Das ist genauso unmöglich, wie Sie in die Schranken zu weisen, Frau Merkel», antwortete Mike kleinlaut.

Angela überlegte, ob sie ihrem Bodyguard befehlen sollte umzudrehen, da verkündete er: «Sie müssen keine Angst haben.»

«Nein?», fragte Angela und stellte fest, dass sie zwar keine Angst, aber Eifersucht verspürte. Ein Gefühl, das sie bis dato nicht kannte und auf das sie auch sehr gut hätte verzichten können.

«Sie kennen doch Ihren Mann.»

«Ja, er ist eine treue Seele», erwiderte Angela, und die Eifersucht verblasste ein wenig.

«Das auch, aber das meinte ich nicht.»

«Was dann?»

«Er ist so anständig, er begreift überhaupt nicht, worauf meine Mutter hinauswill.»

«Ja, mein Puffel ist anständig.» Vermutlich, fuhr Angela in Gedanken fort, würde er nicht mal begreifen, dass eine Frau ihn verführen wollte, wenn sie unbekleidet vor ihm stand und dabei einen Schleiertanz ohne Schleier aufführte. Aber wegen seiner Anständigkeit könnte eine forsche Frau ihren Achim leider auch in pikante Situationen bringen, ohne dass er dies bemerkte.

«Oh Mann, die Alte ist auch da!» Mike deutete durch die Windschutzscheibe. Am Seeufer, neben dem untersetzten Kommissar Hannemann – wie immer im ungewaschenen Trenchcoat und mit fettigen Haaren –, bemerkte Angela die stabil gebaute Pathologin Elenora Radszinski, deren Gesichtsfalten an die Gräben des Planeten Mars erinnerten.

«Was hat die Frau in der Hand?» Mike zeigte auf einen durchsichtigen Plastikbeutel, den die Polizei für Beweise benutzte und den Radszinski sich gerade in ihren Laborkittel steckte.

«Nun, das werden wir gleich herausfinden», sagte Angela und dachte dabei vor lauter Mordermittlungsthrill nicht mehr an Achim und Mikes Mutter.

15

Sie schon wieder», ächzte Hannemann, als Angela aus der Ape stieg.

«Sie haben wie immer eine beeindruckende Beobachtungsgabe», lächelte Angela.

«Was fahren Sie denn da für ein Ding?» Der Kommissar nickte zu der Ape hinüber. «Bewilligt der Finanzminister Ihnen nicht mehr das Geld für einen richtigen Dienstwagen?»

«Dieses Gefährt hat etwas, was Sie nicht haben.»

«Bettwanzen?»

«Charme.»

«Har-har», antwortete der Kommissar uncharmant.

«Sie sind wirklich mit Eloquenz gesegnet.»

«Mit was für einer Elo?» Hannemann verstand nicht recht.

«Was genau ist hier geschehen?», ignorierte Angela seine Frage und deutete auf den See, in dessen Mitte die Überreste des explodierten Hausboots schwammen.

«Der Besitzer ist leider der grünen Ideologie gefolgt und hat sein Boot elektrisch betrieben.»

«Es lag also an dem Akku?»

«Woran denn sonst? Denken Sie etwa, jemand hätte das Boot absichtlich in die Luft gejagt?»

«Das Büro des Besitzers wurde durchwühlt.»

«Woher wissen Sie das?», staunte Hannemann.

Angela wollte dem Mann auf keinen Fall verraten, dass sie Patientin bei Doktor Fenstermacher war. Sie konnte sich schon ausmalen, was sie sich dann von ihm anhören müsste. Ein Spruch wie ‹Wollte der Psychologe mal eine extraschwere Herausforderung erleben?› wäre noch das Harmloseste gewesen. Daher schwindelte sie: «Ich habe das von jemandem gehört.»

«Typisch Klein-Freudenstadt, alle tratschen», seufzte Hannemann. «Im Ort erleben wir gerade eine Einbruchsserie.»

«Wirklich?», wunderte sich Angela.

«Ich habe auch schon jemanden in Verdacht.»

«Und wen?» Angela war neugierig geworden. Schließlich könnte der Mord, wenn es einer war, mit den Diebstählen zusammenhängen. Vielleicht war der Täter in das Hausboot eingebrochen, wurde dabei von Fenstermacher erwischt, es kam zu einem Gerangel, der Dieb tötete den Psychologen und versuchte anschließend, mithilfe der Explosion die Tat zu vertuschen.

«Sie kennen doch unseren kommunistischen Exhibitionisten von Klein-Freudenstadt?»

«Schniedel Castro?»

«Schniedel Castro», bestätigte der Kommissar. Und Angela versuchte vergeblich, nicht an den bierbäuchigen Schniedel zu denken, wie er im Dorf ‹Venceremos› rufend herumlief, sein nackter Körper lediglich von einer viel zu kleinen Kubaflagge umhüllt.

«Der Kerl sammelt gerade für die neue Wagenknecht-Partei.»

«Und Sie meinen, er tut dies auf illegale Weise, indem er Diebstähle begeht?»

«Ich bin mir da sehr sicher!», lächelte Hannemann breit, und Angela staunte darüber, wie strahlend weiß seine Zähne waren. Anscheinend hatte er sie sich verschönern lassen. Früher hatte Hannemanns Gebiss einem Schiefergebirge geähnelt.

«Wenn Sie mich jetzt entschuldigen würden, ich muss zu Silvio, dem Friseur. Ich habe nämlich ein Fotoshooting für die *Bild am Sonntag*. Ich soll als Mann, der sich auskennt, der Innenministerin Ratschläge geben, wie sie ihren Job besser machen kann.»

«Da wird die Innenministerin sich aber freuen», lächelte Angela und staunte, wie eine Niete wie Hannemann in der neuen Medienwelt zum Star werden konnte. Die Zeiten, in denen man für Prominenz tatsächlich etwas können musste, waren wohl schon seit Langem vorbei.

«Klar wird die Ministerin sich freuen!», strahlte der Kommissar mit seinen gebleachten Zähnen um die Wette. Dann stolzierte er zu seinem Polizeiauto, stieg ein und fuhr davon. Die stämmige Pathologin Radszinski trat zu Angela und Mike und knatterte mit ihrer rauen, von Whiskey und Zigarillos gefärbten Stimme: «Hannemännchen hat jetzt einen Medienberater engagiert. Der hat ihm auch das mit den Zähnen geraten.»

«Aber gegen den dreckigen Trenchcoat», erkundigte sich Mike, «hat der Berater nichts?»

«Ist sein Markenzeichen», verriet Radszinski, «so wie deins dein süßer Hintern ist, Knackelchen.»

Mike wandte hastig den Blick ab. Die Pathologin grinste daraufhin breit. Sie wollte nichts von Mike, es bereitete ihr nur einen Heidenspaß, starke Kerle wie ihn zu verunsichern. Angela fragte: «Sie hatten eben einen Beweisbeutel in der Hand. Was war denn dadrin?»

«Kommen Sie mit zu meinem Wagen. Dann zeige ich es Ihnen.»

Mike und Angela folgten der Gerichtsmedizinerin zu dem braunen VW-Bus, der eine Mischung aus Wohnmobil und fahrbarem Laboratorium war. Reagenzgläser, Mikroskop und ein Bunsenbrenner standen auf der kleinen Kochzeile, dazwischen entdeckte Angela diverse Skalpelle. Luft, Sofa und Innenverkleidung des Busses hingegen stanken nach kaltem Zigarillo-Rauch. Der auf dem Fensterbrett stehende kleine Kaktus hatte bereits eine bräunliche Farbe angenommen.

«Sie haben ein Labor in Ihren Bus gebaut?», staunte Angela.

«Ehrlich gesagt, fahre ich mit dem Bulli nur manchmal zu Einsätzen, damit ich ihn als Dienstwagen von der Steuer absetzen kann. Normalerweise reise ich damit in den Urlaub durch die Karpaten.»

«Und», murmelte Mike leise vor sich hin, «erschrecken die Vampire.»

«Knackelchen, du hast ja Sinn für Humor», grinste Radszinski den Bodyguard an. Dem war es sichtlich peinlich, dass ihm die Bemerkung herausgerutscht war. Die Pathologin drehte sich von ihm weg, holte den Plastikbeutel aus ihrer Tasche und legte ihn auf den Esstisch zwischen das nicht abgeräumte Frühstücksgeschirr. In dem Beutel war ein kleines Stück Fleisch zu erkennen.

«Das ist ... das ist ...» Mike wurde grün im Gesicht.

«Ja, das ist ein menschlicher kleiner Zeh.»

Mikes Gesichtsfarbe wechselte ins Olivgrüne.

«Jetzt spuck mir nicht in den Bus.»

«Mike», sagte Angela, «was halten Sie davon, wenn Sie die Rettungskräfte befragen? Ich möchte erfahren, wann sie glauben, das Hausboot bergen zu können.»

«Davon halte ich außerordentlich viel», antwortete Mike und stürmte aus dem VW-Bus.

«Knackelchen hat einen Glasmagen», stellte Radszinski fest und zündete sich einen Zigarillo an.

«Dem kann ich nicht widersprechen.»

«Wissen Sie, was das Merkwürdige an diesem Beweisstück ist?»

Angela betrachtete den Zeh. Höchstwahrscheinlich hatte er Fenstermacher gehört. Dann sagte sie: «Ich halte das für einen ganz normalen menschlichen Zeh, wenn man mal davon absieht, dass er sich an keinem Fuß befindet.»

«Merkwürdig ist der Ort, an dem wir ihn sichergestellt haben.»

«Das Seeufer?»

«Das Seeufer», bestätigte die Pathologin.

«Er wird von der Explosion da hingeschleudert worden sein», mutmaßte Angela.

«Nur der Zeh? Sonst nichts?»

«Vielleicht finden sich dort noch weitere Leichenteile», schlug Angela vor.

«Die Rettungssanitäter haben keine gesichtet, und die arbeiten im Gegensatz zu Hannemann gründlich.»

«Und was bedeutet das?»

«Der Zeh war nicht mit an Bord, als das Boot explodierte.»

16

Als die Ape das Fachwerkhäuschen erreichte, grübelte Angela immer noch über das Rätsel des Zehs: War der Psychologe irgendwo an Land getötet, gar zerstückelt und seine Leichenteile anschließend ins Hausboot verfrachtet worden? Hatte der Mörder den Kahn dann in der Mitte des Sees explodieren lassen, um sämtliche Spuren zu pulverisieren? Wurde der Zeh bei dem ganzen Prozedere vielleicht aus Versehen an Land verloren?

Eine erste Antwort hätte man bekommen können, wenn Taucher zu den Wrackteilen in den Tiefen des Dumpfsees geschwommen wären, aber Mike hatte von den Sanitätern erfahren, was Wutbürger Werner bereits erwähnt hatte: Das Gewässer war wegen des Seeungeheuers Jormudgandr, das seit DDR-Zeiten auch Margot genannt wurde, allen Tauchern in der Umgebung zu unheimlich. Der Letzte, der sich 1998 hineingewagt hatte, war nicht mehr an die Wasseroberfläche zurückgekehrt. Genauso wie viele andere Taucher im Laufe der Jahrhunderte. Man würde also weniger abergläubische Spezialisten aus anderen Bundesländern benötigen, die der Sache auf den Grund gingen. Doch Hannemann würde niemals solche Spezialkräfte anfordern, weil er die Angelegenheit als Energiewende-Unfall abgehakt hatte.

Als junge Frau hätte Angela die wenigen Meter in die Tiefe tauchen können, schließlich hatte sie auf einer ihrer *Jugendtourist*-Reisen an die bulgarische Schwarzmeerküste das Tauchen mit Sauerstoffflasche gelernt. Für die damalige Angela wäre der seichte Dumpfsee keine Herausforderung gewesen. Heute hingegen war ein Tauchgang eher keine Option.

Nachdenklich betrachtete sie ihren Bodyguard: Wäre er ein Kandidat dafür? Trotz seines Bäuchleins, das sich langsam, aber sicher zum Bauch auswuchs? Immerhin war Mike für seinen Beruf als Personenschützer auch im Tauchen ausgebildet worden.

«Oh, oh!», unterbrach der Bodyguard ihre Gedanken.

«Oh, oh?»

«Ihr Mann und meine Mutter sind nicht länger mit der Garage beschäftigt.»

Angela spähte zu der Baustelle, an der Achim nicht sehr weit gekommen war. Lediglich zwanzig Steine waren auf drei Meter Breite mehr schlecht als recht auf- und aneinandergemörtelt.

«Und Sie denken …»

«Um genau zu sein, ich befürchte …»

«… dass Ihre Mutter mit meinem Achim …?»

«… in den Wald gegangen ist.»

Mike und Angela schauten sich entsetzt an. Es dauerte ein, zwei Momente, bis Angela die Kontrolle über ihre Gedanken zurückgewonnen hatte: «Parken Sie vor dem Haus.»

Mike tat, wie ihm geheißen. Die beiden kletterten aus der Ape, wobei der große Mike sich den Kopf an der Tür stieß. Er fluchte: «Die Karre ist nur für Italiener.» Danach hörten die beiden ein Lachen, das aus dem Garten des Hauses herüberschallte. Es stammte von Mutter Caroline und galt offensichtlich nicht Mikes Malheur. Fröhlich kicherte sie: «Sie sind ja so lustig, Achim!»

Angela war nun klar, dass Gefahr im Verzug war. Schließlich war sie selbst die Einzige, die Achims schrägem Wissenschaftlerhumor etwas abgewinnen konnte. Seine Quantenphysikwitze wie ‹Schrödingers Katze klettert auf den Kratzbaum, klettert aber auch nicht auf den

Kratzbaum› amüsierten sonst niemanden auch nur ansatzweise. Wenn Caroline also vorgab, Achim lustig zu finden, dann nur, weil sie in der Tat etwas von ihm wollte.

«Kommen Sie, Mike!», befahl Angela, schritt mit dem Bodyguard im Schlepptau um das Häuschen herum, durch die Gartenpforte hindurch und sah …

… wie Achim sich von Caroline den Nacken massieren ließ. Und das mit nacktem Oberkörper!

«Du bist ganz verspannt, George», flötete Caroline, die ebenso wie Angelas Ehemann von den Neuankömmlingen noch nichts bemerkt hatte.

«George?», staunte Achim. «Ich heiße Achim.»

«Aber dein Haar ist genauso schön voll und grauschwarz meliert wie das von George Clooney.»

«Hmm», räusperte sich Angela, während Mike auf den Grasboden blickte.

«Hallo, Frau Merkel», säuselte Caroline ungerührt.

«Hallo, Puffeline», lächelte Achim völlig unschuldig, weil er tatsächlich nicht verstand, dass er von der Hippie-Frau – wie hatte es Mike gleich noch mal formuliert? – ‹angebaggert› wurde. In gefasstem Ton erklärte Angela: «Puffel, du solltest dir was überziehen, du bekommst sonst einen Sonnenbrand.»

Achim betrachtete seine weiße Hühnerbrust. Caroline jedoch durchschaute die Lage sofort, tat aber, als ob ihr das alles leidtäte: «Verzeihen Sie. Ich weiß, eigentlich sollten Sie Ihrem Mann den Nacken massieren.»

«Ach, das macht Puffeline nie», warf Achim ein, ohne einen Hauch von Protest, während er sich sein mit Mörtel beschmiertes Langarmshirt anzog.

«Auch nicht den Kopf?», fragte Caroline.

«Nein», erwiderte Achim.

«Die Füße?»

«Warum denn die Füße?»

«Also nein», lächelte Caroline mit einem Seitenblick auf Angela, die innerlich zu brodeln begann, aber nach außen weiterhin die Contenance wahrte. Gegenüber dieser Frau wollte sie sich keine Blöße geben.

«Ich spendiere dir mal», meinte Mikes Mutter dann zu Achim, «eine meiner weltberühmten Kopfmassagen mit anschließendem Yogischen Ohrenkneten.»

Angela, die arg bezweifelte, dass dieses Yogische Ohrenkneten tatsächlich existierte, dachte sich: Und ich spendiere dir gleich eine meiner weltberühmten Angelischen Ohrfeigen.

Doch statt ihren Gedanken in die Tat umzusetzen, wandte sie sich an Mike. «Ich muss kurz etwas mit Ihnen bereden.»

Bevor der Bodyguard antworten konnte, dass er gerade viel zu sehr damit beschäftigt sei, sich in Luft aufzulösen, zog sie ihn um die Ecke hinter einen Baum und sagte streng: «Sie sorgen dafür, dass Ihre Eltern wieder zusammenkommen.»

«Was?»

«Ganz offensichtlich überkompensiert Ihre Mutter etwas, und genauso offensichtlich ist auch, dass Ihr Vater mit der Trennung unglücklich ist.»

«Meinen Sie wirklich?»

«Und selbst wenn nicht, Sie bringen die beiden wieder zusammen.»

«Oder?»

«Es gibt einen weiteren Mord in Klein-Freudenstadt!»

17

Dein Psychologe war nicht gerade der Ordentlichste», seufzte Achim, während er sich in Fenstermachers Büro umblickte. Angela hatte ihm auf dem Weg zum Haus in der Grünengasse sieben klargemacht, dass Miss Merkel und Hercule Sauer wieder ermitteln mussten. Achim hatte lange nach einem eigenen Detektivnamen gesucht und Hercule Sauer für sich entdeckt. Angela fand es rührend, dass er immer noch davon ausging, er könnte ein gleichberechtigter Ermittler sein anstatt lediglich eine ältere, wenn auch in ihren Augen puffeligere Version von Doktor Watson. Und natürlich hatte Angela ihren Puffel nicht nur mitgenommen, um jemanden zum Austausch von Ermittlungstheorien bei sich zu haben, sondern auch, damit er unter Aufsicht stand, solange Mikes Mutter noch eine Gefahr darstellte.

«Ich habe dir doch erklärt, sein Büro ist durchwühlt worden.»

«Das meine ich nicht», erwiderte Achim. «Schau dir die Fensterbank an.»

Angela folgte seinem Blick und stellte fest, dass auf dem Sims weitere Schlumpf-Figuren dekoriert waren. Sie waren achtlos aufgereiht, einige lagen gar mit dem Gesicht nach unten. Offenbar jedoch nicht, weil hier ein Dieb und/oder Mörder gewütet hatte – für den hätte es auf der Fensterbank gar nichts zu holen gegeben –, sondern weil Fenstermacher sich für die Sammlung genauso wenig interessiert hatte wie für saubere Fensterscheiben. Wirtschaftsminister Peter Altmaier hingegen, der hatte seine Schlümpfe penibel in der heimischen Vitrine aufgestellt und betrachtete sie gerne noch mal kurz vor dem Einschlafen. Der Gedanke, dass wenigstens in Schlumpfhausen die Welt in Ordnung war, beruhigte stets seine Nerven. Nur zu Beginn der Coronakrise hatte Altmaier seine geliebten Figuren missachtet. Er war vor lauter Nervosität bei einem Handy-Telefonat in der Wohnung auf und ab gegangen und dabei gegen die Vitrine gestoßen. Einige Figuren waren umgefallen, und erst nach dem ersten Lockdown baute er sie wieder auf. Wenn man von Altmaier auf Fenstermacher schließen konnte, bedeutete dies, dass sich der Therapeut in einer schweren Krise befunden hatte, sonst hätte er die Schlümpfe mit mehr Liebe behandelt. Was aber könnte der Grund für eine solche Krise gewesen sein?

Er war kein guter Therapeut gewesen – das war die Ansicht der Gruppenmitglieder.

Und er selbst? Hatte er sich auch so gesehen?

Und sich deswegen über jeden kleinsten Therapieerfolg gefreut?

Wie bei Hiltrud, zum Beispiel, die es aus ihrer Messie-Wohnung zum Briefkasten geschafft hatte? Hiltrud, die als Einzige heute Morgen nicht da gewesen war. Lag das wirklich nur an ihrer Angst, das Haus zu verlassen? Oder war sie heimlich in das Büro geschlichen, bevor der Rest der Gruppe eintraf?

Die Akte der Messiefrau hatte Angela jedenfalls nicht entdeckt, als sie das verwüstete Büro betreten hatte. Aber daraus konnte man nicht automatisch schließen, dass der Mörder sie gestohlen hatte. Es war genauso gut möglich, dass sie selbst das Dossier übersehen hatte.

«Puffel, hilf mir, nach einer Akte zu suchen, die zu einer Patientin namens Hiltrud gehört.»

«Und wie ist der Nachname?»

«Das weiß ich leider nicht, ebenso wenig wie die Adresse.»

«Ich wollte eigentlich noch an der Garage arbeiten.»

Angela stutzte: Normalerweise widersprach Achim nie, wenn sie ihn um etwas bat. Selbst dann nicht, als es darum ging, der Queen keine Quantenphysikwitze zu erzählen. Dabei hatte er den – seiner Meinung nach wunderbaren – Scherz genau vorbereitet: ‹Charles knabbert an Camillas Zeh, und er knabbert auch nicht an Camillas Zeh.›

Widersprach Achim etwa, weil er zurück zu Mikes Mutter Caroline wollte?

Die Eifersucht kochte erneut in Angela hoch – ein Gefühl, für das sie wirklich keinen Platz im Leben hatte. Dann besann sie sich darauf, dass ihr Achim eine treue Seele war, und antwortete: «Eine Garage kann warten, eine Mordermittlung nicht.»

«Logik ist immer der Schlüssel zur Entscheidungsfindung», pflichtete Achim ihr bei und machte sich sogleich auf die Suche. Die beiden durchforsteten sämtliche Akten im Büro des Therapeuten und stießen dabei auf jede Menge ortstypische Vornamen von Mandy und Sandy über Candy zu Maik und Raik. Zu ihrer beider Überraschung war auch ein Dossier über Kommissar Hannemann darunter, dessen Vorname nicht Maik oder Raik lautete, nicht mal Sandro, Silvio oder Rico, sondern Derrick. Das überraschte Angela, denn selbst in Zeitungsartikeln stand stets nur ‹Kommissar Hannemann›. Es war wie beim einstigen Bahnchef Mehdorn, der im Radio und Fernsehen immer nur ‹Bahnchef Mehdorn› genannt wurde, was den ein oder anderen Menschen denken ließ, er sei Bulgare: Panchev Mehdorn. Anscheinend waren Hannemanns Eltern begeisterte Zuschauer der Krimifernsehserie der Siebziger gewesen und hatten mit ihrer Vornamenswahl die berufliche Zukunft des inkompetenten Sohnes beeinflusst. Es hätte schlimmer kommen können. Sie hätten *Die Schwarzwaldklink* mögen und ihn Udo nach Dr. Udo Brinkmann taufen können. Dann würde er jetzt als Arzt tätig sein und in der Gegend auch außerhalb von Corona-Jahren für eine Übersterblichkeit sorgen. Nachdem der letzte Aktendeckel gelesen war, musste Angela feststellen: «Es gibt keine Unterlagen über eine Hiltrud.»

«Meinst du», fragte Achim, «der Dieb hat sie entwendet?»

«Oder es war Hiltrud selber.»

«Ich dachte, sie verlässt ihr Haus nicht.»

«Es sei denn, ihr Heilungsprozess verläuft schneller, als sie es sich anmerken lässt, und sie kann nicht nur bis an die Ecke zum Briefkasten gehen, sondern auch durch den ganzen Ort, um ein Büro zu durchwühlen.»

«Dann nichts wie hin zu ihr. Wir fühlen ihr auf den Zahn», beschloss Achim und machte sich auf den Weg zur Tür.

«Puffel?»

«Ja?» Achim blieb im Türrahmen stehen und drehte sich zu seiner Frau um.

«Fehlt uns nicht irgendetwas?»

Achim überlegte ein wenig und sagte dann: «Die Adresse?»

«Die Adresse.»

«Und wie wollen wir die ohne ihren Nachnamen herausfinden?», erkundigte sich Achim.

«Indem wir jemanden danach fragen.»

«Und wen?»

«Jemanden aus meiner Therapiegruppe.»

«Und wen genau hast du da im Sinn?»

«Nicht den Pantomimen.»

«Pantomimen?», staunte Achim. Kein Wunder, Angela hatte noch niemandem davon berichtet, mit wem sie die Therapiestunden teilte. Oder besser gesagt: geteilt hatte. Den Kassensitz von Fenstermacher würde in einem abgelegenen Dorf wie Klein-Freudenstadt vermutlich niemand mehr übernehmen. Schon gar nicht, wenn er die Patienten kennenlernte.

Angela klärte Achim kurz auf, wer zur Gruppe zählte, und er kommentierte das mit einem: «Na, das ist mal eine illustre Truppe.»

«Es sind alles verwundete Menschen», entgegnete Angela und wunderte sich darüber, dass sie ihre Mitpatienten in Schutz nehmen wollte vor einer Bemerkung, die der herzensgute Achim gar nicht abwertend gemeint hatte. Wie würde sie erst reagieren, wenn jemand wie Hannemann sich über die Gruppe lustig machte? Oder würde der Kommissar das gar nicht wagen, weil er selbst bei Fenstermacher in Therapie gewesen war? Allerdings nur für kurze Zeit, denn laut Vermerk auf dem Aktendeckel hatte Hannemanns Behandlung nur drei Wochen gedauert. Gewiss weil Narzissmus nicht heilbar war.

«Aber du denkst doch», sagte Achim, «dass einer von ihnen der Mörder sein könnte.»

Angela wollte es sich zwar nicht vorstellen, aber die Mitglieder der Therapiegruppe waren nun einmal die einzigen Patienten, die Fenstermacher noch gehabt hatte. Alle anderen Dossiers waren abgeschlossen, wie sie den Aktendeckeln entnommen hatte. Hatte der Arzt keine neuen Patienten mehr aufgenommen, weil er von der Arbeit ausgebrannt war? Oder war er so ermattet, weil keine neuen Patienten kamen und er kurz vor der Pleite stand? Wurde Angela von ihm so enthusiastisch in das Haus gewunken, weil er sich über jede Krankenkassenkarte freute, die er durch das Gerät ziehen konnte?

Angela griff sich eine Akte und öffnete sie.

«Du darfst die nicht lesen!», protestierte Achim.

«Es geht mir nur um eine Adresse.»

«Ich dachte, du wolltest jemanden aus der Gruppe nach der Adresse von dieser Hiltrud fragen.»

«Aber dazu brauche ich auch die Adresse von diesem Jemand, den ich fragen will.»

«Und wen genau hast du da im Auge?»

«Eine Frau, die die Welt durch eine rosarote Brille sieht.»

18

Mike stand mit Marie in dem kleinsten der sechs Schlosssäle vor einem Tisch, an dem zehn Personen Platz hatten und an dem in zwei Tagen das Hochzeitsmahl stattfinden sollte. Seine innig geliebte Verlobte seufzte: «Wir hätten ein rauschendes Fest mit Hunderten Gästen veranstalten sollen.»

«Weil wir dann meinen Eltern aus dem Weg hätten gehen können?», fragte Mike.

«Und Inge.»

Marie hatte sich gegen ein großes Fest entschieden, weil sie alles Opulente grundsätzlich ablehnte. Obwohl ihr kleiner Sohn der Schlosserbe war und sie sein Vormund, hatte sie nur drei der einstigen Dienstbotenzimmer im Westflügel bezogen und kaufte ihre Kleidung immer noch im Templiner Secondhandshop, dessen Werbespruch lautete: *Don't call it Altkleider, call it Vintage.* Diese Bescheidenheit war einer der vielen Gründe, warum Mike sie liebte. Aber ihm war mittlerweile auch klar, dass die Hochzeit nicht der schönste Tag in ihrem Leben werden konnte, wenn sich die Situation mit seinen Eltern nicht drastisch änderte. Womöglich würde der Tag ansonsten nicht mal unter den Top Fünftausend der besten Tage ihres Lebens landen. Er musste also nicht nur wegen Frau Merkel bei seinen Eltern eingreifen, sondern vor allem, um seine Hochzeit zu retten.

«Vielleicht», überlegte Marie, «können wir ja einfach ausbüxen.»

«Ich kann dich auf einem weißen Pferd entführen», lächelte Mike.

«Dazu müsstest du bis übermorgen reiten lernen.»

«Dann kannst du mich auf einem weißen Pferd entführen», grinste Mike.

Marie musste lachen. Sie mochte seinen Humor. Das gefiel ihm, denn nie zuvor hatte eine Frau seinen Humor geteilt.

«Wie wäre es», schlug Marie vor, «einfach mit einem weißen VW Golf?»

«Machbar, aber wir würden Frau Merkel enttäuschen», gab Mike zu bedenken. In der Tat freute sich seine Dienstherrin auf seine Hochzeit mit ihrer besten Freundin Marie fast so sehr wie die Verlobten selbst. Sie hatte Mike gegenüber sogar angedeutet, dass sie ihm danach das Du anbieten wollte. Mike konnte sich nicht vorstellen, Frau Merkel zu duzen oder gar Angela zu nennen. Aber vielleicht würde sie ihm das Duzen ohnehin nicht mehr vorschlagen, wenn es ihm nicht gelang, seine Mutter wieder zur Vernunft zu bringen. Und dazu musste er herausfinden, was in der Ehe seiner Eltern schiefgelaufen war.

«Hach, Lutzi-Putzi», hörte er Inges Stimme aus dem Gang vor dem kleinen Saal flöten, «das ist hier alles noch viel schöner, als ich gedacht habe.»

«Hmm», brummte Mikes Vater daraufhin.

«Dein Vater ist ein echter Enthusiast», bemerkte Marie leicht ironisch.

«Kümmerst du dich um Inge?», bat Mike.

«Warum?»

«Ich muss mit meinem Vater allein reden.»

«Die Frau», sagte Marie genervt, «hat mich vorhin gefragt, ob ich es für kulturelle Aneignung hielte, wenn sich eine weiße Frau Rastalocken flicht.»

«Und was hast du geantwortet?»

«Dass mich nichts weniger interessieren könnte.»

«Das hast du nicht wirklich gesagt.»

«Natürlich nicht. Ich meinte, dass ich das auch nicht weiß, und dann haben wir gemeinsam ‹Dreadlocks› bei Wikipedia aufgerufen und gelesen. Schon im Mittelalter trug der König von Dänemark verfilzte Frisuren, ebenso die Ureinwohner Amerikas und sogar hinduistische Mönche.»

Mike fühlte sich in seiner Annahme bestätigt, dass es komplizierter und differenzierter wurde, je mehr man sich inhaltlich mit Aneignung und ähnlichen Kulturkampf-Angelegenheiten beschäftigte. Es war halt immer einfacher im Leben, wenn die eigenen Meinung auf möglichst wenig Fakten basierte.

«Jedenfalls habe ich Inge erklärt, dass ihre Haare toll sind und sie sich keine Rastalocken machen lassen müsse. Und sie fand, dass meine Haare auch toll sind. » Marie strich sich über ihre neue Halblangfrisur, die der Klein-Freudenstädter Topfriseur Silvio ihr für die Hochzeit gezaubert hatte. Es gab nur einen weiteren Haarstylisten im Dorf, und der war so kurzsichtig, dass bereits das ein oder andere Ohrläppchen seinen Schneidekünsten zum Opfer gefallen war.

«Dann hast du jetzt eine neue Freundin.»

«Wenn du unter Freundin Nervensäge verstehst, dann ja.»

«Ich muss schauen, ob meine Eltern irgendwie Frieden schließen können.»

«Hallo, ihr beiden», flötete Inge besonders laut, als sie mit Mikes Vater den Saal betrat, «dieses Schloss ist wirklich schnuckelig.»

«Bitte», raunte Mike flehentlich Marie zu. Die nickte, knipste ein Lächeln an und sagte: «Komm, Inge, ich zeige dir den Rosengarten.» Sie hakte sich bei der Frau mit der explodierten Vogelnestfrisur unter und schritt mit ihr hinaus.

«Ich möchte den Garten auch besichtigen», verkündete Mikes Vater, offensichtlich nicht, weil er sich für die Rosen interessierte, sondern weil er nicht mit seinem Sohn allein sein wollte. Aber Mike stellte sich entschlossen zwischen ihn und die Tür, wie wenn er als Bodyguard Unbekannte, die Angela zu nahe treten wollten, sanft und unauffällig abblockte.

«Papa, ich möchte dich was fragen.»

«Dann frag», knurrte Mikes Vater.

«Warum hat Mama dich verlassen?»

«Weil sie verrückt geworden ist.»

«War es wegen Inge?»

«Die habe ich erst danach auf Tinder kennengelernt.»

«Du bist auf Tinder?» Für einen kurzen Moment sah Mike vor seinem geistigen Auge seinen Vater beim Swipen, swipte den Gedanken aber selbst schnell beiseite und fuhr fort: «Wenn es nicht wegen Inge war, warum dann?»

«Ich habe es dir doch schon erklärt, deine Mutter ist verrückt geworden.»

«Zu einer Trennung gehören immer zwei.» Das wusste Mike aus eigener Therapie-Erfahrung. Ein Grund für das Scheitern seiner ersten Ehe war gewesen, dass er über seine Gefühle nicht hatte sprechen können. Personenschützer sind nun mal keine Poeten.

Mikes Vater schwieg.

«Komm schon.»

«Deine Mutter fand, mit mir gebe es keine Überraschungen mehr im Leben.»

«Und stimmt das?»

«Ich mag nun mal das, was ich mag. Und das, was ich nicht mag, mag ich nicht.»

«Also ja.»

Mikes Vater schwieg.

«Du hast gar nichts versucht?»

«Ich habe vorgeschlagen, dass wir die nächste Fahrradtour nicht wie sonst im Harz unternehmen, sondern im Taunus.»

Mike wusste, dass das für seinen Vater ein weitreichendes Angebot war.

«Aber sie wollte unbedingt einen Tantra-Kurs belegen.»

«Tantra?» Mike war sich plötzlich nicht mehr sicher, ob es eine gute Idee war, seinen Vater zu befragen.

«Um unser Sexleben aufzufrischen. Das war ihr zu eintönig.»

Jetzt war Mike sich ganz sicher, dass es keine gute Idee gewesen war.

«Inge beschwert sich jedenfalls nicht.»

«Papa!»

«Ich bin nun mal nicht mehr wie damals, als deine Mutter und ich noch regelmäßig auf Trips gegangen sind.»

«Mit Mitte zwanzig?»

«Mitte fünfzig.»

Jetzt verfluchte sich Mike endgültig dafür, das Gespräch gesucht zu haben.

«Es gab mal Zeiten, da nannte mich deine Mama LaMotta.» Mikes Vater wurde mit einem Mal wehmütig.

«LaMotta?»

«Das ist die Hauptfigur aus *Wie ein wilder Stier.*»

«Das wollte ich nicht wissen!»

«Wenn ich deiner Mutter nicht mehr reiche, reiche ich ihr eben nicht!», brach es aus Mikes Vater hervor, und er verließ zornig den Saal.

Aus ebenjenem Ausbruch schöpfte Mike plötzlich Hoffnung, denn es war völlig eindeutig: Sein Vater empfand noch etwas für seine Frau. Noch war nicht alles verloren!

Jetzt galt es, bei Caroline vorzufühlen, mit welcher Geste der Vater ihr Herz zurückerobern könnte. Es müsste eine sein, die ihr zeigte, dass es mit ihm eben doch wieder Abwechslung im Eheleben geben könnte. Eine, die wesentlich größer war als eine Fahrradtour durch den Taunus. Bei der es aber auch möglichst nicht um Tantra, Sex und Drogen ging.

19

Achtung, Katzen stand an der schiefen hölzernen Gartenpforte. Das kleine Haus lag an einem staubigen Feldweg, der von der Landstraße nach Templin abzweigte. Es war alt und wirkte wie der Albtraum eines jeden Energieberaters, unterschied sich aber deutlich von den anderen unsanierten Gebäuden in Klein-Freudenstadt, denn es war knallrosa gestrichen.

«‹Achtung, Katzen›», staunte Achim. «Normalerweise schreibt man das bei Hunden. Oder bei spielenden Kindern, wenn auch in einem anderen Kontext. Wobei ich mir manchmal vorstelle, dass man vor den spielenden Kindern warnt, weil die einen beim Cowboy-und-Indigene-Spiel mit Pfeil und Bogen attackieren könnten.»

«Indigene-Spiel nennen es die Kinder vermutlich nicht», grinste Angela.

«Kommt auf die Eltern an», lächelte Achim, der sich stets bemühte, auf der korrekten politischen Höhe der Zeit zu sein.

Angela öffnete die knarzende Pforte. Plötzlich ertönte ein Schaf-Blöken, das von der Rückseite des Hauses zu stammen schien. Rosa hatte sich also bereits einen Kompagnon für den Ziegenbock gekauft. Offenbar war sie eine Frau, die einen einmal gefassten Entschluss, auch wenn er fragwürdig war, schnell umsetzte.

Angela schritt mit Achim auf dem in das hohe Gras getrampelten Pfad zum Eingang, an dem ein Schild mit der Aufschrift *Don't worry, be rosa* hing, und klingelte. Es dauerte eine Weile, da öffnete die blond gefärbte Hausherrin die Tür. Sie trug einen pinken Jogginganzug und falls sie sich über den Besuch wunderte, ließ sie es sich nicht anmerken. Strahlend verkündete sie: «Wie schön, dass Sie gekommen sind, Frau Merkel. Und Sie auch, Herr Sauer. Darf ich Ihnen einen leckeren Tee anbieten, mit Sahne und Kluntjes und allem, was in Ostfriesland dazugehört? Übrigens mein Lieblingstee, obwohl ich von hier stamme.»

«Sehr gerne», antwortete Angela und wunderte sich ein bisschen, dass Rosa überhaupt nicht erstaunt war, das Ehepaar Merkel vor sich zu haben.

Angela und Achim folgten ihr durch den lediglich von einer frei hängenden Glühbirne beleuchteten Flur in das rosa gestrichene Wohnzimmer. Dabei wehte ihnen ein ziemlicher Gestank entgegen, nach Katzen und deren Hinterlassenschaft. In wohlweislicher Voraussicht hatte Angela ihren Mops nicht mitgenommen, der zwar Katzen gerne ankläffte, aber sofort den Ringelschwanz einzog, wenn eine von ihnen auch nur leise fauchte. Die vielen kleinen Tiger, die bei Rosa im Wohnzimmer umherstrichen, hätten mit ihm Katz und Mops gespielt.

«Soll ich Ihnen meine Lieben vorstellen?», fragte Rosa. «Ich habe zehn davon.»

«Ja, gerne.»

«Das sind Muffin, Cookie, Donut, Pudding, Brownie …», deutete Rosa auf die jeweiligen Katzen, die sich durch ihre Farb- und Streifenkombinationen im Fell klar voneinander unterschieden.

«Ich erkenne ein Namenskonzept», raunte Achim seiner Frau zu.

«… Cupcake, Pancake, Cheesecake …»

«Ich langsam auch», lächelte Angela.

«… und Stalin.» Rosa zeigte auf eine Katze, die ganz oben auf dem fast zimmerhohen Kratzbaum thronte.

«Stalin?»

«Sie sollten mal sehen, wie er mit den anderen Katzen umgeht!»

Angela betrachte Stalin genauer und erkannte, dass er einen Schnurrbart hatte, der dem des Diktators durchaus ähnelte.

«Böser, böser Stalin!» Rosa wedelte mit dem Zeigefinger zu dem Kater hinüber. Das Tier ließ sich davon nicht auch nur ansatzweise beeindrucken. Katzen und Diktatoren besaßen nun mal ihre eigenen Ansichten.

Unter einem Sessel mit zerkratztem rosa Polster war mit einem Mal ein Winseln zu hören.

Achim erschrak und spähte unter den Sessel. «Da ist ja noch ein ganz kleines Kätzchen.»

«Chocolate-Chip», verriet Rosa.

«Es ist furchtbar dürr, und seine Pfote ist kaputt.»

«Ich habe Chocolate-Chip als kleines, fast verhungertes Kätzchen gefunden, ihn aufgepäppelt, so gut es ging, aber er bleibt der Hänfling im Haus. Er leidet besonders unter Stalin. Es ist kein lebenswertes Leben für ihn.» Rosas Mitgefühl für das Tier war deutlich zu spüren. Ihr stieg sogar ein Tränchen ins Auge. Sie riss sich aber zusammen und sagte: «Ich mach mal den Tee. Setzen Sie sich doch bitte.»

Nachdem Rosa das Wohnzimmer verlassen hatte, raunte Achim: «Ich setze mich nicht in die Nähe von Stalin», und wählte einen zweiten rosa Plüschsessel, der mit einigem Abstand vom Kratzbaum entfernt stand und dessen Polster ebenfalls reichlich zerschlissen war. Von hier aus konnte man wunderbar in den wild wuchernden Garten schauen, aus dem ein Ziegenbock und das frisch gekaufte Schaf ins Wohnzimmer zurückblickten.

Angela, die mehr Erfahrung mit Diktatoren besaß, setzte sich auf das ramponierte rosa Sofa nahe dem Kratzbaum. Für einen kurzen Moment dachte sie darüber nach, ob ein solcher Baum dem ein oder anderen Tyrannen nicht auch mal guttun würde. Der könnte dann aufkommende Aggressionen gleich abbauen, anstatt sie an Unschuldigen auszulassen.

Ihr Blick fiel auf die Katzenklos, die samt und sonders mit Fotos ausgelegt waren. Anscheinend war auf allen das gleiche Gesicht zu sehen. Genau konnte Angela die Züge unter Katzenstreu und Kötel nicht erkennen. War das etwa … Fenstermacher?

«Stalin starrt mich an», sagte Achim, dem der Blick des Katers sichtlich unheimlich war.

«Ignorier ihn», antwortete Angela, die immer noch versuchte auszumachen, wessen Foto unter der Streu lag. Es kam ihr jedenfalls bekannt vor.

«Vielleicht war Stalin ja der Mörder», meinte Achim nur halb im Scherz.

«Was für ein Mörder?», fragte Rosa, die das Wohnzimmer mit einem Tablett betrat, auf dem eine Teekanne, Tassen, ein kleines Kännchen Sahne, ein Schüsselchen mit Kluntjes, ein Stövchen sowie ein Teller mit Mürbekeksen standen.

Angela überlegte, ob sie abwiegeln oder die Gelegenheit dazu nutzen sollte, ihren Verdacht zu äußern, dass es bei dem Tod von Fenstermacher nicht mit rechten Dingen zugegangen war. Schließlich entschied sie sich für die Konfrontation. Sie wollte herausfinden, wie Rosa reagierte, wenn man sie direkt auf die These ansprach. «Ich glaube, dass unser Therapeut ermordet worden ist.»

«Ermordet?» Rosas Hände begannen zu zittern, und sie schaffte es gerade noch, das Tablett auf dem kleinen zerkratzten Glastisch abzustellen. Die Katzen schienen zu merken, dass ihr Frauchen erschüttert war. Cupcake, Pancake und Cheesecake schmiegten sich an ihre Beine. Fast alle anderen Vierbeiner näherten sich ihr und blieben mit etwas Abstand stehen. Bis auf Chocolate-Chip, der sich weiter unter dem Sessel versteckte, in dem Achim saß. Und Stalin, der von seinem Katzenbaum-Thron sein Reich beobachtete.

«Das Büro», erklärte Angela, «ist durchwühlt worden, und fast gleichzeitig explodierte sein Hausboot, das kann kein Zufall sein.»

Rosa setzte sich geschockt zu Angela auf das Sofa. Achim übernahm es, den Tee einzuschenken. Jeder griff sich eine Tasse. Rosa mit bebenden Händen. Draußen blökte das Schaf, der Ziegenbock meckerte.

«Sie waren mit Herrn Fenstermacher auch privat verbunden.»

«Wie … wie kommen Sie darauf?» Rosa verschüttete fast ihren Tee. Achim führte sich einen der Mürbekekse zum Mund, hatte aber Schwierigkeiten, ihn nach dem Kauen runterzuschlucken, anscheinend war er staubtrocken. Die Katzen waren Rosa zur Couch gefolgt und versammelten sich nun zu ihren Füßen, bis auf Stalin und Chocolate-Chip.

«Sie haben ihn Didi genannt.»

«Didi», sagte Rosa leise.

«Und Sie kannten sein Hausboot.»

«‹Sein› Hausboot», wiederholte Rosa mit einem leicht wehmütigen Lächeln.

«Ist es nicht seins?» Angela runzelte die Stirn.

Rosa schwieg. Achim trank die Tasse Tee in einem Schluck aus, um den Keks runterzuwürgen. Doch das reichte nicht, und er schenkte sich eine weitere ein. Das Schaf starrte draußen den Ziegenbock an. Der Ziegenbock starrte das Schaf an.

«Sie haben», kombinierte Angela, «Ihre Schulden nicht wegen der Tiere, oder?»

Rosa schwieg.

«So hoch können die Kosten für Katzen und Schafe doch nicht sein. Außerdem würde einem die Bank für Tiere keine Hypothek geben.»

Rosa nickte.

«Sie haben also Geld aufgenommen, um Fenstermacher seinerseits einen Kredit für das Boot zu gewähren.»

«Es ist praktisch noch meins», gestand Rosa.

«Deswegen haben Sie ihn häufiger am See besucht.»

«Nur ein Mal.»

«Weil Sie nicht so lange von Ihren Tieren wegbleiben wollten?»

«Didi hatte eine Katzenhaarallergie.»

«Und Sie fanden es nicht falsch, dass Ihr Therapeut Geld von Ihnen wollte?», mischte sich Achim ein, dessen Stimme von den Mürbekeksresten in der Kehle etwas heiser klang. Auch Angela staunte über die Naivität der Katzenfrau, aber noch mehr über die Unverschämtheit Fenstermachers, ein Abhängigkeitsverhältnis derart auszunutzen.

«Er half uns, ich half ihm», antwortete Rosa und warf dabei den Katzen Keksstückchen zu. Die waren aber schlau genug, sie nicht zu essen. Stalin starrte Achim an. Achim wandte unangenehm berührt den Blick von dem Tier. Im Garten gaffte der Ziegenbock das Schaf an. Das Schaf begann zu grasen.

«Half er Ihnen wirklich? Ich hatte den Eindruck, dass Sie ihn alle nicht für einen besonders guten Therapeuten hielten.»

«Aber er war unserer!», entgegnete Rosa aufgewühlt. «Und jetzt ist er nicht mehr für uns da! Keiner wird mehr für uns da sein. Wie sollen wir mit unserem Schmerz weiterleben? Das ist doch kein lebenswertes Leben.»

«Haben Sie etwas für ihn empfunden?», erkundigte sich Angela sanft.

Rosa wischte sich die Tränen aus den Augen, setzte sich aufrecht hin und antwortete: «Die Frage sollten Sie besser einer anderen stellen.»

«Nele?», schlussfolgerte Angela. Die junge Klimaaktivistin war neben Hiltrud, die nie das Haus verließ, die einzige andere Frau in der Gruppe.

«Ja.»

«Nele war in Fenstermacher verliebt?»

«Die war total hinter ihm her, das Flittchen!» Es war das erste Mal, dass Angela die rosa Katzenfrau böse erlebte.

«War sie auch mal auf Fenstermachers Hausboot?»

«Meinem Hausboot.» Rosas Augen blitzten.

«Und deswegen sind Sie zornig auf Fenstermacher gewesen.»

«Nur auf Nele, es war nicht in Ordnung, wie sie sich an ihn ranmachte!»

«Und was ist dann mit den Fotos in den Katzenklos?»

Rosa schaute irritiert, wie Achim auch, zu den Fotos, die unter der Streu lagen. Nach einem kurzen Augenblick lachte sie bitter auf: «Das ist jemand anders.»

«Und wer?»

«Der Mann, durch den ich gelernt habe, dass man nur Tieren vertrauen kann.» Schlagartig wirkte Rosa tieftraurig und schien in dunklen Erinnerungen zu versinken. Angela begriff, dass sie mit ihrer Fragerei eine Grenze überschritten hatte. Sie hatte sich ungebeten Zutritt ins Reich des persönlichen Unglücks einer Verdächtigen verschafft, das mit dem Fall rein gar nichts zu tun hatte. Wenn sie den Mord an Fenstermacher auch für die Mitglieder der Gruppe aufklären wollte, musste sie auf deren fragile Gefühle achten. Sie durfte mit den Verdächtigen nicht so umspringen wie bei ihren bisherigen Ermittlungen. Angela beschloss daher, Rosa nicht weiter auszuhorchen, vielmehr wollte sie endlich auf den eigentlichen Grund ihres Besuches kommen: «Kennen Sie die Adresse von Hiltrud?»

«Nein.»

«Sie haben privat keinen Kontakt gehabt?»

«Wir haben uns alle nur in der Gruppe getroffen.»

‹Bis auf den Therapeuten›, hätte Angela beinahe eingeworfen.

«Ich weiß aber, wo der Werner wohnt.»

«Ah ja?»

«An seiner Wohnung hängt die große Deutschlandfahne.»

Angela kannte die Fahne von ihren Spaziergängen im Ort. Sie prangte an einem Balkon in einer kleinen Seitenstraße unweit des Marktplatzes. An Deutschlandfahnen hatte Angela prinzipiell nichts auszusetzen, solange sie nicht mit der Fahne der Reichsbürger verwechselt wurden, die die Farbkombination schwarz-rot-weiß statt schwarz-rot-gold bevorzugten und damit nicht nur ihre Blindheit bei Farben bewiesen.

«Die Nele», sprach Rosa weiter, «klebt sich ab und zu auf die Landstraße.»

«Und Paul?»

«Dem kann man manchmal im Kreiskrankenhaus begegnen.»

«Tritt er da als Pantomime vor den Kindern auf?» Angela war sicher, dass er die Kleinen zum Lachen brachte.

«Unter anderem.»

«Unter anderem?»

«Was in der Therapie besprochen wurde, darf ich nicht weitererzählen», erwiderte Rosa und trank einen Schluck Tee. Die Katzen stromerten wieder durch das Zimmer, bewacht von Stalin auf dem Kratzbaum. Der Ziegenbock versuchte, das Schaf zu besteigen.

Wen, überlegte Angela, sollte sie zuerst aufsuchen, um herauszufinden, wo Hiltrud wohnte, die wegen der entwendeten Patientenakte ihre Hauptverdächtige war? Ob sie Paul im Krankenhaus auffinden würde, war schwer zu sagen. Wann und wo genau Nele sich auf die Straße klebte, ebenso. Am einfachsten wäre es, bei Werner Wutbürger vorbeizuschauen, aber wohl auch am unangenehmsten.

Angela und Achim verabschiedeten sich. Rosa bedankte sich für den Besuch, so oft hatte sie ja keinen. Eigentlich war Didi Fenstermacher der Letzte gewesen, der bei ihr im Haus gewesen war, damals, als sie ihm das Geld für das Hausboot überreicht hatte. Angela bekam daraufhin noch mehr Mitgefühl mit der Frau.

Während die beiden Eheleute das Wohnzimmer verließen, gab Rosa ihren Katzen Futter. Sie alle ließen Stalin, der hoheitsvoll vom Kratzbaum sprang, den Vortritt. Der kleine Chocolate-Chip kauerte weiterhin unter dem Sessel und musste von seinem Frauchen, das sich dafür auf den Boden legte, per Hand gefüttert werden. Dabei flüsterte sie liebevoll zu ihm: «Alles wird gut, versprochen.» Und das Schaf verpasste dem Ziegenbock mit dem Hinterbein einen solch kräftigen Tritt, dass der schmerzerfüllt von dannen zog.

20

Wegen Stalin werde ich bestimmt schlecht schlafen», sagte Achim, als die Eheleute die Landstraße hinunter in Richtung Klein-Freudenstadt liefen. Lange Spaziergänge waren das Fitnessprogramm der beiden. Alles darüber hinaus verstanden sie als unnötige Quälerei, mit der man sich die letzten Lebensjahre nicht vergällen sollte. Der Mensch war für das Gehen in der Natur konzipiert worden und nicht dafür, in Fitnesszirkeln Gewichte zu verfluchen.

Der Verkehr auf der Landstraße war ruhig, lediglich ein mit Heu beladener Riesentraktor rollte an ihnen vorbei. Hinter dem Lenkrad saß ein stämmiger, etwa vierzig Jahre alter Bauer, der vollen Herzens über den Traktorenlärm hinweg die deutsche Version von *If you don't know me by now* des Duos *Badesalz* schmetterte: *Evi, du wohnst in Bad Nauheim.*

«Das haben viele Menschen im Laufe der Geschichte gesagt», stellte Angela fest.

«‹Evi, du wohnst in Bad Nauheim›?» Achim zog verwundert die Augenbrauen hoch.

«Dass sie wegen Stalin schlecht schlafen.»

«Weißt du», überlegte Achim, «was ich bei Diktatoren nie verstehen werde?»

«Was?»

«Die Leute sind so reich und könnten ein so schönes Leben führen.

Stattdessen quälen sie ihr Volk und sind den lieben langen Tag schlecht gelaunt.»

«Man muss sich eben den Diktator als unglücklichen Menschen vorstellen.» Angela kannte jede Menge Autokraten und Diktatoren, die sich mit Medikamenten vollstopften, um ihre Paranoia ein bisschen zu lindern. Zusätzlich schluckten sie Darmpräparate, weil die Medikamente Verstopfungen verursachten.

«Die Rosa ist ein einsamer Mensch», meinte Achim.

«Ja», bestätigte Angela. Viele Menschen litten unter Einsamkeit. Sie hatte sich damit beschäftigt. In Großbritannien hatte man sogar ein *Ministry for Loneliness* eingerichtet, um deren schrecklichen Folgen entgegenzuwirken. Eine Institution, die Angela für eine gute Idee hielt.

«Und der Schuft von Therapeut», fuhr Achim fort, «hat Rosas Einsamkeit finanziell ausgenutzt.»

«Viele einsame Menschen werden psychisch krank und nicht gerade wenige von ihnen auch physisch», bemerkte Angela betrübt. «Ob sie in Ausnahmefällen sogar zum Mörder werden?»

«Rosa hätte definitiv einen Grund gehabt, Fenstermacher zu töten.»

«Aber sie scheint nicht völlig zu begreifen, dass sie ausgenutzt wurde», widersprach Angela. «Abgesehen davon ist ihr Geld nun ganz weg. Das Boot ist zerstört. Sie könnte ihr Haus verlieren.»

«Es wird doch eine Versicherungssumme geben», wandte Achim ein.

«Dass Rosa die Begünstigte ist, wage ich zu bezweifeln. Das wird Fenstermacher selbst gewesen sein.»

«Die Summe kommt doch in den Nachlass. Und wer den erhält, muss die Schulden, die Fenstermacher bei Rosa hat, bezahlen.»

«Aber nur, wenn Rosa einen Schuldvertrag mit ihm abgeschlossen hat. Und sie scheint mir keine Person zu sein, die ihre finanziellen Angelegenheiten mit Verstand regelt.»

«Oder sonst irgendwelche Angelegenheiten», stimmte Achim zu.

«Aber natürlich ist es interessant zu erfahren, wer Fenstermachers

Erbe ist. Geld ist das häufigste Mordmotiv.» Bevor Angela den Gedanken jedoch weiterverfolgen konnte, meinte Achim: «Die Caro ist auch sehr einsam.»

«Caro?»

«Mikes Mutter.»

«Du nennst sie Caro?»

«Sie hat mir das Du angeboten.»

«Und wie kommst du darauf, dass sie einsam ist?»

«Auf den ersten Blick wirkt Caro zwar lebenslustig ...»

Zu lebenslustig, dachte sich Angela, in der die Eifersucht wieder hochkochte.

«Aber wenn man genau hinschaut, hat sie traurige Augen.»

«Du schaust bei der Caro also genau hin?», fragte Angela spitz, und jeder andere Ehemann außer Achim hätte erkannt, welche Gefühle sie gerade hegte. Doch da er seiner Frau noch nie im Leben Anlass gegeben hatte, eifersüchtig zu sein, wusste er nicht, warum sich ihre Stimme derart verfärbte. Daher fragte er: «Warum sollte ich das nicht?»

Da fielen Angela tausend Gründe ein, sie behielt sie jedoch für sich.

«Caro wird mit der Trennung von ihrem Mann nicht fertig.»

«Sie hat ihn doch sitzen lassen!»

«Das widerspricht sich nicht», erklärte Achim. Dann schloss er seine Frau in die Arme, drückte sie an sich und sagte voller Liebe: «Ich bin dankbar, dass wir nicht einsam sein müssen, Puffeline.»

«Ich auch», antwortete Angela, deren Eifersucht plötzlich wie weggeblasen war, «ich auch.» Sie wollte ihm gerade einen Kuss geben – etwas, das sie auf offener Straße sonst nie tat –, da hörten die beiden ein Hupen. Es stammte von dem Traktor, der mittlerweile außer Sichtweite war. Dem Hupen folgte ein weiteres, energischeres. Dem wiederum ein Dauerhupen und schließlich das Geräusch einer Vollbremsung.

«Was war das?», fragte Achim.

«Eine Aufforderung.»

«An wen?»

«An mich.»

«Wozu?»

«Mich auf die Straße zu kleben», grinste Angela und rannte los.

21

Angela und Achim liefen auf den Traktor zu, vor dem sich Nele, in schwarzer Lederjacke, auf die Straße geklebt hatte. Dabei hörten die beiden, wie der stämmige Bauer, der mittlerweile den Motor ausgestellt hatte, sich seufzend erkundigte: «Wie lange soll das hier dauern?»

Die meisten Bundesbürger, das war Angela bewusst, waren so stauerprobt, dass sie sich in solchen Situationen dem Klimakleber-Schicksal fügten. Einige Autofahrer mit mehr Flüchen, andere mit weniger. Tobende Fahrzeughalter, von denen die *Bild*-Zeitung gerne berichtete, waren eine kleine Minderheit. Aber man schrieb keine Online-Artikel über all die Menschen, die in dieser Situation hinterm Steuerrad *Tetris* spielten.

«Ich sitze hier so lange», antwortete die junge Frau mit den blauen Filzhaaren und versuchte dabei, ihr zartes Stimmchen möglichst fest klingen zu lassen, «bis unser Land klimaneutral ist.»

«Da sitzt du dir aber den Hintern platt», erwiderte der Bauer lakonisch und fügte hinzu: «Ich habe heute noch eine wichtige Verabredung.»

«Es gibt nichts Wichtigeres als den Klimawandel.»

«Erzähl das mal meiner Frau.»

«Ich bleibe hier sitzen!»

«Hör mal zu, Mädchen, meine Frau und ich haben unseren ersten freien Abend ohne unseren Zweijährigen. Der ist bei der Oma. Und wir haben was vor.»

«Und was?»

«Wenn du es genau wissen willst, wir wollen ein zweites Kind machen.»

Angela musste grinsen: Man sagte den Berlinern nach, dass sie frei Schnauze redeten, aber gegen die Bauern in der Uckermark waren die Hauptstädter Meister des Herumdrucksens.

«Man darf keine Kinder in die Welt setzen», reagierte Nele völlig aufgewühlt.

«Wieso das denn nicht?»

«Die verursachen CO_2.»

«Du doch auch.»

«In vierzig Jahren brennt der Planet, und deine Kinder werden an Hunger sterben oder an Hitze und in den Jahren bis dahin unendliche Qualen erleiden.»

«Boah», schluckte der Bauer, «jetzt hast du mir die Stimmung verdorben.»

«Gut so!», rief Nele.

Angela trat an den Traktor. «Ich würde gerne mit der jungen Frau reden», meinte sie zu dem Bauern.

«Von mir aus. Schlimmer kann es nicht werden.»

Angela ging zu Nele und fragte: «Darf ich mich dazusetzen?»

Nele starrte sie verwirrt an. Bevor sie sich wieder sammeln konnte, kauerte Angela schon neben ihr auf der Straße. Woraufhin der Bauer stöhnte: «Man darf nie, aber auch wirklich nie, sagen ‹Schlimmer kann es nicht werden›.»

Achim gesellte sich zu dem frustrierten Bauern und verwickelte ihn in einen Plausch, bei dem sich die beiden über die Ernte austauschten, die keine vierzig Jahre mehr benötigte, um wegen der Hitze schlecht auszufallen. Angela hingegen fragte das junge Mädchen: «Du klebst hier ganz allein?»

«Wollen Sie auch?» Nele hielt ihr den Kleber hin.

«Nein danke», lächelte Angela, «ich mag die Haut an meiner Hand.»

«Hätte mich auch gewundert.»

«Es gibt wohl nicht viele Klimakleber in Klein-Freudenstadt, nicht wahr?»

«In Berlin sind es mehr.»

«Und warum bist du dann nicht da hingezogen?», hakte Angela nach.

«Sie werden über mich lachen.» Neles Stimme wirkte plötzlich wieder zart.

«Werde ich nicht», versprach Angela guten Gewissens. Selbst wenn sie etwas lustig fand, konnte sie sich ein Lachen verkneifen. So wie damals, als Karl Lauterbach seine FFP2-Maske im Bundestag stundenlang falsch herum trug.

«Ich mag das Leben hier. Es ist meine Heimat.»

«Das kann ich sehr gut nachvollziehen.» Angela fand es ebenfalls in der Uckermark viel schöner als in Berlin.

«Aber mein Zuhause wird von den Konzernen zerstört.»

«Du meinst die Ölgiganten?»

«Ja, die auch. Aber alle sind sie schuld. Stahlindustrie, Autoindustrie, Versicherungsindustrie ...»

«Schon verstanden», antwortete Angela.

Es war auch gewiss gut für Nele, nicht in Berlin zu leben. Ein Mensch wie sie, der das Negative in der Welt derart in sich aufsaugte, hätte es dort mehr als nur schwer gehabt. Wusste Nele das auch von sich? Oder hatte es Fenstermacher ihr zumindest vermittelt? Einfühlsam erkundigte sich Angela: «Du wolltest nach Doktor Fenstermachers Tod etwas unternehmen, anstatt zu Hause in deinem Zimmer zu trauern.»

Nele nickte, und genauso wie Rosa schossen auch ihr die Tränen in die Augen.

Es war nicht richtig, die junge Frau mit der schrecklichen Mordthese zu konfrontieren. Auch wenn Angela klar war, dass sämtliche Therapiegruppenmitglieder als Mörder infrage kamen, selbst Nele, hatte sie sich vorgenommen, mit den psychologisch angeknacksten Verdächtigen behutsamer umzugehen. Das hieß aber nicht, dass sie die Ermittlung bleiben lassen wollte oder gar sollte. «Du kanntest Herrn Festermachers Spitznamen Didi?»

Nele nickte wieder.

«Hast du dich auch privat mit ihm getroffen?»

Nele schwieg und rang weiter mit den Tränen.

Wie nur weiterforschen, wenn jede Frage die junge Frau zum Weinen brachte?

Doch war Weinen nicht gesund für die Seele?

Der erste Schritt zur Heilung?

Hach, was wusste sie schon? Sie hatte das letzte Mal beim Fall der Mauer geweint, und da vor Freude. Angela war sich zudem sicher, dass sie es erst wieder tun würde, wenn Achim die Frechheit besaß, vor ihr zu sterben. Oder der kleine Pupsi.

«Standet ihr euch nahe?»

«Didi war immer für mich da. Ich durfte ihn auch nachts anrufen, wenn ich nicht schlafen konnte.»

«Und deswegen hast du etwas für ihn empfunden?»

«Ich für ihn?» Neles Tränen versiegten vor Überraschung.

«Er für dich?», korrigierte sich Angela schnell.

«Ich ... ich gehe besser.» Nele machte zu Angelas Verblüffung Anstalten aufzustehen.

«Deine Hand!», rief Angela vor Schreck.

«Ach.» Nele dachte nicht daran, ihre Bewegung zu stoppen. «Ich benutze den Kleber gar nicht.»

Sie stand nun vor Angela und bewegte alle Finger.

«Gott sei Dank, es geht weiter!», rief der Bauer Angela zu, während er seinen Motor wieder anwarf. «Jedenfalls, wenn Sie auch aufstehen, Frau Merkel!»

«Selbstverständlich», antwortete Angela, rappelte sich auf, trat mit

Nele an den Straßenrand und ließ den Bauern vorbeituckern. Dabei hörte sie ihn noch murmeln: «Ich werde heute Abend verhüten.»

Angela war betrübt, dass die Erderhitzung so vielen Menschen die Hoffnung auf die nächsten Generationen nahm. Die Diskussion mit Nele darüber wollte sie aber nicht führen. Stattdessen fragte sie: «Klebst du dich nie richtig an?»

«Ich mag die Haut an meiner Hand», zitierte die junge Frau Angelas Worte von vorhin und lächelte schelmisch. «Und die unerfahrene Polizei hier in Klein-Freudenstadt trickse ich mit der Flasche Klebstoff aus, sodass sie denken, sie könnten mich nicht von der Straße bekommen, weil sie nicht das Spezial-Lösemittel haben wie ihre Kollegen in den großen Städten.»

Nele stieg auf ein Fahrrad, das sie hinter einem Baum abgestellt hatte. Die verblüffte Angela besann sich darauf, dass sie mit der jungen Frau auch über die Hauptverdächtige hatte sprechen wollen. «Weißt du, wo Hiltrud wohnt?», versuchte sie ihr Glück.

«Im iPad», grinste Nele noch schelmischer und radelte davon.

«Und», erkundigte sich Achim, während er zu Angela trat, «hast du etwas herausgefunden?»

«Ja, zwei Dinge.»

«Und was?»

«Erstens: Anscheinend hat sich unser Ermordeter an Nele rangemacht.»

«Der Therapeut ist also nicht nur ein Schuft, sondern auch ein Wüstling!»

«Hach, Puffel», lächelte Angela. «Du bist einer der wenigen Menschen, die noch die Worte ‹Schuft› und ‹Wüstling› benutzen.»

«Ich hätte auch Lump und Schürzenjäger sagen können.»

«Das ist auch nicht viel moderner.»

«Tunichtgut und Lümmel?»

«Vergiss es.»

«Kanaille und Rabauke?»

«Reden wir über Chrupalla und Höcke?»

Achim musste lachen. «Und was ist das Zweite, das du herausbekommen hast?»

«Unsere zarte Nele ist verschlagener als gedacht.»

22

Venceremos!», erscholl es über den pittoresken Marktplatz von Klein-Freudenstadt hinweg, kaum dass Angela und Achim ihn betraten. Dank der Fördergelder stand hier kein einziges unsaniertes Haus.

«Schniedel …», begann Achim.

«… Castro!», vollendete Angela.

Der bierbäuchige Mann mit den langen weißen Haaren und dem langen weißen Bart war nackt, hatte sich aber dankenswerterweise eine Kubaflagge um die Hüfte gebunden. Glaubte man den Gerüchten in Klein-Freudenstadt, hatte er die Fahne gleich nach der Wende aus dem Rathaus, oder eher dem Rathäuschen, stibitzt. Der Raub war einem Mitarbeiter erst aufgefallen, als ein renommierter kubanischer Wissenschaftler, der einst als Bruderstaat-Student auf den Feldern bei Klein-Freudenstadt gearbeitet hatte, fünfzehn Jahre später zu Besuch kam.

«Ich muss mit Schniedel reden», sagte Angela – Kommissar Hannemann hatte den Exhibitionisten ja in Verdacht, für die Diebstahlserie im Dorf verantwortlich zu sein und damit auch für den Einbruch bei dem Therapeuten.

«Nur zu. Du hast in deinem alten Beruf schon mit merkwürdigeren Gestalten geredet.»

«Venceremos!», rief Schniedel erneut. Die Bewohner von Klein-Freudenstadt beachteten ihn nicht, während er barfuß über das sonnenerwärmte Kopfsteinpflaster des Marktplatzes stolzierte. An die Anwesenheit des Exhibitionisten waren sie schon viel länger gewöhnt als daran, ständig der Ex-Kanzlerin über den Weg zu laufen.

«Herr Castro! Herr Castro!», rief Angela dem Nackedei aus einigen Metern Entfernung zu. Sie entschied sich ganz bewusst für den selbst gewählten Nachnamen und nicht für seinen bürgerlichen. Alle im Ort wussten, dass er eigentlich Fridolin A. von Hohenzollern hieß und aus einer Nebenlinie der einst kaiserlichen Familie stammte. Wofür das A. stand, war jedoch weithin unbekannt.

«Frau Merkel?»

«Können Sie mal zu mir kommen?»

«Soll ich Ihnen was zeigen?», rief Schniedel hoffnungsfroh.

«Bloß nicht!», sprach Achim aus, was Angela nur dachte.

«Nein, es geht um etwas anderes», wiegelte Angela ab und konnte sich sicher sein, dass Schniedel seine Kubaflagge vor ihr nicht öffnen würde. Als wohl einziger redlicher Exhibitionist der Welt tat er so etwas nur einvernehmlich. Es frustrierte ihn auch nicht, dass ein solches Ereignis nur einmal im Jahr passierte, wenn nämlich der Lästermaul-Stammtisch der alten Damen in der Bäckerei Wurst den Geburtstag der pudelgelockten Vorsitzenden feierte.

«Schade.» Schniedel wirkte aufrichtig betrübt.

«Hier im Ort geschehen gerade sehr viele Einbrüche», sagte Angela ohne Umschweife, als der Exhibitionist vor ihr stand.

«Schrecklich, nicht wahr?», antwortete Schniedel und lächelte wie ein Mann, der diesen Umstand ganz und gar nicht schrecklich fand.

«Sie haben keine Ahnung, wer für diese Raubzüge verantwortlich ist?»

«Nein, ich habe nur Kontakt zu ehrenwerten Bürgern.»

«Honoratioren sind's wohl kaum», murmelte Achim leise. Natürlich gab es in jeder gesellschaftlichen Schicht ehrbare Menschen, überlegte Angela, und solche, die ihr lieber Ehemann als Schufte bezeichnet hätte. Und dennoch, sie hätte Schniedel eher abgenommen, dass er nichts von den Diebstählen wusste, wenn er damals nicht die blau-weiß gestreifte Kubafahne gestohlen hätte, die er stets so um seinen Körper wickelte, dass ihr rotes Dreieck mit der Spitze genau auf sein Gemächt zeigte.

«Herr Castro, wie ich gehört habe, leben Sie nicht von dem Vermögen Ihrer Familie.»

«Der Adel hat die Menschen jahrhundertelang ausgebeutet!»

Angela hielt es für anständig, dass Schniedel Castro aus Überzeugung auf die familiären Reichtümer verzichtete. Seine Verwandten hingegen forderten sogar noch Schlösser und Wertgegenstände vom Staat zurück, die ihnen rechtlich nicht mehr zustanden.

«Mein Vorfahr», erklärte Schniedel empört, «war für den Ersten Weltkrieg verantwortlich, und sein Sohn hat Hitler unterstützt. Das Geld solcher Leute möchte ich nicht haben!»

Angela konnte nicht anders: Sie entwickelte langsam eine gewisse Sympathie für diesen Mann.

«Sie leben also vom Bürgergeld?»

«Ja, das könnte allerdings höher sein.»

«Sie glauben demnach an Umverteilung.»

«Venceremos!»

«Sie brauchen nicht zu schreien.»

«Ich glaube daran.»

«Und tun Sie auch etwas dafür?»

«Eigentum ist Diebstahl!»

«Also stehlen Sie», lächelte Angela.

Erst jetzt ahnte Schniedel, dass er in eine Falle getappt war.

«Wenn Sie Ihr Herz erleichtern wollen», meinte Angela freundlich, «verspreche ich Ihnen, Sie nicht anzuzeigen.»

«Schwören Sie es?»

«Auf das Leben meines Mannes.»

Achim schaute ein wenig perplex drein.

«Ich bestehle nur Menschen», gestand Castro kleinlaut, «die es sich leisten können.»

«Man kann sich auch», warf Achim ein, «das Bürgergeld durch einen Minijob aufstocken.»

«Die Einzigen, die einen Nackten einstellen, sind die Betreiber vom FKK-Freibad bei Templin. Aber seitdem die Busse nur noch so selten fahren, komme ich nicht mehr dahin.»

Angela fühlte sich nun auch gegenüber Schniedel Castro schuldig, das Land nicht in dem Zustand hinterlassen zu haben, den sie sich gewünscht hätte. Doch sie wollte sich auf die Ermittlungen konzentrieren und schüttelte den trüben Gedanken ab. Sie holte einmal tief Luft und fragte rundheraus: «Sind Sie letzte Nacht bei Doktor Fenstermacher eingebrochen?»

«Nein, nein …», wehrte Schniedel ab.

«Wie», seufzte Achim, «soll man Ihnen das denn glauben?»

«Der Mann besaß keine Hausratversicherung.»

«Bitte?» Achims Augen weiteten sich.

«Ich bestehle grundsätzlich nur Menschen, die das Geld von der Versicherung wiederbekommen.»

«Woher», wunderte sich Angela, «wissen Sie, wer hier in Klein-Freudenstadt eine Hausratversicherung hat?»

«Bevor ich mit dem Stehlen angefangen habe, bin ich in ein Versicherungsbüro eingebrochen und habe mir die Kundennamen aufgeschrieben.»

«Aber Ihnen ist schon klar», sagte Achim, «dass Sie zwar nicht die Bestohlenen finanziell schädigen, aber den Versicherungskonzern?»

«So was fragen Sie einen Kommunisten?», konterte Schniedel. «Diese Konzerne optimieren ihre Steuern, dass die Schwarte kracht, und bei einer Finanzkrise unterstützt sie der Staat, also wir.»

Angela fühlte sich wieder direkt angesprochen, verspürte jedoch keine Lust, über Sinn und Unsinn der vielen Finanzrettungsschirme, die sie aufgespannt hatte, zu diskutieren. Stattdessen hakte sie nach: «Seit wann haben wir hier im Ort ein Versicherungsbüro?»

«Das war vor Ihrer Zeit. Hat geschlossen, als Corona kam. Die Maklerin hatte zu viel Angst, ihr Haus zu verlassen.»

Hiltrud!, schoss es Angela durch den Kopf. Schnell erkundigte sie sich: «Wie heißt die Maklerin? Und wo wohnt sie?»

«Das habe ich bestimmt mal …»

«Aber jetzt nicht mehr?»

«Um ehrlich zu sein, in meinen Kreisen trinken wir gerne russischen Wodka und kubanischen Rum, gerne auch zusammen als Mixgetränk …»

Achim schüttelte sich.

«… und das ist nicht gut für das Erinnerungsvermögen.»

«Glaube ich sofort», bemerkte Achim.

«Schade», meinte hingegen Angela, doch am liebsten hätte sie ‹Mist› gesagt.

«Sie werden mich doch wirklich nicht bei der Polizei anzeigen?» Schniedel klang unsicher.

«Nein, aber Sie sollten Ihr Bürgergeld anders aufstocken. Hannemann hat Sie auf dem Kieker.»

«Danke für den Tipp.»

«Gern geschehen», erwiderte Angela, die froh war, auf einen Schlag weitere Einbrüche verhindert und Hannemann einen Ermittlungserfolg verbaut zu haben.

«Und wenn Sie mal Hilfe brauchen …»

Angela konnte sich keine Situation vorstellen, in der sie die Hilfe eines Exhibitionisten benötigte.

«… dann rufen Sie einfach laut ‹No Pariser!›.»

«Heißt das nicht ‹No pasarán›?», wunderte sich Achim.

«Nicht bei einem Exhibitionisten!»

«Und Sie wären dann auch in der Nähe?» Angela war plötzlich etwas unheimlich zumute.

«Keine Ahnung. Aber hilfreich wäre es für Sie», lächelte Schniedel. «Und nun verabschiede ich mich. Ich habe Bock auf ein Zwiebelmettbrötchen.» Er drehte sich um und marschierte in Richtung Bäckerei Wurst.

«Wo hat der denn sein Geld?», murmelte Achim.

Schniedel, der Achims Kommentar offensichtlich gehört hatte, wandte sich noch mal um und rief zurück: «Ich darf auf dem Zettel der alten Damen von den Lästermäulchen anschreiben lassen. Denen bereite ich einmal im Jahr eine Freude.»

Dann verließ er die beiden endgültig.

Angela geriet ins Grübeln: Versicherung, Versicherung … vielleicht hing der Mord wirklich mit der Versicherung für das Hausboot zusammen. Es wurde höchste Zeit, Hiltrud endlich zu finden!

«Komm, Puffel», sagte sie. «Wir gehen jetzt von Kubafahne zu Deutschlandfahne.»

23

Auf dem Weg zu Wutbürger Werner spazierten Angela und Achim durch die fünf verwinkelten Gassen der Klein-Freudenstädter Altstadt. Sämtliche Läden in dieser Gegend waren unvermietet – wenn man von der Töpferei der 93-jährigen Adele, dem Atelier des Aquarellmal-Vereins und dem Schmuckgeschäft, in dem man auch Kreuzfahrtreisen buchen konnte, absah. Doch Angela achtete nicht auf ihre Umgebung. Sie dachte über Versicherungen nach. Wenn Fenstermacher eine Police für das Hausboot abgeschlossen hatte, war sie garantiert von Patientin Hiltrud vermittelt worden. Hatte die Maklerin dafür gesorgt, dass sie von dem Vertrag profitierte?

Aber ein Hausboot, egal, wie modern und mit Elektromotor ausgestattet, war wohl kaum einen solchen Aufwand wert, geschweige denn ein Leben.

Ein Leben …

«Ich bin ja so dumm!», rief Angela aus.

«Diesen Satz», sagte Achim, «habe ich das letzte Mal von dir gehört, als du Karl-Theodor zu Guttenberg zum Verteidigungsminister ernannt hast.»

«In einer Lebensversicherung kann man eine wesentlich höhere Summe vereinbaren als in einer Police für ein Hausboot. Theoretisch können das viele, viele Millionen sein.»

«Bei dir geht das nicht», meinte Achim.

«Wieso?», fragte Angela, in ihrem Kombinierfluss unterbrochen.

«Du bist unbezahlbar.»

Angela liebte es, wenn ihr Puffel leicht ungelenke, aber doch sehr süße Komplimente machte.

«Besonders in Augenblicken wie jetzt, wo du diese niedlichen roten Bäckchen bekommst.»

«Puffel.» Angela knuffte ihren Mann in die Seite, als wären die beiden zwei junge Doktoranden bei ihrem ersten Date.

«Eine Lebensversicherung», überlegte Achim, während er sich die Stelle rieb, in die Angela hineingeknufft hatte. Sie vergaß immer, wie dünn ihr Mann war. Beneidenswerterweise konnte er alles essen, ohne auch nur ein Gramm zuzunehmen. Er begrub Kuchenstücke unter Bergen von Sahne, beschmierte seine Croissants dick mit Nutella, um sich, wie er es formulierte, ein Schoko-Croissant zu basteln, und trank seine persönliche Cola-Apfelsaft-Mischung niemals light. Kein einziger seiner Blutwerte schlug deswegen aus. Der Chef der berühmten Biotechnologiefirma *BioNTech* hatte mal angemerkt, dass man versuchen sollte, aus Achims Blut mit CRISPR-Scheren einen Impfstoff gegen Diabetes zu generieren. Bis heute war Angela sich nicht sicher, ob der Wissenschaftler dies wirklich nur als Scherz gemeint hatte. Die meiste Zeit freute sie sich über Achims Gesundheit, aber in Augenblicken wie diesen, in denen er sich die Seite rieb, musste sie daran denken, was der Hausarzt ihr zugeraunt hatte: ‹Bei schlimmen Krankheiten hat Ihr Mann leider nichts zuzusetzen.›

«Puffeline?»

«Ja?»

«Du blickst so traurig.»

«Ich liebe dich», lächelte Angela.

«Ich dich auch», lächelte Achim zurück. Manches an der Rente war für Angela schwer zu erdulden, aber eines war wunderbar: Sie und Achim hatten viel mehr Gelegenheiten, ihre Liebe zueinander zu bekunden.

«Wonach riecht es denn hier?», wunderte sich Achim plötzlich.

«Thüringer Bratwürste.» Angela erkannte den Geruch sofort. Sie hatte als Politikerin auf unzähligen Wahlkampfveranstaltungen im ganzen Land Würste essen müssen, sodass sie alle Sorten von Nürnberger, Schlesischen, Nord-Hessischen bis hin zu Thüringern am Geruch identifizieren konnte. Thomas Gottschalk hätte sie zu *Wetten, dass..?* einladen können.

Das Ehepaar blickte hoch zum Giebel eines alten Fachwerkhauses, das offensichtlich zu DDR-Zeiten in einen Bau mit sechs Zimmern verwandelt oder besser: verschandelt worden war. Auf einem Balkon mit Deutschlandfahne am Geländer stand Werner Wutbürger. Dem Gestank seines kleinen Kohlegrills nach zu urteilen, mochte Werner seine Würste gerne drei viertel schwarz. Für einen kurzen Augenblick malte sich Angela aus, wie der Mann wohl reagieren würde, wenn statt ihrer Cem Özdemir vor den Balkon treten und eine Lebensmittelampel hochhalten würde. Oder Robert Habeck, um ihn auf die Vorzüge von Balkonheizkraftwerken hinzuweisen. Schließlich rief sie hoch: «Hallo!»

Werner blickte nach unten auf die Straße und erwiderte verblüfft: «Was machen Sie denn hier?»

«Sie haben eine sehr schöne Deutschlandfahne», wich Angela geschickt aus.

«Ich bin ja auch trotz allem stolz auf dieses Land.»

«Und auf unsere Demokratie?», konnte sich Angela die Frage nicht verkneifen.

«Im Gegensatz zu den Ballaballa-Reichsbürgern glaube ich nicht, dass wir einen starken Mann brauchen. Starke Männer, die das Land kaputt regieren, hatten wir mehr als genug.»

«Ein vernünftiger Wutbürger», raunte Achim, «was es nicht alles gibt.»

Angela musste an ein Zitat von Susan Sontag denken: ‹Zehn Prozent der Bevölkerung sind grausam, egal was passiert, und zehn Prozent sind barmherzig, egal was passiert, und die restlichen achtzig Prozent können in beide Richtungen bewegt werden.› Werner Wutbürger gehörte offenbar zu jener Gruppe, um die man als Demokrat kämpfen konnte. Um die sie selbst noch hätte kämpfen können, wäre ihre Zeit in der Politik nicht schon vorbei gewesen. Ein Umstand, mit dem sie auch im dritten Jahr der Rente nicht umgehen konnte. Würde sie das je? Jedenfalls würde ihr Fenstermacher nicht mehr dabei helfen können.

«Wollen Sie eine Wurst?», erkundigte sich Werner.

«Sie bieten mir etwas zu essen an?»

«Rosa hat gesagt, ich soll netter zu den Menschen sein, sonst platzt mein Herz.»

«Das», murmelte Achim mit Blick auf die fast verkohlte Wurst, die Werner mit der Grillzange hochhielt, «besorgen schon seine Ernährungsgewohnheiten.»

Angela überlegte, ob sie die Wurst dennoch annehmen sollte. Zum einen, weil sie sich damit Werner gewogener machen könnte, zum anderen, weil es ihn in seinem Vorhaben, freundlicher zu werden, unterstützen würde. Allerdings erweckte die Wurst den Anschein, dass man sie auch mit sehr viel Ketchup nicht herunterbekommen würde. Daher antwortete sie: «Ich habe leider keine Zeit, ich möchte zu Hiltrud.»

«Hiltrud?» Werner zog misstrauisch die Stirn in Falten.

«Ich habe vor, eine Lebensversicherung abzuschließen», flunkerte Angela.

«Lebensversicherung?», echote Werner noch misstrauischer. Reagierte er etwa so, weil er vielleicht als Begünstigter von Fenstermachers Ableben profitierte? Hatte Werner etwa den Therapeuten mit vorgehaltener Waffe dazu gezwungen, eine Police auf seinen Namen ausstellen zu lassen? Das erschien allerdings etwas weit hergeholt. Oder etwa doch nicht?

Angela wälzte die wilde Theorie hin und her, bis sie sich gedanklich zur Ordnung rief: Es gehörten auch andere Personen zum Kreis der Verdächtigen, die von einer solchen Lebensversicherung profitieren könnten: Nele, für die Fenstermacher offensichtlich etwas empfunden hatte. Aber vor allem Hiltrud, deren Akte aus dem Büro entwendet worden war – ebenso wie die Pistole – und die als Versicherungsmaklerin jeden Abschluss zu ihren Gunsten manipulieren konnte.

«Ich habe aber ein Problem», fuhr Angela zu Werner gewandt fort.

«Nur eins?», grinste er.

«Ja», ignorierte Angela Werners Einwurf, während der Wutbürger gerade in seine verkohlte heiße Thüringer biss, ohne auch nur eine Miene zu verziehen. Seine Geschmacksnerven und das Hitzeempfinden seiner Zunge mussten nach jahrzehntelangem Genuss von Selbstgegrilltem abgestorben sein. «Ich kenne die Adresse nicht.»

Für einen Moment befürchtete Angela, dass Werner sie nun auch weiterschicken würde. Dann könnte sie nur noch den Pantomimen danach fragen. Angela sah schon vor ihrem geistigen Auge, wie der bleich geschminkte Mann eine Adresse wie ‹Bäckereigasse 8› darstellte, indem er imaginären Teig knetete und seinen Körper krampfhaft zu einer 8 verbog. Wie er eine Adresse wie ‹Schlachterstraße 69› darstellen würde, mochte sie sich lieber nicht ausmalen. Doch dann musste Angela über sich selbst grinsen, denn der Pantomime könnte ja auch einfach zu Stift und Block greifen und die Adresse aufschreiben.

«Ich kann Ihnen sagen, wo sie wohnt», antwortete Werner. «Folgen Sie dem Pfad hinter der Kirche bis ans Ende. Dort steht das ehemalige Küsterhäuschen. Die Kirche musste es vor zehn Jahren aus Geldnot verkaufen. Geht ja kaum mehr einer zum Gottesdienst. Hiltrud hat es sich damals weit unter Wert geschnappt.»

«Dann wollen wir da mal hin!», verkündete Angela, hakte sich bei ihrem Puffel unter und wollte los, als Achim zu dem Wutbürger meinte: «Ihnen ist schon klar, dass die Wurst ungesund ist? Allgemein sowieso, aber insbesondere wie Sie sie zubereiten.»

«Mir schmeckt's!», konterte Werner und richtete sich stolz auf.

«Ja, aber die Stoffe, die durch die Verkohlung freigesetzt werden …»

«Wissen Sie», unterbrach Werner den guten Achim und wurde auf einmal ernst. «Mir ist vor zehn Jahren etwas klar geworden: Das Leben kann jederzeit enden, egal wie. Warum soll ich daran arbeiten, neunzig Jahre alt zu werden, wenn jeden Tag im Sturm ein Ast vom Baum brechen kann und so auf mich fällt, dass ich drei Tage ein sabberndes Etwas bin und dann an einem Blutgerinnsel im Kopf sterbe?»

«Das ist», raunte Achim seiner Frau zu, «ein erstaunlich spezifisches Beispiel.»

Die Sache mit dem Ast, da war sich Angela ziemlich sicher, musste der von Werner geliebten Person geschehen sein – es klang wirklich sehr nach seiner Ehefrau. Eigentlich hatte die Therapiegruppe heute Morgen ihren Unfallort gemeinsam aufsuchen wollen. Plötzlich konnte Angela sich vorstellen, dass der Therapeut Werners Pistole nicht etwa einkassiert hatte, weil der Wutbürger ihn bedrohte, sondern damit er sich mit dem Ding nicht umbrachte.

«Was lohnt sich das gesunde Leben», philosophierte Werner weiter, «wenn man dabei nicht genießen kann?» Er hob demonstrativ eine Flasche Uckermärker Korn hoch, der im Volksmund nur halb im Scherz ‹Der Blindmacher› genannt wurde. «Wollen Sie auch einen?»

«Nein danke», erwiderte Achim hastig.

Angela jedoch verspürte so viel Mitgefühl mit dem Mann, dass sie ernsthaft erwog, Werner bei Blindmacher und Schwarzwurst Gesellschaft zu leisten, damit er sich nicht so einsam fühlte.

Werner seinerseits schien erstaunt, dass Angela nicht rundheraus ablehnte, und hakte vorsichtig nach: «Wollen Sie etwa wirklich?»

Angela antwortete nicht. Der Mann tat ihr unendlich leid.

«Frau Merkel?» Werner konnte es offenbar kaum fassen, dass er kurz davor war, mit der Altkanzlerin einen Nachmittag auf dem Balkon zu verbringen.

«Angela?», staunte nun auch Achim.

Erst jetzt besann sie sich darauf, dass man als Detektivin keine Sympathie für Verdächtige aufkommen lassen sollte. Nur die Logik durfte die Ermittlung bestimmen. Doch noch nie war es ihr so schwergefallen, nach diesem Grundsatz zu handeln wie bei diesem Fall mit all den verletzten Seelen.

«Ich muss wirklich los zu Hiltrud», erklärte Angela.

«Wer nicht will, der hat schon», erwiderte Werner, und die Enttäuschung war deutlich aus seinen Worten herauszuhören. Er biss von seiner verkohlten Wurst ab und fügte schmatzend hinzu: «Eins müssen Sie aber noch wissen.»

«Und was?»

«Hiltrud darf man sich nur mit Maske nähern.»

24

Heiliger Bimbam», rief Achim, als die Kirchenglocke schlug. Die Eheleute traten gerade mit einer Packung FFP2-Masken aus der Klein-Freudenstädter *Jormudgandr-Apotheke,* die nach dem sagenhaften Ungeheuer des Dumpfsees benannt worden war. Der Name erklärte auch, warum man in der Apotheke mittelalterliche Salben erhalten konnte, deren Rezepte nicht in den Datenbanken der Krankenkassen zu finden waren.

«Heiliger Bimbam», rief Achim ein zweites Mal zum Glockenschlag. Er war der Einzige, der diesen Ausruf noch benutzte. Auf Nachfrage erklärte er jüngeren Gesprächspartnern gerne, dass das Wort ‹Bimbam› dem Ton von Kirchenglocken – dem hohen ersten ‹Bim›, dem niedrigeren zweiten ‹Bam› – nachempfunden war und dass man es im Mittelalter auch als Bezeichnung für ‹Hodensack› verwendete, woraufhin die Leute ihr Interesse meist sofort bereuten. Doch diesmal hatte Achim nicht ‹Glockenschlag und Hodensack› im Sinn – eine Begriffskombination übrigens, die in seinen Augen auch einen wunderbaren Titel für einen Roman seines Lieblingsautors aus dem Mittelalter, Hugo von Trimberg, abgegeben hätte.

«Was hast du, Puffel?», erkundigte sich Angela, während sie die Packung mit den Masken in ihre blaue *Longchamp*-Handtasche steckte.

«Wir haben vor lauter Aufregung Pupsi vergessen. Er braucht sein Futter und muss Gassi gehen.»

«Könntest du dich bitte um ihn kümmern?»

«Ich lasse dich doch nicht allein zu einer Verdächtigen!»

«Was soll da passieren? Fenstermacher wurde durch eine Explosion getötet. Selbst wenn Hiltrud die Täterin war, wird sie ja nicht gleich ihr Haus mit mir darin in die Luft sprengen.»

«Und was ist mit der entwendeten Pistole?»

Das war in der Tat ein guter Punkt. Zugeben wollte Angela dies jedoch nicht, denn sie hasste es, eine Ermittlung zu unterbrechen, wenn sie erst einmal die Fährte aufgenommen hatte.

«Ich werde Hiltrud nicht direkt mit meinem Verdacht konfrontieren, dann wird auch keine Pistole gezückt», meinte Angela und hoffte, Achims Bedenken – wie ihre eigenen – zerstreut zu haben.

«Dann musst du Mike bitten, dass er dich begleitet.»

«Der hat einen anderen Auftrag.»

«Und welchen?»

«Mit seinen Eltern über die Hochzeit zu reden», griff Angela zu einer Notlüge. Sie mochte ihrem Puffel nicht verraten, dass sie ihren Bodyguard gebeten hatte, Vater und Mutter wieder zusammenzubringen, damit Letztere sich nicht mehr an Achim ranmachte.

«Die Caro ist aber gerade im Wald unterwegs.»

«Woher weißt du das?»

«Sie wollte, dass ich mit Pupsi dazukomme.»

«Was macht sie denn dort?»

«Sie praktiziert Nackt-Yoga.»

«Nackt-Yoga?», rief Angela entsetzt.

«Ist wie FKK-Baden, nur an Land und mit Yoga», erklärte Achim, der als im Osten aufgewachsener Bürger, wie Angela normalerweise auch, nicht so verklemmt war wie Otto-Normal-Wessi.

«Ich weiß, was Nackt-Yoga ist!», erwiderte Angela barsch.

«Hast du etwas?», wunderte sich Achim, dessen herzensgute Naivität Angela für gewöhnlich mit liebevoller Nachsicht betrachtete, die sie nun aber in einem Maße aufregte, dass sie um Fassung rang. Am liebsten hätte sie gesagt: ‹Ich verbiete dir, im Wald Gassi zu gehen!›, aber in einer glücklichen Ehe hatte man sich gegenseitig nichts zu verbieten. Sie musste darauf vertrauen, dass Achim sich nicht verführen ließ. Und dass zur Not Mops Pupsi eingreifen würde, sollte Mikes Mutter zu forsch werden.

«Wir können gemeinsam zu Caro spazieren», schlug Achim völlig ahnungslos vor.

Na, das hatte ihr gerade noch gefehlt!

«Ich habe was Besseres zu tun.»

«Du gehst jetzt aber nicht ohne Mike zu dieser Hiltrud», warnte Achim.

«Ich gehe zum Juwelier», wiegelte Angela ab. «Ich schaue, ob die Ringe für Mike und Marie fertig sind.» Angela hatte es sich nicht nehmen lassen, dem Hochzeitspaar die Trauringe zu schenken. Mike hatte anfangs dagegen protestiert, denn er wollte sie selbst zahlen. Aber Angela hatte ihm vorgerechnet, dass aus seinen Steuern auch ihre Pension finanziert wurde und dass, wenn sie einen Teil ihrer Ersparnisse für die Ringe aufwendete, er sie quasi ohnehin zahlen würde.

«Dann ist ja alles in Ordnung», lächelte Achim erleichtert, gab seiner Frau einen Kuss und verschwand. Auch Angela stiefelte los. Geflunkert hatte sie nicht, sie wollte wirklich zum Schmuckgeschäft. Gleich nachdem sie die Hauptverdächtige im Mordfall Dietrich Fenstermacher aufgesucht hatte.

25

Als Angela auf den Pfad hinter der Kirche einbog, der zum Küsterhaus führte, fiel ihr etwas auf. Sie hielt inne, kehrte zurück auf die Straße, lief sie in beiden Richtungen ab und spähte in die Nebengassen. Dann machte sie sich erneut auf den Weg zum Küsterhaus und beschloss, ihre jüngste Beobachtung im Gespräch mit Hiltrud erst einmal eine Weile für sich zu behalten. Sie würde ihre Überlegungen erst an strategisch passender Stelle präsentieren.

Angela trat vor die Tür des Steinhäuschens. Es schien älter zu sein als die anderen Gebäude in Klein-Freudenstadt, älter sogar als die Kirche. Es war klein, geradezu hutzelig, aber gleichzeitig so einzigartig in seiner Bauweise, dass man fast hätte glauben können, es würde seit Anbeginn der Zeiten dastehen und Pfarrhaus und Kirche, das Dorf und vielleicht sogar die ganze Welt wären erst später drum herum entstanden.

In den schwarzen Holzbalken über dem Eingang waren zwei Worte und eine Zahl eingeschnitzt: ‹Anno Domini 1565›. Das Häuschen war also vor der ersten urkundlichen Erwähnung Klein-Freudenstadts erbaut worden – und das war im Jahre 1583 gewesen. Doch das Überraschendste an den Schnitzarbeiten war eine Riesenschlange, die über der Inschrift in das Holz eingearbeitet war: das Ungeheuer Jormudgandr. Es besaß nicht die geringste Ähnlichkeit mit dem Wesen auf dem Schild der Ortsapotheke, wo es, wohl dank eines Werbegrafikers, mehr an ein Baumarktmaskottchen erinnerte. Die Schnitzarbeit sprach dafür, dass das Küsterhaus einst von Heiden gebaut wurde. Oder von einem Pastor, der heidnische Einflüsse in seine Kirchenarbeit aufgenommen hatte, um die Abergläubigen für Gott zu gewinnen. Fehlten nur noch Gargoyle-Figuren und Chimären wie an der Kathedrale Notre-Dame.

Angela öffnete ihre *Longchamp*-Tasche, holte eine Maske aus der Plastikverpackung und setzte sie auf. Von sich aus hätte sie in dieser warmen Jahreszeit keinen Mundschutz getragen, aber für Angela galt der Grundsatz: Wenn jemand eine solche Angst vor Viren hatte, egal ob begründet oder nicht, gebot es der Anstand, darauf mit Rücksicht zu reagieren. Sie klingelte an der Tür und stellte fest, dass ihr Finger plötzlich staubig war. Hiltrud erhielt anscheinend nicht allzu viel Besuch, zumindest keinen, der den Klingelknopf drücken musste. Boten stellten ihre Pakete auf der kleinen morschen Bank neben dem Eingang ab, wie man an den sieben Buchsendungen erkennen konnte, die sich dort stapelten.

Während Angela auf Hiltrud wartete, dachte sie noch einmal darüber nach, was sie bei ihrem Rundgang zuvor entdeckt hatte: Diese Einsiedlerin war eine Lügnerin!

War sie auch eine Mörderin?

Angela wollte gerade ein zweites Mal klingeln, da schwang die Tür auf. Jedoch nur einen kleinen Spalt.

«Wer ist da?», ertönte die Stimme der Hausbewohnerin. Sie klang leicht gedämpft. Gewiss dank einer Maske. Genau wissen konnte Angela es nicht, da Hiltrud sich nicht zeigte.

«Angela Merkel.»

«Was wollen Sie?», fragte Hiltrud. Sie klang nicht so, als würde sie sich wundern, dass eine Ex-Kanzlerin vor der Tür stand, sondern eher, als würde sie diese Frage jedem stellen, der es wagte, die verstaubte Klingel zu drücken.

«Mit Ihnen sprechen.»

«Worüber?»

«Über Dietrich Fenstermacher.»

«Kein Interesse.» Hiltrud machte sich daran, die Tür zu schließen.

«Und wer von seiner Lebensversicherung begünstigt wird.» Bisher war es nur eine Theorie, dass eine Police existierte. Aber wenn Hiltrud nach der Erwähnung einer solchen doch zu einem Gespräch bereit wäre, um herauszufinden, was Angela wusste, untermauerte dies ihre These.

Angela hörte, wie Hiltrud einen Schritt zurücktrat, und überlegte kurz, den Fuß in die Tür zu schieben, damit die Versicherungsmaklerin sie ihr nicht vor der Nase zuknallen konnte. Sie entschied sich jedoch dagegen und wartete ab. Den Gegner immer kommen lassen, war schon in der Politik ihre Devise gewesen.

Es dauerte eine Weile, bis Hiltrud die Tür entriegelte und öffnete.

Es existierte also tatsächlich eine Police.

Die Herrin des ungewöhnlichen Hauses hatte graue Haare und hinter der Maske verborgen ein noch graueres Gesicht, das anscheinend in den letzten Jahren kaum Sonnenstrahlen ausgesetzt worden war. Sie trug einen grauen Rock, dazu graue Wollsocken in grauen Holzschuhen. Außerdem einen dunkelbraunen Pulli, in dessen Muster das mittelalterliche Seeungeheuer in Dunkelgrau eingestrickt war. Offenbar selbst gestrickt, denn es war schwer vorstellbar, dass etwas so Hässliches in Serie produziert wurde. Die Maske war für Angela keine Überraschung. Die riesigen Bücherstapel hinter Hiltrud im Flur ebenfalls nicht. Schon mehr, wie sehr die Maklerin zitterte. Vor lauter Furcht aufzufliegen? Oder aus Angst vor der Begegnung mit einem potenziell ansteckenden Menschen?

Beides?

«Sind Sie geimpft?», erkundigte sich Hiltrud.

«Ja, Sie müssen sich keine Sorgen machen. Ich folge den Empfehlungen der Ständigen Impfkommission zur jährlichen Impfung für Menschen über sechzig Jahren.»

«Dann muss nicht ich mir Sorgen machen, sondern Sie.»

Angela begriff sofort: Hiltrud hatte vor Impfungen genauso viel Angst wie vor Viren. Das war das Schlechteste aus beiden Welten.

«Ich mache mir keine Sorgen», sagte Angela freundlich.

«Sie werden ja auch durch einen Chip in der Impfung ferngesteuert.»

«Von Bill Gates, nicht wahr?», seufzte Angela, die die Verschwörungstheorie um den *Microsoft*-Gründer, der angeblich Milliarden von unsichtbaren Mikrochips in geheimen Anlagen herstellen ließ, um die Menschheit fernzusteuern, nur allzu gut kannte. Dass Hiltrud eine Anhängerin dieser zweifelhaften Ideologie war, machte es Angela schwer, Sympathie für sie zu entwickeln wie für Rosa, Nele und Werner. Nicht jeder in der Seele verwundete Mensch war automatisch jemand, mit dem man mitfühlen mochte.

Angela hoffte nun fast inständig, dass sie vor Fenstermachers Mörderin stand, denn sie würde lieber Hiltrud ins Gefängnis bringen als eines der anderen Gruppenmitglieder.

«Die Chips sind doch nicht von Bill Gates!», echauffierte sich die graue Frau plötzlich und hörte auf zu zittern. «Wie kommen Sie auf solch einen Blödsinn?»

«Von wem stammen sie denn dann?», konterte Angela und ärgerte sich sofort, die Frage überhaupt gestellt zu haben.

«Dem Pumuckl.»

«Dem Pumuckl?»

«Dem Pumuckl.»

«Ich höre immer nur ‹Pumuckl›.» Das letzte Mal war Angela so verwirrt gewesen, als Donald Trump ihr gegenüber behauptet hatte, er sei ein sehr stabiles Genie.

«Der Pumuckl ist total verrückt», befand Hiltrud, worauf Angela nichts anderes einfiel als: ‹Wer im Glashaus sitzt, sollte nicht mit Steinen werfen.› Doch das behielt sie besser für sich.

«Haben Sie mal gesehen, wie der springt und kreischt?»

In der Tat hatte Angela mit Adrian, dem kleinen Sohn von Marie, eine halbe Folge der TV-Serie gesehen, bevor der Junge lieber dreißig TikTok-Videos nacheinander anschaute, in denen kleine Hunde ihrem Schwanz hinterherjagten.

«Ich habe sämtliche Staffeln durch», redete Hiltrud sich in Rage. «Ich kenne seine geheimen Botschaften!»

«Sie wissen schon, dass der Pumuckl eine Zeichentrickfigur ist.»

«Und die ist ein Geschöpf der Freimaurer!»

«Der Freimaurer», seufzte Angela erneut.

«Und die Freimaurer werden von den Obamas geführt. Sie wollen alle Menschen in Lemminge verwandeln!»

«Warum sollten sie das tun wollen?», hakte Angela nach. Nach ihren Informationen führten die Obamas einen wunderbar entspannten Lebenswandel und kassierten jede Menge Geld mit Büchern, Vorträgen und *Netflix*-Serien. Den Aufwand, die Menschheit zu kontrollieren, selbst wenn es ihnen möglich wäre, würden sie niemals betreiben wollen. Warum hatten die Verschwörungstheoretiker nie Diktatoren wie zum Beispiel Kim Jong-un in Verdacht? Immerhin taten die ohnehin den lieben langen Tag nichts anderes, als ihre Völker einer Gehirnwäsche zu unterziehen.

«Das wissen nur die Obamas», antwortete Hiltrud.

Angela stöhnte auf: Das Schlimmste an diesen Verschwörungstheorien war, dass ihre Verfechter sich meistens nicht mal die Mühe gemacht hatten, ihre wahnsinnigen Lehren bis zum Ende zu durchdenken.

«Sie werden es schon sehen», verkündete Hiltrud, «wenn die Obamas Ihren Körper vollständig übernehmen.»

«Da sie das heute nicht tun werden, könnten Sie mich doch ins Haus lassen.»

«Wie können Sie sicher sein, dass sie das heute nicht tun werden?»

«Die beiden haben mich in alles eingeweiht», erwiderte Angela.

«Sie veräppeln mich», kritisierte Hiltrud. Die Frau hing zwar irren

Theorien an, aber dumm war sie offenbar nicht. Sonst würde Angelas Theorie, Hiltrud hätte Fenstermachers Lebensversicherungspolice so manipuliert, dass sie selbst die Summe kassierte, spätestens jetzt in sich zusammenfallen.

«Verzeihen Sie mir.»

«Das werde ich nicht tun», erwiderte Hiltrud und wollte die Tür wieder schließen. Für Angela war die Zeit gekommen, die graue Frau mit ihrer neuesten Beobachtung zu konfrontieren: «Es gibt in der Nähe keinen Briefkasten.»

«Wie bitte?» Hiltrud hielt in der Bewegung inne.

«Ich bin alle Straßen und Wege abgelaufen, der nächste Briefkasten steht am Marktplatz.»

Hiltrud schwieg.

«Aber Sie haben in der Therapiestunde erklärt, Sie wären nur bis zur Ecke gegangen, um einen Brief einzuwerfen.»

Hiltrud schluckte. Sie war eindeutig aufgeflogen: Wenn sie für den Brief viel weiter gelaufen war als behauptet, hatte sie gar nicht eine so große Angst davor, das Haus zu verlassen, wie sie vorgab. Es war also möglich, dass Hiltrud bis zum Dumpfsee gewandert war, um das Hausboot zu präparieren und in die Luft zu jagen.

Nach einem kurzen Schweigen rang sich die graugesichtige Frau zu einem Geständnis durch: «Ich bin bei meiner Heilpraktikerin gewesen.»

Obwohl Angela eine Naturwissenschaftlerin war, verspürte sie gegen die alternative Medizin nicht solche Vorbehalte wie viele ihrer ehemaligen Gesundheitsminister. Placeboeffekte galt es nicht zu unterschätzen. Besonders nicht in der Behandlung Kranker oder bei dem Versuch von Politikern, die Bürger zu beruhigen. Und vielleicht, das wollte Angela nicht ausschließen, war an diesen Heilungsmethoden sogar etwas dran.

«Aber das wollte ich vor der Gruppe nicht verraten», redete Hiltrud weiter, «denn Didi warnt mich immer vor der Heilpraktikerin.»

Sie nannte Fenstermacher auch ‹Didi›. Zu den weiblichen Mitgliedern der Gruppe hatte der Therapeut offensichtlich ein besonders inniges Verhältnis gepflegt.

«Und was haben Sie bei der Dame gewollt?»

«Ich wollte mir bei ihr meinen goldenen Helm abholen, den sie für mich angefertigt hat. Sonst hätte ich mich nie so weit vom Haus entfernt.»

«Goldenen Helm?», staunte Angela.

«Der beschützt mich vor den Satellitenstrahlen der Amerikaner.»

«Reicht dafür kein Aluhut?», rutschte es Angela heraus.

Hiltruds Augen blitzten zornig über der Maske.

«Kann ich den Helm mal sehen?», bemühte sich Angela, die Situation zu entschärfen. Außerdem suchte sie nach einem Weg, ins Haus zu gelangen, um die Versicherungsvertreterin in Ruhe befragen zu können.

«Er ist unsichtbar.»

«Unsichtbar?»

«Damit ihn niemand klaut.»

Gegen die Scharlatane unter den Heilpraktikern hatte Angela allerdings sehr wohl etwas. Da war es ihr auch egal, ob ein unsichtbarer Goldhelm einen Placeboeffekt besaß oder nicht. Das sprach sie jedoch nicht aus, sondern bat: «Darf ich ihn mal ertasten? Vielleicht kaufe ich mir auch einen.»

«Das würde meine Heilpraktikerin bestimmt freuen.» Hiltrud wurde weicher. «Kommen Sie mit ins Wohnzimmer. Aber ich kann Ihnen nichts zu trinken anbieten.»

«Weil wir Masken tragen.»

«Selbstverständlich.»

Hiltrud öffnete die Tür. Angela trat ein. Es fiel ihr schwer, sich im schmalen Flur zwischen den Büchern hindurchzuschieben, ohne auf einen der Wälzer zu treten. An der Schwelle zum überfüllten Wohnzimmer entdeckte sie einen besonders alten Band. Sie blieb stehen und betrachtete ihn näher. Er war von Achims Lieblingsautor des Mittelalters, Hugo von Trimberg. Natürlich lautete der Titel nicht *Glockenschlag und Hodensack*, sondern *Der Renner*, und es war das einzige nicht auf Latein verfasste Werk des Autors. Es schien sich um einen Nachdruck aus jenem Jahr zu handeln, in dem das Küsterhaus entstanden war. Angela beugte sich hinunter, um es aufzuheben. Einzig aus diesem Grund wurde sie nicht von der Pistolenkugel getroffen.

26

Die Kugel schlug hinter Angela in der Wand ein. Vor lauter Schreck blieb sie gebückt stehen und spähte ins Wohnzimmer, wo Hiltrud wie schockgefroren zur offenen Tür starrte, die aus dem Zimmer heraus in einen wilden Kräutergarten führte. Für einen kurzen Augenblick fragte sich Angela, ob Hiltrud oder ihre Heilpraktikerin diese Kräutersalben anrührten, die die Apotheke im Ort verkaufte und von denen eine so erfolgreich gegen Warzen wirkte, dass angeblich der *Bayer*-Konzern schon mit einem Angebot vorstellig geworden war. Dann fragte sie sich, warum sie sich Derartiges fragte, obwohl sie sich in Lebensgefahr befand. Und erst dann versuchte sie auszumachen, wer aus dem Garten heraus ins Haus feuerte. Plötzlich erblickte Angela eine Gestalt, die sich hinter einem Rhododendronbusch versteckte. Wer mochte das sein? Von ihrer Position aus konnte Angela die Person nicht erkennen. Vielleicht hatte Hiltrud eine bessere Sicht? Selbst wenn, hätte die Verschwörungstheoretikerin nicht mehr verraten können, wer der Mörder war, denn es fiel ein zweiter Schuss.

Hiltrud hielt sich die Brust. Ohne einen Schrei auszustoßen wie in den Filmen, wenn jemand erschossen wurde.

Auf einmal brach sie zusammen, als hätte man ihr die Beine weggezogen, keine drei Meter von Angela entfernt, und riss mehrere Stapel Bücher um. Auf ihr Gesicht purzelte eine Ausgabe von *Wisse die Wege*, Hildegard von Bingens erster visionärer Schrift. Angela staunte nun auch, dass ihre Konzentration dem Buchtitel galt – anscheinend war das menschliche Gehirn sehr gut in der Lage, sich in einer tödlichen Gefahr abzulenken, um handlungsfähig zu bleiben.

Angela wollte zu Hiltrud stürzen, ihr Erste Hilfe leisten. Aber es war gewiss schon zu spät: Die Frau lag nicht nur reglos da, ihre FFP2-Maske war sogar verrutscht. Eine Viren- und Impfgeängstigte wie Hiltrud hätte selbst in dieser Situation die Maske zurechtgerückt, wenn sie noch gelebt hätte. Noch bevor Angela sich aus ihrer geduckten Haltung aufrichten konnte, ertönte ein dritter Schuss.

Statt ins Wohnzimmer zu Hiltrud hastete Angela den Flur in Richtung Haustür hinunter, um ins Freie zu gelangen. Da schlug genau vor ihr in den Türrahmen eine weitere Kugel ein. Es war nun völlig klar: Wer immer es auf Hiltrud abgesehen hatte, wollte auch Angela treffen!

Seit sie in Mordfällen ermittelte, war sie bereits das ein oder andere Mal in Lebensgefahr geraten: Eine Leiche war vom Kirchturm auf sie herabgeworfen worden, sie hatte vom Balkon eines Kreuzfahrtschiffes baumeln, ja sogar den Pfeilen einer Armbrust ausweichen müssen, aber noch nie hatte sie so in der Falle gesessen wie jetzt.

Angela blickte zum Hexengarten hinüber: Wer immer da um sich feuerte, hatte sich noch nicht auf den Weg ins Haus gemacht.

Im Busch raschelte es.

Der Mörder war also noch draußen.

Angela spähte zu dem größten Bücherstapel im Flur. Hinter dem konnte sie sich verschanzen. Hoffentlich waren die Bücher dick genug, um die Kugeln aufzuhalten. Noch tiefer gebückt als zuvor, eilte sie mit drei schnellen Schritten zu dem Stapel und hechtete dahinter. Instinktiv griff sie zu ihrem Handy, nur um gleich innezuhalten. Die Polizei zu alarmieren, wäre sinnlos. Klein-Freudenstadt hatte eine Wache, die an geraden Datumstagen wie heute nicht besetzt war – es würde viel zu lange dauern, bis jemand von außerhalb anrückte. Und wenn es ganz schlecht lief, wäre es auch noch Kommissar Hannemann. Für einen kurzen Moment überlegte Angela, ihren Puffel anzurufen und ihm einfach nur zu sagen, dass sie ihn liebte. Erst dann besann sie sich darauf, die Nummer ihres Bodyguards zu wählen. Schade nur, dass der nicht an sein Handy gehen konnte, weil …

27

… es hoch durch die Luft flog und im Wipfel eines besonders alten Baumes mit dicken, ineinander verwachsenen Ästen landete.

Geworfen hatte es Mikes Mutter.

Die nur mit einem Handtuch bekleidet vor ihrem Sohn stand.

Wütend und aufgelöst.

So hatte Mike es sich nicht vorgestellt, als er Caroline vor zehn Minuten auf der Waldlichtung aufgesucht hatte, um sie danach zu fragen, wie sein Vater das Eheleben aufregender gestalten könnte.

Während er auf seine Mutter zugesteuert war, nahm sie splitterfasernackt eine neue Yoga-Position ein, die sie selbst ‹Seliger Flamingo› nannte und auf deren Anblick der in Sachen interfamiliärer Nacktheit verklemmte Mike gut und gerne verzichtet hätte. Er warf ihr das Handtuch zu, das auf dem Boden lag, sie wickelte es sich um, und dann begann er ernst: «Mama, wir müssen reden.»

«Über was?»

«Über dich und Papa.»

«Da gibt es nichts zu reden.»

«Er liebt dich immer noch.»

«Tut er nicht. Er hat schon eine andere», antwortete Caroline zornig.

«Weil du ihn verlassen hast», sagte Mike anklagender, als es ihm lieb war.

«Da sucht man sich trotzdem nicht gleich eine andere!»

Mike merkte, dass er einen anderen Ton anschlagen musste. «Papa sagte, er sei dir nicht mehr aufregend genug gewesen und deswegen habest du ihn verlassen. Stimmt das?»

«Auch», gestand Caro, nun nicht mehr wütend, sondern verletzt.

«Auch?»

«Klar, ich hätte gerne schöne Fernreisen mit ihm unternommen, nicht nur ökologisch einwandfreie Radtouren. Nach Bali zum Beispiel. Und sicher hätte ich mich gefreut, wenn wir in diesem Leben alle Kamasutra- Stellungen gemeinsam hätten durchgehen können, anstatt immer seinen Liebling, ‹Die portugiesische Galeere› …»

«Mama!» Mike war kurz davor, sich die Hände an die Ohren zu halten.

«Oder meinen, den ‹Triumphbogen›.»

«MAMA!»

«Aber wegen all dem habe ich ihn nicht verlassen.»

«Warum dann?»

«Weil … Er sagt mir nicht mehr, dass er mich liebt.»

Mike blickte in die traurigen Augen seiner Mutter. Caroline wirkte auf einmal zart und zerbrechlich. So hatte er sie noch nie erlebt.

«Aber das heißt doch nicht, dass er keine Gefühle mehr für dich hat», versuchte Mike ihr, aber auch sich selbst, Zuversicht zu vermitteln. Er wollte nun nicht mehr nur wegen Frau Merkel oder der anstehenden Hochzeit seine Eltern wieder zusammenbringen, sondern auch für sich. Vielleicht vor allem für sich. Der Gedanke, dass seine Eltern sich auf ewig trennten, erschütterte ihn. Wenn die beiden, Lutz und Caroline, die stets vor seinen Augen geturtelt hatten, es nicht schafften, bis ans Lebensende glücklich miteinander zu sein, wer dann? Welche Hoffnung konnte er dann für sich und Marie haben?

«Dein Papa hat mir früher so oft ins Ohr geflüstert, wie sehr er mich liebt. In allen Situationen. Wenn wir uns irgendwo im Haus begegneten, nahm er mich in die Arme, küsste mich und gestand mir seine Liebe.

Morgens nach dem Aufwachen. Besonders leuchteten seine Augen nach dem …»

«Mama!»

«Frühstück. Ich wollte Frühstück sagen, mein Gott!»

«Sorry.»

«Ich vermisse das.»

Mike zog seine Mutter tröstend an sich. So wie sie es früher mit ihm getan hatte, wenn er sich das Knie beim Fahrradfahren aufgeschlagen hatte oder ihn Klassenkameraden damit hänselten, dass er zu dick war – er hatte sich das Gewicht erst als Teenager abtrainiert.

Mike drückte seine Mutter, der die Tränen kamen, fest an sich. Es war das erste Mal, dass er sie so im Arm hielt, dass er der Große war und sie die Kleine.

Seine Eltern wurden alt.

Er würde sich mehr um sie kümmern müssen.

Und damit fing er auch gleich an: «Papa wird dir bestimmt wieder seine Liebe gestehen.»

«Wird er nicht», schluchzte seine Mutter auf.

«Ich werde ihn jetzt anrufen und ihn darum bitten.» Mike zog sein Handy aus der hinteren Hosentasche.

«Nein!»

«Es kommt alles wieder in Ordnung», sprach Mike seiner Mutter und sich selbst Mut zu. Er löste die Umarmung und klemmte sich das Handy ans Ohr.

«Ich will das nicht!», kreischte seine Mutter ihm ins andere.

«Warum nicht?», fragte er, während er sich mit der freien Hand das fiepende Ohr hielt.

«Weil er diese andere hat!»

Mike schluckte. Die eigene Mutter derart eifersüchtig zu erleben, war erschütternd.

«Ich will ihn nach deiner Hochzeit nie wiedersehen!»

Caroline schnappte sich das Handy und überrumpelte Mike, wie es einem Terroristen niemals gelungen wäre.

«Gib mir das Handy zurück», bat er, fast schon flehentlich.

«Ich denke gar nicht daran!»

«Mama, bitte …»

«Du bekommst es nicht wieder!»

Mike wollte nach dem Telefon greifen, zögerte aber, schließlich war es seine Mutter, der er es wegnehmen wollte, und kein Taliban. Dies war der Augenblick, in dem Caroline das Handy in Richtung Baumwipfel schleuderte.

Mike schaute dem Gerät entsetzt nach und gleich noch entsetzter, als es …

… klingelte.

Mit dem Ton der Titelmelodie von *Mission Impossible.*

«Lack!», fluchte er.

«Lack?», staunte Mikes Mutter.

In einer weniger aufgewühlten Situation hätte Mike ihr erklärt, dass er früher den Fluch, der sich auf Lack reimte, mit ‹F› ausgestoßen hätte. Da er sich aber sämtliche Schimpfwörter abtrainiert hatte, um kein schlechtes Beispiel für Maries kleinen Sohn abzugeben, der schon bald sein Adoptivsohn sein würde, benutzte Mike nur noch Flüche wie ‹Strick dich›, ‹Barsch ohne B› und ‹Barschkoch›. Doch die Lage war viel zu ernst für einen solchen Exkurs, denn: «Das ist der Alarmklingelton für Frau Merkel!»

«Ist sie in Gefahr?», erkundigte sich Mikes Mutter besorgt.

«Ja.» Mikes Pulsschlag erhöhte sich auf 150.

«Dann musst du zu ihr!»

«Ja!» Sein Puls war bei 180.

«Und warum bist du dann nicht schon unterwegs?»

«Weil ich keine Ahnung habe, wo sie ist!»

«Wieso weißt du das nicht?»

«Weil mein verlacktes Handy mit der Ortung da oben im Baum liegt!» Sein Puls überstieg die 200er-Marke.

«Oh», machte seine Mutter.

«Ja, oh!», bestätigte der aufgebrachte Mike und schüttelte verzweifelt den Baumstamm.

«Ich kann Ihnen sagen, wo sie ist», erklärte ein bleicher Achim, der mit Mops Pupsi auf die beiden zutrat.

«Haben Sie mir», argwöhnte Caroline, «etwa heimlich beim Yoga zugeschaut?»

«Nein, ich bin gerade erst angekommen», antwortete Achim.

«Schade», kokettierte sie.

«MAMA!»

«Wir müssen zu Angela!» Achim war krank vor Sorge.

«Ja», pflichtete ihm Mike bei. Da plumpste sein Handy vor seine Füße, und erleichtert steckte er es ein. «Wir nehmen den Dienstwagen!»

28

Minuten waren vergangen ohne einen einzigen Schuss. Wie viele, wusste Angela nicht. Fünf? Zehn? Hunderte? Eine? Ihre Waden begannen in der Hockstellung hinter dem Bücherstapel zu schmerzen. Lange würde es nicht mehr dauern, bis sie von Krämpfen geplagt in den Flur fallen und in freier Schussbahn liegen würde.

Warum tauchte Mike nicht auf?

Sie sehnte sich ihn herbei, obwohl ihr klar war, wie sehr er sie dafür ausschimpfen würde, dass sie sich mal wieder, ohne ihn vorher einzuweihen, in Gefahr gebracht hatte.

Und wo blieb die Polizei, die sie mittlerweile ebenfalls angerufen hatte?

Ihren Puffel hatte sie nicht angeklingelt, damit er nicht krank vor Sorge wurde.

Wo er wohl gerade war?

Bei dieser Caro?

Auf der Lichtung?

Beim Nackt-Yoga?

Warum dachte sie an einen solchen Blödsinn? Sie musste sich auf die Situation vor Ort konzentrieren und nicht auf irgendwelche albernen Eifersuchtsgefühle. Schon allein deswegen, weil ihr letzter Gedanke auf Erden nicht ihrem Ehemann gelten sollte, wie er seine Zeit mit dieser freizügigen Single-Frau verbrachte.

Angela hielt ihre *Longchamp*-Tasche so hoch, dass sie zwar über den Bücherstapel hinausragte, ihre Hand aber noch von den Wälzern verdeckt war, falls es zu einem Schuss kommen würde.

Es fiel keiner.

Vorsichtig lugte Angela hinter dem Stapel hervor. Sie konnte durch das Wohnzimmer direkt in den Garten schauen, hin zu dem Rhododendronbusch, in dem sich der Schütze – oder die Schützin? – versteckt hatte. Kein Blatt bewegte sich. Kein Mensch war in dem Dickicht zu erkennen.

Angela fasste sich ein Herz und schlich gebückt durch den Flur in Richtung Wohnzimmer. Noch immer ertönten keine Schüsse. Auch im Garten regte sich nichts. Nur ein kleiner Spatz flog über die Blumen und Kräuterbeete hinweg. Hätte im Wohnzimmer nicht die Leiche von Hiltrud gelegen, der Ausblick wäre idyllisch gewesen. Reise-Influencer, denen Marie so gerne folgte, hätten für ein Foto keinen KI-Filter gebraucht. Welcher Grusel sich wohl auf den nicht sichtbaren Rändern anderer Instagram-Bilder befand?

Angela kauerte sich neben Hiltrud, die in ihrer Eigenblutlache lag. Sie fühlte den Puls. Er pochte nicht. Angela hielt ihre Hand über Hiltruds Mund. Kein Atemhauch drang aus ihm. Weitere Tests waren unnötig.

Angela schloss die Lider der Verstorbenen und wollte sich nach einer Decke umsehen, die sie über die Leiche legen könnte. Sie nahm all ihren Mut zusammen und richtete sich auf. Wenn der Schütze oder die Schützin noch auf der Lauer lag, würde er oder sie jetzt feuern, denn Angela gab ein besseres Ziel ab als auf jeder Wahlkampfveranstaltung. Aber nichts geschah. Er oder sie war entfleucht.

Die gesamte Therapiegruppe kam als Schütze infrage, besonders aber Wutbürger Werner. Er wusste ja, dass Angela die Maklerin besuchen wollte. Und er hatte eine Pistole besessen, bevor er sie seinem Therapeuten überließ. Wahrscheinlich war er es auch gewesen, der die Waffe aus Fenstermachers Schublade entwendet hatte.

Fast schon beschwingt vor Erleichterung, dem Tod entgangen zu sein, griff Angela eine Decke vom Sessel, musste jedoch vor lauter Staub husten und dreimal niesen. Anschließend legte sie die Decke über die Verstorbene. In Gedanken entschuldigte sie sich bei ihr, dass sie sie des Mordes an dem Therapeuten verdächtigt hatte. Hiltrud tat ihr nun doch leid: Da hatte die arme Seele so viel Angst vor Viren gehabt und vor übermächtigen Verschwörern wie den Freimaurern, den Obamas, mysteriösen Satellitenstrahlen und dem Pumuckl, und dann starb sie schnöde durch eine Kugel.

Was sagte das über Ängste aus, die man im Leben ausstand?

Dass die meisten davon überflüssig waren und nur Zeit verschwendeten, in denen man besser die Freude am Sein genießen sollte.

Angela wandte ihren Blick von dem Leichnam ab und spähte erneut in den idyllischen Garten. Genauer gesagt zu dem Rhododendronbusch. Wenn sie schon nichts mehr für Hiltrud tun konnte, wollte sie doch wenigstens ermitteln, wer die Arme, den Therapeuten und beinahe auch sie auf dem Gewissen hatte. Schließlich galt es, weitere Todesfälle zu verhindern. Eins schien jedoch so gut wie festzustehen: Außer dem Mörder oder der Mörderin war kein Mitglied der Therapiegruppe mehr des Lebens sicher. Auch sie selbst nicht.

29

Einem solchen Potpourri aus intensiven Gerüchen war Angela nicht mehr ausgesetzt gewesen, seitdem sie im EU-Parlament nach einer langen Sitzungsnacht mit zehn Staatschefs im engen Aufzug fahren musste. Nur waren die Düfte in Hiltruds Kräutergarten jetzt wunderbar und ein Genuss. Es roch nicht wie im Parlamentsaufzug nach Alkohol, Schweiß und Eau de Cologne in vielen verschiedenen Moschus-Varianten, sondern nach Salbei, Estragon, Minze, Waldmeister und, und, und. Sogar nach Lavendel, denn neben den vielen Rhododendren hatte Hiltrud Lavendel gepflanzt.

Angela steuerte auf den großen Busch zu, wo sie meinte, den Täter erkannt zu haben. An einem Blatt entdeckte sie etwas Weißes. Zuerst dachte sie, es handele sich um einen Befall mit Mehltau – seitdem sie in der Rente Zeit für Gartenarbeit hatte, kannte sie sich mit derlei Pilzerkrankungen aus. Aber dann sah sie genauer hin. Nur ein Blatt schien befallen. Sie tastete den vermeintlichen Mehltau ab, betrachtete das weiße Zeug auf ihren Fingerkuppen und stellte fest, dass es sich um Schminke handelte.

Pantomime Paul hatte in dem Busch gekauert.

Er hatte also geschossen.

Vermutlich.

Voreilige Schlüsse sollte ein echter Detektiv nie ziehen, egal wie augenfällig etwas wirkte. Das hatte Angela aus den *Hercule-Poirot-*

Romanen von Agatha Christie gelernt. Nicht etwa, weil der Detektiv sich an diese Devise gehalten hatte, sondern weil er sich in jeder Ermittlung gefühlte siebzehnmal sicher war, den Mörder zu kennen, sogar Beschuldigungen aussprach, nur um am Ende jemand ganz anderes zu überführen. Dabei gestand Poirot grundsätzlich nie ein, dass er falschgelegen hatte, geschweige denn, dass er sich für sein Verhalten entschuldigte. Das alles machte das belgische Genie für Angela, die anfangs fasziniert von ihm gewesen war, zu einem Anti-Vorbild. Sie selbst wollte nur eine Person von Angesicht zu Angesicht des Mordes bezichtigen: den Täter. Und das auch nur, wenn alle Zweifel ausgeräumt waren.

Aber die Schminke sprach nun mal sehr deutlich dafür, dass der Pantomime im Rhododendron gehockt hatte.

Angela schob die Äste beiseite, um den Busch näher zu untersuchen. Und dort entdeckte sie …

… die Pistole, mit der geschossen worden war.

Angela wollte herausfinden, ob sich auch auf der Waffe Spuren von weißem Make-up befanden. Sich mit dem ganzen Körper zwischen die Äste des Rhododendrons zu zwängen, damit sie den auf dem Boden liegenden Revolver von oben betrachten konnte, war ihr jedoch zu mühselig. Besser war es, das Ding einfach unter dem Busch hervorzuangeln.

Angela war jedoch nicht erst gestern geboren – genauer gesagt war das am 17.7.1954 geschehen –, daher wusste sie, dass sie nicht einfach eine Mordwaffe in die Hand nehmen durfte. Schließlich würde sie sonst Fingerabdrücke hinterlassen. Sie holte aus ihrer *Longchamp*-Tasche das grüne Seidentaschentuch, das ihr der Dalai Lama einmal geschenkt hatte mit der Bemerkung: «Sei wie die Seide.» Angela und Achim rätselten auch heute noch, was der lächelnde Mann damit gemeint haben könnte. Bei ihm konnte man sich nie sicher sein, ob er der weiseste Mensch der Welt war oder nur jemand, der einen großen Spaß daran hatte, dass ihn alle dafür hielten.

Angela bückte sich also, zog mit dem Taschentuch über der Hand die Waffe aus dem Busch, musterte sie und entdeckte auf dem Griff die Initialen W. W. Sie hätten für Werner Wutbürger stehen können, waren aber unter Garantie eher ein Kürzel für Werner Waltersberg. So hieß der zornige Mann mit bürgerlichem Namen. Es handelte sich tatsächlich um seine Waffe.

Vermutlich hatte der Pantomime sie aus Fenstermachers Büro entwendet und damit auf Hiltrud geschossen. Aber was könnte das Motiv dafür sein?

Der junge Künstler empfand offensichtlich etwas für Nele.

Und Fenstermacher ebenfalls.

War der Pantomime eifersüchtig auf den Therapeuten gewesen?

Aber warum hätte er dann Hiltrud ermorden sollen?

Wegen der Lebensversicherung?

Schwer vorstellbar, dass Fenstermacher den Pantomimen in die Police eingetragen hatte, von der Angela nun aufgrund von Hiltruds Reaktion sicher war, dass sie existierte. Ebenfalls kaum vorstellbar war, dass die Versicherungsvertreterin die Police manipuliert haben sollte. Es sei denn natürlich, sie hegte Gefühle für den Therapeuten, wie Rosa es offenbar tat. Dafür sprach, dass Hiltrud ihn ebenfalls ‹Didi› genannt hatte.

Um endgültig herauszufinden, wer vom Tod des Therapeuten finanziell profitierte, müsste sie in Hiltruds Unterlagen nach dem Versicherungsschein suchen. Und genau das wollte Angela jetzt tun. Doch bevor sie einen Schritt in Richtung Haus machen konnte, rief eine Stimme: «Hände hoch und Waffe fallen lassen!»

30

Es war Hannemann.
Der vermaledeite Hannemann.

Relativ frisch vom Friseur, mit braun gefärbten Haaren und einer Föhnwelle für den gemeinsamen Termin mit der Innenministerin. Das Fotoshooting für die *Bild*-Zeitung musste heute stattgefunden haben.

Bei seinem Anblick fiel Angela wirklich das Adjektiv ‹vermaledeit› ein. Normalerweise hätte Achim das Wort benutzt. Aber zu dem Kommissar passte kein simpler Fluch, wie man ihn in der Großstadt oder auch in Klein-Freudenstadt tagtäglich vernahm. Der Mann war so einzigartig dämlich, dass kein ‹Barsch ohne B› geeignet gewesen wäre, ihn zu beschreiben, kein ‹Schmolldiot ohne Schm, aber mit V› und selbst kein ‹Motherschnacker›.

Angela drehte sich zu dem für seine Verhältnisse frisch duftenden Trenchcoat-Kommissar um. Er war aus der Tür in den Garten getreten, und seine Lippe bebte, als er wiederholte: «Hände hoch und die Waffe fallen lassen!»

«Ich weiß, was Sie jetzt denken», versuchte Angela zu beschwichtigen.

«Sie sind mitten in einem Amoklauf!»

«Gut, ich weiß doch nicht, was Sie jetzt denken», gab Angela zu. Ihr hätte klar sein müssen, dass der Mann zu keinem vernünftigen Ermittlungsschluss fähig war.

«Hände hoch, habe ich gesagt!»

«Hören Sie, ich erkläre Ihnen alles …»

«Warum halten Sie nicht die Hände hoch?», überschlug sich Hannemanns Stimme.

«Zum einen, weil ich ohnehin keine Gefahr für Sie darstelle.»

«Das glaube ich nicht!»

«Und zum anderen, weil Ihre Drohung sehr viel nachdrücklicher wirken würde, wenn Sie selbst eine Waffe hätten.»

Hannemann blickte entsetzt auf seine leeren Hände. Erst jetzt wurde ihm bewusst, dass er keine Pistole auf Angela richtete, und er kommentierte das wenig eloquent mit: «Scheiße!» Hektisch und offensichtlich in dem Gefühl, sich in Lebensgefahr zu befinden, tastete er seine Trenchcoattaschen nach der Dienstwaffe ab und fluchte dabei weiter: «Scheiße, Scheiße, Oberscheiße!» Doch das Schießeisen steckte weder in seinen Hosentaschen noch in dem Halfter unter der linken Socke.

Ein Sockenpistolenhalfter? Wofür hielt der Mann sich? Für Humphrey Bogart in *Der Malteser Falke*?

«Sie erlauben mir wohl nicht», erkundigte sich der Kommissar kleinlaut, «dass ich zu meinem Wagen gehe, um nach meiner Dienstwaffe zu suchen?»

Angela versuchte sich an einem Scherz: «Keine Sorge. Ich werde Ihnen nicht folgen, ich habe bei meinem Amoklauf Seitenstiche bekommen.»

«Hah!», rief er laut. «Hab ich es doch geahnt, dass Sie auf eine Straftat aus sind!»

Man sollte nie mit Leuten scherzen, die keinen Humor besaßen.

«Ich habe Hiltrud nicht ermordet», verkündete Angela.

«Und warum haben Sie dann eine Pistole in der Hand?»

«Weil ich sie in dem Busch gefunden habe.»

«Und das soll ich Ihnen glauben?»

«Ich hätte doch als Täterin nie die Polizei angerufen.»

«Vielleicht doch.»

«Warum hätte ich das tun sollen?»

«Um mich ebenfalls zu töten.» Hannemann begann, am ganzen Leib zu zittern.

«Warum sollte ich das tun?», fragte Angela. Der Mann nervte und war nicht die allerhellste LED-Lampe in der Polizeizentrale; darüber konnte sie sich echauffieren, aber das war gewiss nicht Grund genug, ihn zu töten oder ihm auch nur eine Backpfeife zu verpassen. Dann hätte sie in ihrer Amtszeit die halbe CDU/CSU-Fraktion ohrfeigen müssen.

«Weil Sie neidisch auf mich sind», antwortete Hannemann.

Angela konnte nicht anders, sie lachte laut los. Ihr kamen sogar die Tränen vor lauter Lachen. Sie wusste, dass sie vor Erleichterung lachte, weil sie einen Mordanschlag überlebt hatte. Aber Hannemann war auch einfach zu komisch.

Der Kommissar blickte sie noch angsterfüllter an. Sein Eindruck, eine Verrückte vor sich zu haben, hatte sich offenbar noch verstärkt.

Genau in diesem Augenblick kam Mike in den Garten gestürzt, mit gezücktem Revolver. Gleich hinter ihm Achim, der ein Nudelholz, offensichtlich aus Hiltruds Küche entliehen, schwang. Der Bodyguard brüllte: «Was ist hier los?»

Und Hannemann, der sich durch die Anwesenheit des bewaffneten Mikes wieder sicherer fühlte, antwortete: «Ich verhafte diese Frau wegen Mordes an Hiltrud Zerny!»

31

Meine Puffeline würde nie jemandem Gewalt antun!», empörte sich Achim. Er hatte keine Ahnung, dass Angela durchaus jemandem einmal vor lauter Zorn physisch Schmerzen bereitet hatte: Helmut Kohl. Nachdem er sie bei einem Abendessen im Bonner Kanzlerbungalow – Angela war damals Familienministerin – zum wiederholten Male ‹Mein Mädchen› genannt hatte, trat sie ihm unter dem Tisch gegen das Scheinbein. Daraufhin verschluckte sich Kohl am Saumagen, seiner Leibspeise. Angela war nicht stolz darauf gewesen, aber es hatte Resultate erzielt: Kohl sprach sie nach dem Tritt nie wieder mit ‹Mädchen› an.

«Sie nennen Ihre Frau Puffeline?», staunte Hannemann

«Und sie nennt mich Puffel. Haben Sie was dagegen?» Achim schwang das Nudelholz noch bedrohlicher.

«Nein, nein …», wiegelte der Kommissar hastig ab. «Ist ein toller Kosename!» Vor dem Nudelholz hatte er jetzt mehr Angst als vor der Pistole. Zu Recht.

«Wie kommen Sie darauf», versuchte Mike, Ordnung in die unübersichtliche Situation zu bringen, «dass Frau Merkel die Frau im Wohnzimmer ermordet hat?»

«Sie hält die verdammte Tatwaffe in der Hand!»

Mike musterte seine Chefin. Angela hielt ihm die Pistole – den Griff mit dem Taschentuch des Dalai Lama umhüllt – hin: «Nehmen Sie die an sich. Aber achten Sie darauf, keine Fingerabdrücke zu hinterlassen, damit man den wahren Täter ermitteln kann.» Sie konnte nur hoffen, dass sich tatsächlich Abdrücke auf Griff oder Abzug befanden und der Mörder – oder die Mörderin – sie nicht abgewischt hatte. Oder gar Handschuhe getragen hatte.

Vorsichtig fasste Mike die Pistole. Hannemann begann zu zetern: «Da gibt es nichts zu untersuchen, ich habe die Frau in flagrantig erwischt.»

«‹I›», korrigierte Achim.

«‹I›?», begriff Hannemann nicht.

«Nicht ‹ig›.»

«‹Ig›?»

«Nicht ‹ig›, sondern ‹i›!» Achim ärgerte sich, dass der Kommissar so schwer von Kapee war.

«Ich verstehe kein Wort.»

«Es heißt in flagranti, nicht in flagrantig.»

«Der Täter ist doch immer grantig.»

Achim stutzte.

«Granti ergibt doch überhaupt keinen Sinn.»

«Können wir», unterbrach Mike, «mit diesem Fleiß aufhören?»

Nun starrte Hannemann den Bodyguard irritiert an.

«Wie sind Sie eigentlich», fragte Achim, weiterhin schwer aufgewühlt, dass man seine Ehefrau beschuldigte, «Kommissar geworden?»

«Hören Sie mal», entgegnete Hannemann, «die Innenministerin hat mir eben vor unserem gemeinsamen *Bild*-Interview eine leitende Stelle beim BKA angeboten.»

Angela staunte zwar stets über die Fehlleistungen der Nachfolgeregierung, aber dass ein Kabinettsmitglied derart danebenliegen konnte, mochte sie nicht glauben.

«Ich habe ihr dann im Interview zahllose Vorschläge unterbreitet, wie man das Land sicherer gestalten kann. Zum Beispiel, indem man in allen Häusern, deren Besitzer sich keine Alarmanlage leisten können, einfach Aufkleber an der Tür anbringt mit der Aufschrift ‹Alarmgesichert›. Und die Clan-Kriminalität ist auch einfach zu bekämpfen.»

«Und wie?», hakte Mike neugierig nach.

«Man setzt alle Clans auf einer einsamen Insel aus.»

«Eine Insel?»

«Zum Beispiel Peloponnes.»

«Das ist eine Halbinsel!», gab Achim zu bedenken.

«Insel, Halbinsel – Hauptsache, Türkei.»

Achim stöhnte auf.

«Und die Innenministerin», erkundigte sich Angela, «wollte sie Sie nach diesen Aussagen immer noch zum BKA holen?»

«Sie hat gesagt, dass sie schnell zu einer Konferenz muss und sich bei mir melden wird.»

Nicht nur in der Politik bedeutete das übersetzt ‹Rufen Sie nicht uns an, wir rufen Sie an› und das wiederum übersetzt ‹Das wird nie geschehen›.

«Und zu der *Bild*-Redakteurin hat sie gemeint, dass unser Doppelinterview auf keinen Fall gedruckt werden darf.»

Das wäre auch, dachte sich Angela, zu peinlich für die Ministerin geworden.

«Sicher, weil sie nicht will, dass die Verbrecher von meinen Plänen erfahren.»

Es war immer wieder bewunderns- und manchmal sogar beneidenswert, wie eitle Menschen es schafften, unbequeme Wahrheiten, die nicht ins eigene Weltbild passten, zu ignorieren.

«Ich werde Sie jetzt in eine Zelle sperren, Frau Merkel!», verkündete Hannemann.

«Das sollten Sie sich überlegen», erwiderte Angela.

«Warum? Sie haben die Pistole doch nicht mehr in der Hand.»

«Aber wenn Sie es tun, wird es viel Trubel geben.»

«Das kann nur gut für mein Image sein», grinste der Mann. «Da wird mir die Irmie gleich die BKA-Leitung andienen.»

«Die Irmie?»

«Die Innenministerin.»

«Die heißt anders.»

«Das ist so ein Ding zwischen uns. Ich nenne sie Irmie, und sie verdreht scherzhaft die Augen.»

«Ich glaube nicht», murmelte Achim, «dass die Ministerin das scherzhaft meint.»

«Ich weiß ja, dass sie Mandy heißt.»

Nun verdrehten Achim und Mike gemeinsam die Augen.

«Es gibt noch einen Grund», sagte Angela, «warum Sie mich nicht verhaften sollten.»

«Und welchen?»

«Stellen Sie sich vor, Sie könnten ausnahmsweise mal falschliegen, auch wenn Ihnen das schwerfällt.»

Hannemann kam ins Grübeln.

«Dann stehen Sie in der Presse als der Kommissar da, der eine Ex-Kanzlerin unschuldig in den Knast gebracht hat. Ihre BKA-Ambitionen können Sie dann ad acta legen.»

Der Gedanke behagte dem Kommissar ganz und gar nicht: «Aber ich kann Sie doch nicht einfach ziehen lassen.»

«Ich mache Ihnen einen Vorschlag: Ich habe Hausarrest, bis die Waffe auf Fingerabdrücke untersucht wurde, und Mike ist dafür verantwortlich, dass ich auch zu Hause bleibe.»

Hannemann blickte zu Mike. Und der versprach: «Sie können sich auf mich verlassen.» Dann überreichte er dem Kommissar die ins Taschentuch gewickelte Pistole.

«Gut. Ich rufe jetzt die alte Radszinski an, damit sie die Spuren sichert.»

«Und wir fahren», erklärte Angela.

Achim hakte sich bei ihr unter, und gemeinsam mit Mike spazierten sie ins Wohnzimmer, vorbei an der toten Hiltrud. Bei deren Anblick seufzte der Bodyguard: «Frau Merkel. Mit Ihnen macht man was mit.»

Und Achim murmelte: «Das hat der Schäuble auch immer gesagt.»

32

Am Küchentisch des Fachwerkhauses musste sich Angela bei Kaffee und Kuchen jede Menge Geschimpfe anhören. Mike warf ihr vor, dass man sie nie, nie, aber auch wirklich nie aus den Augen lassen dürfe, dass er gestern ihretwegen sein erstes graues Haar entdeckt habe, und zwar in der Nase, und er sich wirklich überlege, ihr für immer Hausarrest zu erteilen, was er von Amts wegen eigentlich nicht tun dürfe, aber seine Vorgesetzten mit Sicherheit unterstützen würden, wenn er sie über Angelas Alleingänge informierte.

Achim hingegen beschwerte sich, weil sie zu dem Schmuckgeschäft hatte gehen wollen und nicht zu der Mordverdächtigen, und dass er das letzte Mal so enttäuscht von ihr gewesen war, als sie sich zu Beginn ihrer Beziehung nach dem Genuss von zweieinhalb Gläsern Wein hinter das Steuer ihres neuen Skoda gesetzt und das Tempolimit in geschlossenen Ortschaften ignoriert hatte. So etwas pflegten sonst nur FDP-Verkehrspolitiker zu tun.

Marie, die sich hinzugesellt hatte, schaffte es diesmal nicht wie sonst, über Angelas mutige Verrücktheiten hinwegzulächeln, schließlich stand ihre Hochzeit vor der Tür. Zudem hatte Vogelnest-Inge ihr Nervenkostüm den Tag über schon arg strapaziert, weil sie die ganze Zeit über die Rückgabe von Kolonialgütern redete, was Marie zwar richtig fand, genauso wie fast alle Anliegen von Schwarzen Aktivisten, sie andererseits aber auch nicht ständig über Themen sprechen wollte, die mit ihrer Hautfarbe zu tun hatten, egal wie gut man es mit ihr meinte.

Selbst der kleine Adrian meckerte. Angela hatte ihm doch versprochen, mit ihm das neueste Bilderbuch über das Schweinchen namens Furzi zu lesen, worüber die Erwachsenen die Nase rümpften, die Kinder sich aber kaputtlachten. Der Titel des frisch erschienenen Bandes lautete: *Furzi furzt im Kindergarten.*

Angela hörte das Gezeter der anderen zwar, hatte jedoch auf unzähligen EU-Gipfeltreffen dank der Vertreter der Visegrádstaaten, insbesondere Viktor Orbán, gelernt, jegliche negativen Satzkaskaden auszublenden. Statt sich zu verteidigen, dachte sie über die nächsten Schritte der Ermittlung nach: Es war evident, dass sie an die Versicherungsunterlagen gelangen musste. Falls ihre These, der Pantomime hätte Fenstermacher des Geldes wegen getötet, widerlegt wurde – angesichts der Schminke im Rhododendron war Paul nun ihr Hauptverdächtiger –, galt es, die andere Möglichkeit in Betracht zu ziehen: Der Pantomime liebte die Klimaaktivistin, Fenstermacher hatte die junge Frau bedrängt, der Künstler war deswegen wütend geworden und ermordete daraufhin den Therapeuten. Oder es handelte sich um irgendeine andere Variante eines Eifersuchtsdramas.

Nur stellte sich die Frage, wie bei einem solchen Szenario Hiltrud ins Bild passte.

War die Versicherungsmaklerin Zeugin des Mordes an Fenstermacher geworden und musste beseitigt werden? Immerhin hatte Angela ja herausgefunden, dass der Bewegungsradius der Frau, die angeblich seit Beginn der Corona-Pandemie nicht das Haus verlassen hatte, größer gewesen war als nur bis zur nächsten Straßenecke.

Es war an der Zeit, mehr über den Pantomimen zu erfahren.

Nur wie?

Angela hatte keine Ahnung, wo Paul wohnte oder sich aufhielt, wenn er nicht vor den kleinen Patienten im Kreiskrankenhaus auftrat.

Nele hatte lediglich angedeutet, dass Paul nicht nur deswegen das Krankenhaus aufsuchte. War der Mann etwa selbst krank? Gar unheilbar? Und daher in Therapie gewesen?

Um das zu klären, müsste sie seine Akte kennen. Es gab unzählige Gründe für den Besuch bei einem Therapeuten: Körperliche Krankheiten gehörten dazu, aber eben auch Depression, Sucht, Trauer oder dass man im Alter von siebzig Jahren seine Autobiografie geschrieben hatte und mit gemischten Gefühlen auf sein Leben zurückblickte. Es war zwar aufregend, wieder in einem Mordfall zu ermitteln, aber wenn sie ihn gelöst hatte, wäre das Problem, dessentwegen sie zum Psychologen gegangen war, nicht verschwunden, sondern würde mit aller Macht wieder hervorbrechen. Eigentlich schwelte es schon während der Ermittlung weiter in ihrem Kopf – sie fühlte sich bei diesem Mordfall nicht so selbstsicher wie früher.

Würde sie ihn überhaupt lösen können, wenn sie unter Hausarrest stand?

Dazu benötigte sie die Hilfe ihrer Freunde, die gerade auf sie einredeten. Laut sprach Angela in die Küchentischrunde: «Das ist alles völlig richtig, was ihr sagt.»

«Dass ich Ihretwegen Kopfschmerzen habe?», meckerte Mike.

Anscheinend hatte er das erzählt. Sie hatte ihm nicht zugehört, doch das wollte Angela sich nicht anmerken lassen. Schnell setzte sie hinzu: «Ich werde zu Hause bleiben.»

«Das meinen Sie nicht ernst!», schimpfte Mike, der anscheinend das Vertrauen in Angela völlig verloren hatte. «Sie werden unter Garantie ausbüxen!»

«Werde ich nicht», erwiderte Angela aufrichtig. Nicht mal ansatzweise hatte sie das vor.

«Nennen Sie mir einen Grund, warum ich Ihnen diesmal glauben sollte!»

«Hannemann.»

«Hannemann?»

«Der Mann ist ernsthaft fähig, mich zu erschießen, wenn er denkt, ich sei auf der Flucht.»

«Das bringt der fertig», bestätigte Mike besorgt.

«Der trifft doch nie im Leben», wiegelte Marie ab.

«Aber Querschläger sind auch eine Gefahr», warf Achim mit sorgenvoller Miene ein. «Wir dürfen es auf keinen Fall darauf ankommen lassen!»

«Nein, dürfen wir nicht. Und deswegen bleibe ich zu Hause.» Angela beugte sich zu Adrian: «Und dir lese ich erst *Furzi furzt im Kindergarten* vor und dann *Furzi furzt bei Julia.*»

«Super! Tante Schmangela», jubelte Adrian, der den Namen seiner Patentante noch nicht perfekt aussprechen konnte.

«Meine Kopfschmerzen», verkündete Mike erleichtert, «lassen nach.»

«Und während ich zu Hause bleibe, müsst ihr für mich Informationen besorgen, damit ich von hier aus weiterermitteln kann.»

«Und schon sind die Kopfschmerzen wieder da.»

«Puffel?» Angela ignorierte ihren Bodyguard und wandte sich ihrem Ehemann zu.

«Ja, Puffeline?»

«Du gehst ins Krankenhaus und schaust, ob du mehr über den Pantomimen herausfindest.»

«In Ordnung.»

«Du brauchst aber eine gute Ausrede, warum du da bist.»

«Ich behaupte einfach, ich sei ein Arzt.»

«Ich sagte: gute Ausrede.»

«Beim letzten Fall habe ich mich als Kranker ausgegeben, und das lief sehr gut. Als Arzt wird es also noch viel besser laufen!»

«Diese Logik ist nicht wirklich zwingend.»

«Puffeline?»

«Ja, Puffel?»

«Ich als Hercule Sauer habe meine eigenen Methoden.»

«Sie nennen sich», staunte Mike, «Hercule Sauer?»

«Ein Name mit Strahlkraft.»

Niemand in der Küche des kleinen Fachwerkhauses wollte aussprechen, dass kein Name, in dem das Wort ‹Sauer› vorkam, Strahlkraft besaß. Und Angela, verunsichert, wie sie war, wollte ihrem Mann nicht hineinreden, wie er seine Aufgabe anging. Mit ihren eigenen Miss-Merkel-Methoden hatte sie es ja auch nur in den Hausarrest gebracht. Sollte ihr Puffel es ruhig mit seiner eigenen Strategie versuchen.

«Hauptsache, du bist vorsichtig», erklärte sie.

«In einem Krankenhaus wird mir schon nichts passieren.»

«Berühmte letzte Worte», seufzte Mike seinen Lieblingsspruch.

«Und Sie», Angela drehte sich zu ihrem Bodyguard um, «müssen auch etwas für mich tun.»

«Mein Kopf fängt an zu dröhnen», stöhnte er auf.

«Es ist nichts Wildes. Sie müssen nur bei Hiltrud einbrechen und nach der Versicherungspolice des Therapeuten suchen.»

«Und jetzt fühlt sich mein Schädel an, als würde jemand mit Schlagzeugstöcken auf ihm herumtrommeln.»

«Am besten, Sie entwenden auch gleich den Computer.»

«Im Samba-Rhythmus.»

«Ich bitte Sie darum, Mike.»

«Sie haben mich auch gebeten, meine Mutter und meinen Vater wieder zusammenzubringen.»

«Das hast du, Puffeline?», wunderte sich Achim.

Angela hielt kurz inne. Um nichts in der Welt sollte ihr Mann erfahren, dass sie das in erster Linie getan hatte, damit Caro ihn nicht verführte. Daher überging sie seine Frage und wies Mike an: «Nehmen Sie die beiden mit. Ihre Mutter wollte doch mit Ihrem Vater neue Dinge erleben.»

«Ich glaube», seufzte Mike, «bei mir bahnt sich ein Hirn-Aneurysma an.»

Angela beachtete auch diesen Kommentar nicht weiter und blickte stattdessen verstohlen zu Achim, der, wie sie schon vermutete, genau registriert hatte, dass sie ihm auf seine Frage zu Mikes Eltern nicht geantwortet hatte. Natürlich würde er irgendwann darauf zurückkommen, und dann müsste sie ihm ihre aus Verunsicherung geborene Eifersucht gestehen.

«Und was soll ich machen?», fragte Marie. «Ich tue alles, um mich nicht mit Inge über die Wurzeln von Bluesmusik unterhalten zu müssen.»

«Warum», bot Mike an, «redest du nicht über etwas mit ihr, was nichts mit dem Thema zu tun hat?»

«Du glaubst, das habe ich nicht versucht?»

«Tut mir leid», erwiderte Mike. «Das war eine dumme Idee von mir.»

Es war schön zu sehen, wie Marie die einfühlsamen Seiten des Bodyguards hervorbrachte. Viele Männer an seiner Stelle hätten ihr jetzt Ratschläge erteilt, was sie alles ändern solle und wie genau. Er aber schloss seine geliebte Verlobte einfach nur in die Arme.

«Auch für dich habe ich eine Aufgabe», verkündete Angela.

«Welche?», erkundigte sich Marie erfreut.

«Bring mir die Akten aller Mitglieder der Therapiegruppe.»

«Du wolltest», protestierte Achim, «doch keinen Blick in die Dossiers werfen wegen des Patientengeheimnisses.»

«Das werde ich auch nur tun, wenn alle weiteren Möglichkeiten ausgereizt sind.»

Achim musterte sie, als ob er ihr das nicht abkaufte. Angela konnte es ihm auch nicht verübeln. Sie war sich selbst nicht sicher, ob sie sich vertrauen konnte. Ungewöhnliche Situationen wie ein Mordfall verlangten jedoch ungewöhnliche, teils drastische Maßnahmen, die man unter normalen Umständen nie ergreifen würde.

«Solche Akten anzuschauen», hob er an, «ist hochgradig illeg...»

«Ich besorge die Unterlagen», unterbrach Marie und verließ die Küche, bevor Achim noch weiter über die moralischen Aspekte eines Aktendiebstahls mit anschließender illegaler Akteneinsicht referieren konnte.

«Und ich rufe meine Eltern an und kehre mit der Versicherungspolice zurück», beschloss Mike. «Es sei denn, das Aneurysma platzt.»

Er verließ ebenfalls die Küche.

«Puffeline?»

«Puffel?»

«Wenn das hier vorbei ist, müssen wir miteinander reden.»

Jetzt verließ auch Achim die Küche.

Aus dem Garten trottete Mops Pupsi hinein. Der Hund spürte offenbar, dass Angela verwirrt war, und schmiegte sich an sein Frauchen. Angela hob ihn auf ihren Schoß und fragte: «Wer ist ein guter Hase? Wer ist ein guter Hase?»

Sie nannte ihren Mops gerne Hase, obwohl Achim stets scherzhaft anmerkte, dass der arme Kerl noch eine Identitätskrise bekäme, wenn sie so weitermachte. Manchmal nannte sie Pupsi auch ‹Hasemase›, ein Wort, das keinen Sinn ergab, außer dass ‹Hasemase› ein Name für den kleinen Hund war, wie er treffender nicht hätte sein können.

Da Pupsi nicht in der Lage war, Antworten zu artikulieren wie ‹Ich bin ein guter Hase› oder gar ‹Ich bin ein guter Hasemase›, geschweige denn ‹Ich bin ein Hund, du lieber kleiner Schussel von einem Frauchen›, schleckte er Angela liebevoll mit der Zunge durchs Gesicht.

Sie musste lachen.

Das erste Mal während der Ermittlung.

Angela verstand nun, warum Rosa sich mit Katzen umgab, und sagte zu Pupsi: «Mein Hase, du bist besser als jeder Therapeut.»

Darauf schleckte der Mops ihr erneut durch das Gesicht.

Angela lachte noch lauter auf.

Der kleine Adrian fragte: «Tante Schmangela, was ist Teepeut?»

Da lachte Angela noch viel lauter und drückte den kleinen Jungen an sich: «Du bist auch ein guter Teepeut.»

33

Hercule Sauer betrat gegen drei Uhr am Nachmittag das Krankenhaus am Rande von Klein-Freudenstadt. Es war für die Versorgung eines Umkreises von fünfundsiebzig Kilometern gedacht, was nicht bedeutete, dass alle Kranken des Umkreises eine ordentliche Versorgung vorfanden. Der Ärzte- und Pflegekräftemangel auf dem Land war noch eklatanter als in der Stadt, sodass ein Scherzkeks eines Nachts im letzten Winter ein Schild am Krankenhaus anbrachte mit der Aufschrift ‹Point of no Return› und niemand der Angestellten einen Grund sah, es abzuhängen.

Hercule Sauer marschierte entschlossen auf die Anmeldung zu. Er wollte sich als Arzt vorstellen, um Zugang zu sämtlichen Bereichen zu erhalten, und, falls der Pantomime nirgendwo anwesend war, sich unauffällig nach ihm erkundigen, wobei ihm noch nicht klar war, ob man sich überhaupt unauffällig nach einem Pantomimen erkundigen konnte. Schließlich gab es kaum etwas Auffälligeres, außer vielleicht einem Tellerjongleur.

Die Dame an der Anmeldung wirkte kratzbürstig, wie eine Frau, die ihre Fähigkeit, jeden Besucher rüde abzuwimmeln, in jahrzehntelanger Arbeit perfektioniert hatte. Achim stellte sich vor ihrem Glashäuschen auf und sagte durch die offene Luke im Glas: «Guten Tag.»

Die Frau antwortete nicht. Das wäre auch nur eine Ermutigung für den Besucher gewesen, weiterzureden oder gar eine Frage zu stellen. Zu einer solchen Belästigung wollte sie offensichtlich gar nicht erst einladen.

«Mein Name ist Sauer. Sauer wie lustig, nur eben anders.»

Die Frau nahm eine Illustrierte in die Hand, anscheinend ein Magazin für Waffenfreunde.

«Ich bin Arzt.»

Die Frau legte die Illustrierte beiseite und strahlte Achim mit einem Mal an: «Sie sind doch noch rechtzeitig gekommen!»

Achim wusste zwar nicht genau, was sie damit meinte, war aber dankbar, dass nun ein Kommunikationskanal zu der Anmeldedame offen war, daher erwiderte er: «Ja, das bin ich.»

«Dann führe ich Sie sofort zu Professor Brahms.» Die Frau sprang auf, öffnete die Glastür, hakte sich bei Achim unter und führte ihn zum Fahrstuhl. Dabei plapperte sie ohne Punkt und Komma. Dass sie nicht gedacht hätte, die Deutsche Bahn würde die Verspätung wieder einholen, und der Professor sich bestimmt freute, weil er nun pünktlich hier war.

Achim musste kein Meisterdetektiv sein, um zu erkennen, dass es sich um eine Verwechslung handelte und statt seiner irgendein echter Arzt erwartet wurde, vermutlich zu einem Vorstellungsgespräch. Er beschloss, das Missverständnis erst einmal nicht aufzulösen, und fragte die Dame, als die beiden den Fahrstuhl betraten: «Ich habe gehört, dass hier ab und an ein Pantomime auftritt.»

«Ach, der arme Paul», seufzte die Frau, während sie den Fahrstuhlknopf drückte.

«Wieso ist er arm?»

«Er fühlt sich für etwas schuldig, wofür er nichts kann.» Der Fahrstuhl setzte sich in Bewegung.

«Wofür denn?»

«Er war nicht immer Krankenhausclown.»

«Sondern?»

«Ein Sparkassenangestellter.»

«Und was ist mit ihm geschehen?»

«Vor knapp zwei Jahren, auf dem Nachhauseweg von der Arbeit, hat er einen jungen Mann überfahren, der seitdem im Koma liegt. Aber Paul traf keinerlei Schuld. Er konnte nicht damit rechnen, dass der Mann zwischen zwei Lieferwagen auf die Straße treten würde, ohne von seinem Handy aufzuschauen und auf den Verkehr zu achten. Pauls Unfall hätte jedem von uns passieren können.»

Achim spürte plötzlich Mitgefühl, sowohl mit dem Angefahrenen im Koma als auch mit dem Pantomimen, der eine große Schuld auf sich geladen hatte, ohne schuldig zu sein.

«Seitdem erscheint Paul immer wieder im Krankenhaus, um den jungen Mann zu besuchen.»

Achim schluckte.

«Und er tritt vor Kindern auf der Krebsstation auf, um sie in ihrem Leid aufzumuntern.»

Der Fahrstuhl kam zum Stehen, und seine Türen öffneten sich.

Vor Achim stand ein großer grau melierter Mann in OP-Kleidung und sagte: «Guten Tag, ich bin Professor Brahms, kommen Sie bitte gleich mit.»

Achim war in Gedanken noch beim Schicksal des Pantomimen, daher reagierte er nicht auf den Professor. Es war nicht nur Mitgefühl, das er empfand, sondern auch Scham: Gegen einen Mann zu ermitteln, dem so etwas Schlimmes widerfahren war wie Paul, fühlte sich schäbig an.

«Schwester Daria wird Ihnen bei allem helfen», verkündete der Professor und eilte los, während die Empfangsdame sich im Fahrstuhl wieder auf den Weg in ihre Besucherabwehrzentrale machte.

«Schwester Daria?», fragte Achim und bemühte sich, zu dem davoneilenden Professor aufzuschließen.

«Das bin ich», meinte eine junge, stark gebaute Frau, die ebenfalls OP-Kleidung trug.

«Und womit helfen?» Achim war verwirrt.

«Ich helfe Ihnen in den Kittel.»

«Kittel?»

Schwester Daria holte einen hinter dem Rücken hervor und erklärte: «Ich lege Ihnen das Ding im Laufen an.»

«Im Laufen?» Achim war von der Dynamik der Situation so überfordert, dass er sich der jungen Dame nicht widersetzte, sondern wie die beiden Mediziner anfing zu laufen.

«Wir haben keine Zeit zu verlieren!» Der Professor stieß eine Tür auf, die in einen OP-Saal führte. Gleißendes Licht empfing Achim und blendete ihn. Daria band ihm eine Maske um den Mund, dann erklärte der Professor dem Team: «Darf ich vorstellen, das ist Dr. Gold!»

Großer Applaus brandete auf.

«Wir können mit der OP beginnen!»

Der verdutzte Achim traute seinen Ohren nicht.

34

Marie stiefelte die Treppen zu Fenstermachers Büro hinauf. Sie ärgerte sich, dass sie sich über Mike ärgerte. Er hatte sich eine Hochzeit mit seinen Eltern gewünscht, anstatt, wie von Marie vorgeschlagen, klammheimlich nach Rügen zu flüchten und nur mit Adrian, Angela und Achim zu feiern. Erst nach langer Diskussion hatte sie eingewilligt, das Fest in Klein-Freudenstadt zu veranstalten und dazu auch Mikes Eltern einzuladen. Von einer Vogelnest-Inge war nie die Rede gewesen.

Das Waisenkind in ihr hatte gehofft, Lutz und Caroline würden tolle Großeltern für den kleinen Adrian abgeben und gute Schwiegereltern für sie. Doch nun musste sie erleben, was sie bisher nur aus Fernsehserien kannte: ein Verwandter, ein Problem. Zwei Verwandte, tausend Probleme.

Es fiel Marie schwer, sich vorzustellen, dass die kleine beschauliche Hochzeitsfeier mit Mikes Eltern und Vogelnest-Inge schön werden könnte. Vielleicht sollte sie doch noch ein paar Hundert Bewohner von Klein-Freudenstadt zu einem rauschenden und berauschenden Fest ins Schloss einladen, damit sie weniger von Mikes Eltern mitbekam und Mike, der unter deren Scheidungsabsichten litt, abgelenkt war. Lutz und Caroline schienen für ihn ein schlechtes Omen für die eigene Ehe zu sein. Ob Mike Zweifel an seinem Gelöbnis bekam, weil seine sich angeblich auf ewig liebenden Eltern sich nun scheiden ließen?

Würde er etwa vor dem Altar kneifen?

Nein, solche Gedanken waren absurd.

Oder?

Marie, die es hasste, Mikes Liebe infrage zu stellen, und dennoch immer wieder Angst davor hatte, verlassen zu werden, öffnete mit Schwung die Tür zu Fenstermachers Büro und entdeckte …

… eine Frau am Schreibtisch. Mit einer Akte in der Hand. Den rosa Stretch-Leggings, dem rosa Wollpulli und der Mischung aus Katzengeruch und Vanilleparfum nach zu urteilen, handelte es sich um die Verdächtige namens Rosa.

«Was machen Sie denn hier?», fragte Marie.

«Ich hole mir meine Patientenakte. Ich möchte nicht, dass sie in falsche Hände gerät.»

Das konnte Marie nachvollziehen, obwohl sie von Angela den Auftrag erhalten hatte, die Akten der Gruppenmitglieder zu beschaffen. Wäre sie Patientin, würde sie auch verhindern wollen, dass jemand anderes las, was mit ihr nicht stimmte.

«Und was machen Sie hier?», fragte die rosa Frau zurück.

«Ich suche ebenfalls nach meiner Akte», tischte Marie ihr die naheliegende Lüge auf.

«Ich wusste gar nicht, dass Sie bei Doktor Fenstermacher in Behandlung waren.» Rosa klang misstrauisch.

Marie, die trotz allem, was ihr widerfahren war, nie im Leben daran gedacht hatte, eine Therapie zu beantragen, entgegnete: «Na, Sie kennen ja gewiss nicht alle Patienten.»

Für einen kurzen Augenblick wirkte Rosa, als wollte sie erwidern: ‹Doch, doch, die kenne ich›, aber dann meinte sie mitfühlend: «Das verstehe ich. Sie sind ja eine Waise, und dann haben Sie auch noch Ihre Ersatzmutter, die Leiterin des Waisenhauses, verloren.»

Marie hatte sich bis heute nicht daran gewöhnt, dass jeder im Dorf die Lebensgeschichte der Mutter des Schlosserben kannte.

«Und der Freiherr von Baugenwitz hat Ihnen seine Liebe nur vorgespielt und Ihnen ein Kind angedreht.»

Für Marie, die ihren kleinen Adrian innig liebte, war dies der Beweis, dass selbst aus tiefstem Kummer und größter Verzweiflung etwas Schönes erwachsen konnte.

«Und dann sind Sie auch noch, als der Freiherr ermordet wurde, selbst in Verdacht geraten», sprach die rosa gekleidete Frau weiter. Ihre Empathie schien ganz und gar nicht vorgespielt. Dennoch hätte Marie ihr am liebsten geantwortet, dass sie keine Kurzzusammenfassung ihres Lebens benötigte. Aber sie entschied sich, Rosa reden zu lassen, damit ihre Tarnung nicht aufflog.

«Kein Wunder also, dass Sie Hilfe benötigen.»

Tat sie das?

Nein!

Marie pflegte ihre Sorgen in eine mentale schwarze Kiste zu legen, sie ebenso mental zuzunageln und tief in ihrem Inneren zu vergraben. Damit war sie stets gut gefahren. Sich seine Probleme wieder und wieder vorzuknöpfen, erschien ihr in etwa so sinnvoll, wie den Schorf einer Wunde ständig aufzukratzen.

«Außerdem ist es für Sie als Schwarze in Ostdeutschland nicht einfach.»

Im Westen ist es auch nicht einfacher, dachte Marie genervt.

«All die Diskriminierungen.»

Marie hatte sich nie auf ihre Hautfarbe reduzieren lassen wollen. Das hielt aber manche Menschen nicht davon ab, genau das zu tun. Ein Arzt hatte sich vor ein paar Jahren nicht entblödet, ihr einen Vortrag über die genetisch bedingte Sportlichkeit von Schwarzen zu halten. Wie sagte schon Forrest Gump: «Dumm ist der, der Dummes tut.» Oder, ergänzte Marie bei solchen Begegnungen stets innerlich, ‹wer Dummes sagt›.

Sie hoffte, dass ihr Sohn eines Tages in einer Welt leben würde, in der weniger Leute Dummes taten und sagten, auch wenn es gerade den Anschein erweckte, dass die Dummheit einer ähnlichen Infektionsrate unterlag wie die Omikron-Variante. In jedem Fall würde sie dem Jungen beibringen, wie man sich gegen die Massen von Dummen wehrte.

«Ich drücke Ihnen die Daumen», erklärte Rosa, «dass Sie mit Ihrem Geld einen brauchbaren Therapeuten finden.»

Marie wollte erwidern, dass ihr Sohn das Geld derer von Baugenwitz geerbt hatte und sie es nur verwaltete und bei jeder Ausgabe abwog, ob es seine Zukunft sicherte. Doch plötzlich seufzte Rosa tief betrübt: «Wir Normalbürger werden wohl lange auf einen neuen Therapeuten warten müssen. Bis es zu spät ist.»

Mit diesen traurigen Worten verließ sie mit ihrer Patientenakte in der Hand das Büro. Marie brauchte einen Augenblick, um sich zu sammeln, und öffnete dann das Fenster, um den Katzen-Vanille-Geruch hinauszulüften. Anschließend untersuchte sie das Durcheinander auf dem Schreibtisch des Psychologen. Sie wollte wenigstens die Akten des Wutbürgers, der Klimaaktivistin und des Pantomimen für Angela mitnehmen. Während sie noch suchte, spürte Marie eine Wut auf Rosa in sich aufsteigen, weil die Frau ihr unterstellt hatte, eine Therapie zu benötigen. Was erlaubte die Stretch-Leggings-Kuh sich?

Das Gleiche, was sie, Marie, sich bei ihrer Freundin Angela erlaubt hatte. Sie hatte ihr sogar den Termin bei Fenstermacher organisiert.

Aber Angela war auch weicher. Vermutlich würde ihre ältere Freundin dieser Aussage widersprechen, schließlich waren ihr in den letzten Jahrzehnten die Probleme der Welt nur so um die Ohren geflogen, und sie hatte mit kühlem Kopf versucht, das ihrer Meinung nach Beste daraus zu machen. Zugleich war Angela nicht jahrelang als einziges Schwarzes Kind in einem Waisenhaus gestählt worden. Angela benötigte Hilfe. Aber sie doch nicht!

Als Marie sich die Akten schnappen wollte, fiel ihr aus dem Augenwinkel ein langes, in sich gerolltes Papier auf dem Schreibtisch auf.

Unwillkürlich griff sie danach. Sie konnte nicht mal sagen, warum sie sich das Blatt genauer anschauen wollte. Ein Therapeut hätte wohl vermutet, dass ihr Unterbewusstsein sie dazu brachte. Aber Marie fand immer, dass sich das blöde Unterbewusstsein aus ihrem Leben heraushalten und es dem viel erwachseneren Bewusstsein überlassen sollte, die nächsten Schritte zu planen. Sie rollte das Papier aus – es war fast einen Meter lang – und entdeckte ein handgeschriebenes Gedicht. Offenbar von Fenstermacher selbst verfasst. Es begann so:

Ich kann nicht mehr,
ich kann nicht mehr,
ich kann, kann, kann,
kann nicht mehr.
Und ich will
auch nicht mehr.

Die folgenden Verse waren ausschweifender, aber auch nur, weil sowohl mehrere ‹kann› angehängt worden waren – *Ich kann, kann, kann, kann, kann, kann, kann nicht mehr* – als auch mehrere ‹will›: Und *ich will, will, will, will, will, will, will auch nicht mehr.*

Es gab durchaus fröhlichere Gedichte, überlegte Marie, und nur wenige tristere.

Doch während sie las, sprangen nach und nach die Nägel aus der schwarzen Kiste, die Marie tief in ihrem Inneren vergraben hatte, und machten Ploing, Ploing, Ploing! Bevor die letzten beiden Nägel, die die Kiste gerade noch verschlossen hielten, sich lösen konnten, legte Marie das Gedicht in eine der drei Akten, eilte mit den Dokumenten in der Hand aus dem Büro und schwor sich, nie wieder einen Fuß in eine Psychotherapiepraxis zu setzen.

35

Achim fühlte sich wie ein Reh im Scheinwerferlicht. Aber da er selbst in brenzligen Situationen ein höflicher Mensch war, murmelte er im aufbrandenden Applaus des OP-Personals: «Danke, danke …»

Professor Brahms deutete auf ein Glas, in dem ein Stück Fleisch herumschwamm: «Die Niere ist ebenfalls frisch eingetroffen.»

«Die … die … Niere?» Achim wurde bei dem Anblick leicht übel.

«Für die Transplantation.» Brahms wies nun auf einen dicken Patienten, der in Narkose auf dem OP-Tisch lag.

«Sie … Sie denken …» Endlich verstand Achim, in welche Lage er sich gebracht hatte, wollte es aber noch nicht ganz wahrhaben, «… ich pflanze die ein?»

«Es gibt keinen besseren Transplanteur als Sie. Deswegen haben wir Sie extra aus Berlin kommen lassen!»

«Gut … gut … gut», sagte Achim und überlegte fieberhaft, wie er sich aus dieser Klemme wieder befreien könnte. Richtig wäre es, die Wahrheit zu gestehen. Angenehmer jedoch, eine Ausrede zu finden, mit der er sich aus dem OP-Saal schleichen könnte. Krampfhaft dachte Achim über eine gute Entschuldigung nach. Am Ende fiel ihm jedoch nur eine ein, die man bestenfalls als suboptimal bezeichnen würde: «Bevor wir loslegen, muss ich noch mal für kleine Königschirurgen.»

Er wollte aus dem OP eilen, aber Brahms packte ihn an der Schulter: «Wir haben bereits angefangen aufzuschneiden.»

«Aufzuschneiden?» Nun wurde Achim richtig mulmig zumute.

«Schauen Sie.»

Achim wollte nicht schauen. Aber Brahms drehte ihn zu dem Patienten, in dessen Haut in Nierenhöhe ein kleiner Schnitt zu sehen war. Gott sei Dank konnte man hinter der Maske nicht erkennen, wie bleich Achim wurde. Unverkennbar war allerdings, dass er leicht zu schwanken begann.

«Ist etwas?», erkundigte sich der Professor.

«Nein ... nein ... alles tippitoppi», antwortete Achim und suchte ebenso panisch wie vergeblich nach einer weiteren Ausrede, um aus dem OP flüchten zu können.

«Gut, dann schneide ich weiter», verkündete Brahms und setzte das Skalpell wieder an. Achim blickte weg. Daraufhin wollte der Professor von ihm wissen: «Haben Sie an meiner Schneidetechnik etwas auszusetzen?»

«Nein, nein, Sie sind ein prima Schneider.»

Brahms musterte ihn befremdet, arbeitete jedoch weiter.

Achim merkte, wie seine Beine endgültig zu Pudding wurden.

«Und jetzt ...»

Genauer gesagt zu Wackelpudding.

«... klappe ich die Haut auf.»

Achim schaffte es gerade noch, sein Mageninneres bei sich zu behalten.

«Haben Sie schon mal eine solche Niere gesehen?»

Was Achim nicht schaffte, war, auf den Beinen zu bleiben. Er fiel in sich zusammen. Wie durch einen Nebel nahm er das OP-Team wahr, das auf ihn herabblickte. Dann hörte er, wie die OP-Tür aufging und jemand sagte: «Entschuldigen Sie! Ich habe mir ein Taxi geschnappt und bin so schnell gekommen, wie ich konnte.»

«Wer sind Sie denn?», fragte Brahms.

«Dr. Gold. Nierenspezialist!»

Das Vorletzte, woran Achim dachte, bevor er endgültig ohnmächtig wurde, war: ‹Puffeline hatte recht, es war wohl keine brillante Idee gewesen, sich als Arzt auszugeben.›

Und das Letzte war: ‹Aber immerhin habe ich herausgefunden, was es mit dem Pantomimen auf sich hat. Also hatte Hercule Sauer doch Erfolg. Auch wenn er an seinen Methoden feilen muss.›

36

Gegen fünf Uhr am Nachmittag brauste Mike mit seinen Eltern in dem alten Elektro-Dienstwagen durch die Gassen von Klein-Freudenstadt. Die von Berlusconi an Frau Merkel vererbte Ape war nicht infrage gekommen, denn ein Elternteil hätte auf der Ladefläche sitzen müssen, was Mikes Absicht, das Eis zwischen Lutz und Caroline zu brechen, zuwidergelaufen wäre. Aber auch in dem kleinen E-Auto hatten die beiden auf der schmalen Rückbank bisher kein Wort miteinander gewechselt.

«Wo fahren wir eigentlich hin?», fragte Papa Lutz nach einer Weile.

«Genau», stimmte Mama Caro ein, «wobei brauchst du überhaupt unsere Hilfe?»

«Bei einem Einbruch», sagte Mike.

Viele Eltern wären geschockt gewesen, aber Lutz und Caroline hatten in jungen Jahren bei ihren politischen Aktivitäten so einige Gesetze gebrochen. Ihre Vergehen reichten von Landfriedensbruch über Polizistenbeleidigung – ‹Freakadellen statt Bulletten› war noch die mit Abstand harmloseste gewesen – bis hin zu Widerstand gegen die Staatsgewalt.

«Ihr zwei seid ja schon mal in ein Haus eingebrochen, ohne erwischt worden zu sein.» Mikes Plan sah vor, dass ein Einbruch bei Hiltrud, um für Angela die Versicherungsakten zu besorgen, seine Eltern an die gemeinsamen wilden Jahre erinnern und wieder zusammenführen würde.

«Es war nicht irgendein Haus», meinte Lutz mit gewissem Stolz.

«Es war die Villa des niedersächsischen Innenministers», erläuterte Caro. «Und wir haben ihm Heringe ins Bett gelegt.»

«Als Protest gegen das AKW Lingen», ergänzte Lutz.

«Warum eigentlich Heringe?», erkundigte sich Mike.

«Es ging um die Strahlengefahren für die Ems», erklärte Lutz.

«Und Wolfsbarsch konnten wir uns nicht leisten», grinste Caroline.

Mike betete inständig, dass auch Vater Lutz nun grinsen würde. Aber die beiden schauten aus den Fenstern neben sich. Daher versuchte Mike weiter, das dicke Eis zum Schmelzen zu bringen: «Ihr habt doch auch immer Lieder gesungen bei euren Aktionen.»

«*We shall overcome*», sagte Lutz.

«*Das weiche Wasser bricht den Stein.*» Caroline wurde wehmütig.

«*Sonne statt Reagan* von Joseph Beuys.»

«*Wir wollen Sonne statt Reagan*», fing Caroline an zu singen.

«*Ohne Rüstung leben!*», setzte Lutz mit ein.

«*Ob West, ob Ost!*», trällerte Caroline. Und dann beide zusammen: «*Auf Raketen muss Rost!*»

Mike freute sich, dass die beiden gemeinsam ihren alten Song schmetterten. Selbst die fürchterlich gereimte, im Stakkato gesungene Strophe machte ihm nichts aus.

Von da an sangen die beiden Eltern die ganze Fahrt bis zum Haus der erschossenen Hiltrud alte Lieder: *Sag mir, wo die Blumen sind, Nach dieser Erde* und besonders laut: *Bella Ciao*. Bei Letzterem strahlten Lutz und Caro sich derart freudig an, dass Mike wieder an die Liebe zwischen seinen Eltern zu glauben begann. Fast hätte er bei *Sind so kleine Hände* sogar mitgesungen, wenn er den Text gekannt hätte. Am Ende des Liedes hielt er vor Hiltruds Haus und bemerkte im Rückspiegel, dass Papa Lutz versuchte, Carolines Hand zu berühren. Für einen Moment schien es, als ob sie ihn gewähren ließe, doch dann zog sie ihre Finger weg, öffnete die Autotür und zwängte sich über den Beifahrersitz hinaus. Das kleine

Elektroauto war ein Zweitürer, was Herrn Sauer, der Wortspiele liebte, gerne zu Sätzen inspirierte wie: ‹Besser ein Zweitürer als ein islamistischer Mehrtürer.› In solchen Momenten fand Mike, dass allein Herrn Sauers schlechte Wortspiele echte Märtyrer dazu bringen könnten, Anschläge zu verüben.

Lutz sah Caro enttäuscht hinterher, krabbelte dann, weil er um einiges größer war, mit Mühe aus dem Wagen, und Mike konnte nur hoffen, dass seine Taktik funktionierte und die Annäherung, die durch das Singen begonnen hatte, beim gemeinsamen Einbruch fortgesetzt würde.

«Also», begann er, nachdem er sich ebenfalls aus dem E-Auto gezwängt hatte, «wie habt ihr das damals angestellt in der Villa des Ministers?»

«Auf ganz subtile Weise», grinste Lutz.

«Subtiler geht es nicht», grinste nun auch Caro, und Mike war froh, dass die beiden trotz der missglückten Kontaktaufnahme wieder beschwingt waren.

«Willst du?», bot Lutz galant an.

«Nach dir.»

«In Ordnung», lachte Mikes Vater, griff sich einen schweren Stein, der in dem ungepflegten Vorgarten lag, und warf ihn mit Karacho in das Glas der Haustür.

«Das nennt ihr subtil?», staunte Mike.

«Im Vergleich zu einer Sprengladung schon», kicherte Caroline.

Mike hatte sich die Jugend seiner Eltern immer eher wild ausgemalt, aber jetzt wurde ihm langsam mulmig. Er wollte gar nicht wissen, was die beiden sonst noch angestellt hatten.

Währenddessen steckte Lutz seine Hand durch das zersprungene Fenster und öffnete die Tür von innen. Die Familie betrat den Hausflur, und Lutz fragte: «Warum sind wir hier?»

«Hätten wir Heringe mitnehmen sollen?», scherzte Caroline.

«Wolfsbarsch könnten wir uns als pensionierte Beamte inzwischen auch leisten», setzte Lutz hinzu.

Beide lachten.

«Wir sind», erklärte Mike, «im Auftrag von Frau Merkel unterwegs, mehr darf ich nicht verraten.»

«Hätte ich mir auch nicht träumen lassen, dass ich für eine ehemalige CDU-Kanzlerin mal einen Einbruch begehe», sagte Lutz.

«Aber es macht Spaß», fand Caroline.

Die beiden schauten sich strahlend an. Das Endorphin, das durch ihre Jugenderinnerungen freigesetzt wurde, konnte man förmlich riechen.

Auch bei Mike stellten sich bei dem Anblick seiner Eltern Glücksgefühle ein. Er wollte den Moment zwischen ihnen jedoch nicht damit zerstören, dass er sie gerührt anstarrte. Stattdessen begab er sich ins Wohnzimmer, um, wie von seiner Dienstherrin gewünscht, nach Fenstermachers Versicherungsakte zu fahnden. Die Leiche der Hausherrin war inzwischen abtransportiert und die Spuren waren von der Polizei gesichert worden, wie man unschwer an einigen mit Farbe gezogenen Linien auf dem Boden des vollgerümpelten Raumes erkennen konnte. Mike fiel auf, dass der Bildschirm des alten Computers leuchtete. Das Gerät stand auf einem Schreibtisch, der sich unter dem Gewicht der unzähligen Bücher darauf bog.

Der Bodyguard stieg über einen der vielen Bücherstapel, die überall herumlagen, zu dem Tisch hinüber und stellte fest, dass auf dem Monitor die Seite des Onlinebankings aufgerufen war. Der Countdown für das Log-in lief gerade ab. Anscheinend hatte jemand vor wenigen Minuten eine Transaktion getätigt. Und man musste kein Meisterdetektiv sein, um zu kombinieren, dass es gewiss nicht die tote Hiltrud gewesen war.

Mike hörte ein Rascheln im Garten. Er zückte seine Pistole, trat zur Terrassentür und erkannte eine Gestalt, die aus den Büschen in das dahinter gelegene Waldgrundstück lief. Sie war unbekleidet. Bis auf eine Kubaflagge, die über die Schultern bis zum Hintern hing. Es war Schniedel Castro!

«Bleiben Sie stehen!», rief Mike.

«Ich denke gar nicht dran!», rief Schniedel über seine Schulter und rannte davon, als wäre die Armee des kubanischen Ex-Diktators Batista hinter ihm her.

«Halt, oder ich schieße!», drohte Mike, was er selbstverständlich nicht ernst meinte. Er hatte in seinem ganzen Leben noch nicht auf einen Menschen geschossen und würde es auch jetzt nur tun, wenn er damit Frau Merkel vor dem sicheren Tod bewahren könnte.

«Besser mit ‹ie› als mit ‹ei›!», brüllte der nackte Mann zurück und schnappte sich ein Fahrrad, das an einen Baum gelehnt war.

Mike konnte nicht anders, als kurz innezuhalten und darüber nachzudenken, was ‹Halt, oder ich schieße!› anstatt mit ‹ie› mit ‹ei› heißen würde. Als es ihm klar wurde, stöhnte er laut, dann nahm er die Verfolgung zu Fuß auf, aber es war zu spät: Schniedel Castro radelte schon um die nächste Ecke, was Mike angesichts dessen Nacktheit und des ramponierten Sattels Respekt abnötigte.

Er senkte seine Waffe, blickte sich im Garten um und versuchte, die Situation zu analysieren: Wenn er es noch rechtzeitig zum Computer zurückschaffte, würde er herausfinden können, wie viel Schniedel beim Onlinebanking überwiesen hatte und wohin. Mike rannte ins Wohnzimmer, entdeckte aber auf dem Bildschirm nur die Worte ‹Ihre Sitzung ist abgelaufen›. Als Nächstes versuchte er, in Hiltruds Versicherungsdatenbank zu gelangen, um nach Fenstermachers Police zu schauen, doch der Zugang der Verschwörungstheoretikerin war verschlüsselt. Und da Mikes drei Passwortversuche ‹Passwort› ‹123 456› sowie ‹Lauterbachstinkt› lauteten, wurde der Account gesperrt.

Na ja, tröstete sich Mike, wenigstens waren seine Eltern drauf und dran, wieder zusammenzufinden, also war der Ausflug kein kompletter

Fehlschlag. Leider hörte er in dieser Sekunde seine Mutter im Hausflur schreien: «Wie kannst du mich küssen, Lutz? Du hast eine Freundin!» Und plötzlich verspürte Mike einen unglaublichen Heißhunger auf eine Sechserpackung Donuts.

37

Gegen sechs Uhr am Abend kam Achim langsam zu Bewusstsein. Bevor er die Lider hob, hörte er das Piepen von Maschinen. Als er die Lider schließlich aufschlug, stieß er einen Schrei aus: Vor ihm hing ein bleiches Gesicht mit rot geschminkten Lippen. Achim benötigte einen kurzen Moment, bis er begriff, dass es sich um den Pantomimen Paul handelte. Der Mann saß auf einem Stuhl neben dem Krankenbett und lächelte ihn an.

Achim hoffte, dass der Geschminkte sich mit ihm nicht pantomimisch verständigen würde. Ihm fehlte die Vorstellungskraft dafür, was Pantomimen in ihren Aufführungen darstellen wollten. Hieß die Aufführung ‹Biene sticht Imker›, wusste Achim nicht, woran er erkennen sollte, dass es eine Biene war, die dem Imker in den Po gepikst hatte und wegen der sich der Künstler das Hinterteil hielt, während er wie von der Tarantel gestochen weglief. Es hätte eben auch eine Tarantel sein können. Oder ein Speer. Oder das Resultat einer Begegnung mit einem Flammenwerfer. Zudem war ja gar nicht klar, welche unsichtbare Kopfbedeckung der Pantomime sich zu Beginn der Vorstellung übergestülpt hatte. Es hätte statt eines Imkerhuts ebenso eine Tauchermaske sein können. Oder der Astronautenhelm von Elon Musk. Und Musk hätte statt von einer Biene von der Strahlenpistole eines Marsianers getroffen worden sein können, der ganz und gar nicht davon begeistert war, dass ein Erdenbürger in seinen Marsvorgarten geflogen kam, um den Planeten zu besiedeln, weil der eigene Himmelskörper als Wohngebiet bald nicht mehr allzu viel hergeben würde und die Immobilienpreise deswegen dort ins Bodenlose fielen. Über allem aber stand für Achim die Frage: Was sollte an einer solchen Vorstellung komisch sein? Da wird ein armer Mann von einer Biene oder Tarantel gestochen oder sein Hintern mit einem Flammenwerfer beziehungsweise mit einer Strahlenpistole flambiert oder vielleicht auch mit einem Laserschwert – wer wusste schon, was ein Marsbewohner als Waffe benutzte –, und das ganze Publikum lachte schadenfroh? Das entsprach nicht Achims Humor. Er hielt sich lieber an Wortspiele wie ‹Was singt ein Kölner, wenn er sich im Chinarestaurant eine Wan-Tan-Suppe bestellt? Er singt: *Wenn nicht jetzt, Wan Tan*›.

Paul deutete auf die Infusion. Achim, der das Krankenbett so schnell wie möglich verlassen wollte, streckte seine Hand in die Richtung des Drehknopfes, um sie abzustellen. Doch der Pantomime sprang vom Stuhl auf und ging dazwischen. Er zeigte auf das Rad am Infusionsschlauch und deutete pantomimisch an, es bis zum Anschlag aufzudrehen. Dann begann er, die Augen zu verdrehen, ließ die Zunge raushängen, fiel anschließend auf den Boden, zuckte noch ein paarmal hin und her und lag dann reglos da.

War das eine Aufführung gewesen?

Das war zu hoffen.

Aber wenn ja, was sollte die Performance bedeuten?

Vermutlich, dass Achim darauf achten sollte, den Regler nicht in die falsche Richtung zu bewegen, weil er sonst sterben könnte.

Das, oder eine imaginäre Strahlenpistole hatte den Mann getroffen.

Meine Güte, warum konnten Pantomimen nicht einfach sagen, was sie von einem wollten?

Achim starrte auf den reglosen Körper.

Paul machte keine Anstalten aufzustehen.

Er war doch nicht etwa vor seinen Augen gestorben?

Gar ermordet worden?

Aber falls ja, wie?

Gehört hatte Achim jedenfalls nichts.

Wie hätte ihn jemand geräuschlos töten können?

Mit einem Blasrohr!

Das kannte Achim aus *Tim und Struppi – Der Arumbaya-Fetisch*. Ein Comic, der aus einer Zeit stammte, in der man ganz unschuldig das Wort Fetisch auf den Umschlag einer Kindergeschichte drucken konnte.

Achim stieg vorsichtig aus dem Bett und beugte sich zu dem Pantomimen herunter, um nach einer Einstichstelle zu suchen, da …

… fuhr Paul hoch.

Achim rief vor lauter Schreck: «Heidewitzka!», fasste sich an die Brust und versuchte, sein wummerndes Herz zu beruhigen.

Der Pantomime aber lächelte und trat zu dem Drehknopf.

Meine Güte, wollte er den Regler jetzt so weit öffnen, dass Achim tödlich zu Boden ging wie eben dargestellt?

War Paul der Mörder?

Kurz nachdem Hiltrud umgebracht worden war, hatte Angela Schminke in dem Rhododendronbusch gefunden. Paul war am Tatort gewesen. Und wenn der Pantomime ihn jetzt töten wollte, wäre es der endgültige Beweis für dessen Schuld.

Hatte Hercule Sauer den Fall gelöst?

Nur um gleich zu sterben?

Ermordet zu werden, würde den Triumph seines Ermittlungserfolges um einiges schmälern.

Der Pantomime aber drehte die Infusion herunter. Achim atmete durch. Der junge Mann bedeutete ihm, den Arm auszustrecken. Achim, dessen Herz noch heftig klopfte, tat, wie ihm geheißen, und Paul entfernte die Kanüle. Anschließend überreichte der Pantomime Achim seine Kleidung, verabschiedete sich mit einer Verbeugung und verließ das Zimmer. Bei allem Mitempfinden für das Schicksal des jungen Mannes und Dankbarkeit dafür, dass er ihm offenbar nur beim vorzeitigen Verlassen des Krankenhauses hatte helfen wollen, konnte Achim nicht anders, als auszustoßen: «Ich finde Pantomimen einfach nicht lustig.»

38

Während Achim, Mike und Marie auf Ermittlungstour waren, hatte Angela die Zeit genutzt und ihren weltberühmten Hackbraten zubereitet, der nicht in dem Sinne weltberühmt war, dass die ganze Welt ihn kannte. Vielmehr war es so, dass bedeutende Persönlichkeiten wie Barack Obama, Franz Beckenbauer oder Papst Benedikt XVI. ihn einst in Angelas Heim verspeist hatten. Obama hatte beim Essen sogar laut ausgerufen: ‹I will never forget your Häckbrätn!›, Beckenbauer: ‹Jo mei, is' denn heut' scho' Weihnachten?› und Papst Benedikt, ganz leise: ‹Es bedarf der Existenz Gottes zwar keiner Beweise, aber das hier ist einer.› Heutzutage bereitete Angela den Hackbraten nur noch für ihren engen Kreis zu, also für Achim, Marie und Mike. Pupsi hockte neben Angelas Stuhl und hoffte, dass etwas vom Küchentisch fiel, obwohl er gerade erst eine Dose extrafeines Futter verschlungen hatte. Er musste nicht vergebens hoffen. Angela hatte schließlich bei jeder Mahlzeit eine große Freude daran, mal eine viertel Kartoffel oder einen Happen Fleisch oder ein Stückchen Brot für ihren Liebling fallen zu lassen. Nur Käse rückte sie nicht heraus, denn nach dessen Verzehr schlug der Darm des Mopses solche Kapriolen, dass man sich selbst bei zehn Grad minus Außentemperatur für ein Stoßlüften entschied. Der kleine Adrian bekam Fischstäbchen mit Pommes und Spinat, den er derart entschieden mied, dass er sogar eine Pommes liegen ließ, an der ein kaum sichtbares grünes

Fleckchen des Gemüses klebte. Angela hatte sich, seitdem sie Adrian und dessen Spielkameraden kannte, oft gefragt, ob Kinder ihre Abneigung gegen Pflanzennahrung ablegen würden, wenn sie ketchuprot wäre, und ob dies nicht ein lohnender Forschungsauftrag des Landwirtschaftsministeriums wäre. Marie hatte ihrem Sohn einen großen roten Kopfhörer mit *Karla-Kolumna*-Aufdruck aufgesetzt, damit er seine *Tonie*-Geschichte von *Benjamin Blümchen* bei Tisch hören konnte. Dies war zwar pädagogisch nicht sonderlich vorteilhaft, aber gewiss wäre es das noch weniger gewesen, hätte Marie den Kleinen das Gespräch über die Morde belauschen lassen.

Alle aßen mit Genuss. Insbesondere Mike futterte wie ein Trupp Scheunendrescher, ächzte jedoch vor jedem Nachschlag: «Ab morgen mache ich Diät», was Marie nachsichtig kommentierte mit: «Ich liebe jedes Pfund an dir.» Ein Kompliment, das Mike ihr vor einigen Wochen auch mal gemacht hatte, nur um zu erkennen, dass Frauen es in der Regel nicht so gerne hörten wie Männer – auch in dem Bezug hatte der Feminismus noch einen langen Weg vor sich.

Wenn es nicht gerade um den köstlichen Geschmack des Hackbratens und Mikes Pfunde, kombiniert mit seinen Diät-Vorsätzen, ging – Letztere hatten sowieso eine geringere Halbwertszeit als die Subventionsstreichungsversuche der Regierung –, besprachen Angela und ihre Hilfsdetektive die neusten Ermittlungserkenntnisse. Natürlich sagte Angela ihren Freunden nicht, dass sie sie für Hilfsdetektive hielt. Aber insgeheim fand die ans Haus gebundene Angela, dass die drei durchaus den Baker Street Irregulars aus den Sherlock-Holmes-Geschichten ähnelten. Jenen Straßenkindern, die dem großen Detektiv Informationen besorgten, während er in seinem Wohnzimmer über den Fall grübelte.

«Für mich», sagte Mike, als er sich gerade den vierten Nachschlag auffüllte, «ist es eindeutig: Schniedel Castro ist der Täter!»

«Und was sollte sein Motiv sein?», fragte Angela.

«Nun … tja …»

«Sehen Sie, mehr als ein ‹Tja› fällt mir da auch nicht ein.»

«Er war aber an Hiltruds Computer zugange.»

«Für seine Einbrüche möchte er eben wissen, wer eine Hausratversicherung hat, damit er nur den Versicherungen schadet. Und im Gegensatz zu Ihnen hat er das Passwort für die Datenbank erraten.»

«Wie soll man denn darauf kommen», fragte Mike etwas beleidigt, «was so eine Verschwörungsschwurblerin sich ausdenkt?»

«Der Exhibitionist», stellte Achim fest, «ist jedenfalls ein Robin Hood in eigener Sache.»

«Aber wie», wandte Mike ein, «erklären Sie sich, dass nicht die Versicherungspolicen aufgerufen waren, sondern das Onlinebanking?»

Das war ein guter Punkt.

Angela dachte kurz nach. «Wie lange dauert es nach der letzten Eingabe, bis eine solche Sitzung vom Bankcomputer automatisch beendet wird?», erkundigte sie sich.

«Fünfzehn Minuten.»

«Und als Sie kamen, wie viele Minuten des Countdowns waren da vergangen?»

«Zwölf», meinte Mike.

«Dann kann es doch sein, dass eine andere Person am Computer war, sich am Banking zu schaffen machte und das Haus verließ, bevor Schniedel eintraf. Oder flüchtete, weil er kam. Unser Nackedei hatte eigentlich nachsehen wollen, wer eine Versicherung besitzt, entdeckte das offene Onlinebanking und verdrückte sich, als er hörte, wie Sie, lieber Mike, dank der Hilfe Ihrer Eltern ins Haus eindrangen.»

«Ja, das kann schon sein», bestätigte Mike leicht widerwillig.

«Dieser Jemand», mischte sich nun Marie ein, die ihrem Sohn den Teller so zurechtschob, dass der unangerührte Spinat genau vor ihm lag, «kann das der Pantomime gewesen sein?»

«Zeit genug hätte er jedenfalls gehabt», stellte Angela fest. «Er hätte in Hiltruds Haus sein und eine Stunde später bei Achim am Bett sitzen können. Bei seiner Ankunft im Krankenhaus hätte er von dem Desaster im OP-Saal erfahren. Wenn er der Täter ist, hat es ihn gewiss alarmiert, dass der Ehemann von jemandem aus seiner Therapiegruppe im Krankenhaus herumschnüffelt. Und genau das wäre dann auch der Grund für ihn gewesen, Achim aufzusuchen.»

«Ich glaube nicht», erwiderte Achim, «dass der Pantomime unser Mörder ist.»

«Seine Schminke», erwiderte Marie, «war doch nach dem Mord an Hiltrud im Rhododendronbusch.»

«Das könnte auch einen anderen Grund haben.»

«Und welchen?»

«Jemand will ihm», Achim hielt seinen Gedanken schon während des Formulierens für schwach, «den Mord in die Schuhe schieben.»

«Warum verteidigst du ihn so?», wollte Marie wissen.

«Ich habe Mitleid mit dem Kerl», gestand Achim und erzählte den anderen von dem Schicksal des jungen Pantomimen. Dass Paul nicht mehr sprach, seitdem er einen anderen Menschen überfahren und damit ins Koma befördert hatte, ohne an dem Unglück die Schuld zu tragen.

Angela fand es rührend, wie viel Herz ihr Mann für einen Verdächtigen zeigte, der ihm zuvor im Krankenhaus einen Mordsschrecken eingejagt hatte. Doch Sympathie durfte eine Ermittlung nicht beeinflussen. Bei diesem Fall erst recht nicht, auch wenn sie selbst für alle Mitglieder der Therapiegruppe, die für den Mord infrage kamen, Mitgefühl empfand.

Marie lächelte Achim an und sprach aus, was Angela jeden Tag im Durchschnitt dreimal dachte: «Achim, du bist ein guter Mensch.»

«Was ist eigentlich», erkundigte sich Mike, «mit der Rosa?»

«Was soll mit der sein?», entgegnete Marie.

«Die war doch in Fenstermachers Büro.»

«Nur um ihre Akte zu holen. Ich kann sie total verstehen. Ich würde auch nicht wollen, dass jemand darin liest.» Marie deutete zu den Akten von Werner Wutbürger, Nele Klimaaktivistin und Paul Pantomime, die sie mitgebracht hatte und die sich verschlossen auf der Küchenfensterbank stapelten.

Angela spürte, dass ihrer Freundin unbehaglich zumute war bei dem Gedanken, die Akten zu Ermittlungszwecken zu öffnen. Ihr ging es genauso. Selbst wenn einer der drei der Mörder oder die Mörderin war, würde sie die Geheimnisse von zwei Unschuldigen lesen. Wenn möglich, wollte sie das vermeiden.

«Ich habe noch etwas gefunden», redete Marie weiter. Sie stand auf und holte die Papierrolle mit Fenstermachers deprimierendem Gedicht aus einer der Akten hervor. Sie las den anderen am Küchentisch – bis auf ihren *Benjamin Blümchen* hörenden Sohn – die *Ich kann nicht mehr und ich will auch nicht mehr*-Verse vor. Als sie fertig war, legte Mike seine Gabel zur Seite und erklärte: «Okay, das Gedicht ist ein Appetitzügler.»

«Wenn man das einmal am Tag liest», bestätigte Marie, «braucht man keine Abnehmspritzen mehr.»

«Dafür aber tonnenweise Antidepressiva.»

Das Gedicht erinnerte Angela an den ehemaligen österreichischen Kanzler Sebastian Kurz. Das Jüngelchen hatte auch einmal auf einer Pressekonferenz gejammert: ‹Ich will nicht mehr. Ich kann nicht mehr. Ich halt das alles nicht mehr aus.› Für Kurz hatte Angela kein Mitgefühl aufbringen können, dafür aber für den verstorbenen Therapeuten. Sie erinnerte sich daran, wie enthusiastisch der Mann sie in seine Praxis gewinkt hatte. Augenscheinlich – das hatte sie schon bei der Durchsicht des durchwühlten Büros vermutet – war er bloß deswegen so überschwänglich gewesen, weil er nur wenige Patienten in seiner Kartei hatte. Gewiss war er in finanzielle Schwierigkeiten geraten.

Zudem schien Fenstermacher, als er noch lebte, an seinen Patienten zu verzweifeln. Zu der Klimaaktivistin und zu Rosa drang er überhaupt nicht durch. Besonderen Kummer bereitete ihm wohl Werner Wutbürger, dem er sogar eine Pistole – die spätere Tatwaffe? – abgenommen hatte.

Im Gegenzug freute sich der Therapeut über alle Maßen, wenn ihm ein Durchbruch gelang wie bei Hiltrud, die – wie sich später herausstellte nur angeblich – nach draußen zum Briefkasten gegangen war, und dem Pantomimen, als der seine Tränen hatte fließen lassen. Diese große Freude wirkte im Nachhinein unprofessionell, fand Angela, wahrscheinlich handelte es sich um das manische Aufflackern eines tief sitzenden Burn-outs.

«Wenn man es nicht besser wüsste», sagte Achim, «könnte man denken, der Mann hat sich selbst getötet.»

Es traf Angela wie ein Schlag.

Ihr war mit einem Mal klar, wie das Gedicht mit der Explosion des Hausboots und dem Mord an Hiltrud zusammenhing!

«Puffel, du bist ein Genie!»

«Wegen meiner quantenchemischen Arbeit zu Charge-Transfer-Verhalten von Übergangsmetallkomplexen und Ionenpaaren?»

«Ich tu», warf Marie ein, «nicht mal so, als könnte ich mir darunter auch nur ansatzweise etwas vorstellen.»

«Wegen deiner wissenschaftlichen Leistungen sowieso …», lächelte Angela.

«Wegen seiner handwerklichen eher nicht», murmelte Mike mehr zu sich selbst und dachte dabei an den begonnenen Garagenbau im Vorgarten, dem man schon in diesem frühen Stadium ansah, dass er eines Tages als *Die schiefe Garage von Klein-Freudenstadt* in den Fremdenverkehrsführer der Region aufgenommen werden würde. Die Touristen-Info des Ortes, die einmal die Woche für zwei Stunden vom Standesbeamten besetzt wurde, war dankbar für jede kleinste Attraktion, mit der sich das Dorf von den anderen kleinen Gemeinden des

Ostens, die allesamt verzweifelt um Urlauber konkurrierten, absetzen konnte.

«Aber du bist vor allem ein Genie, weil du mich auf eine Spur gebracht hast», strahlte Angela.

«Fenstermacher hat sich doch nicht selbst umgebracht», staunte Achim.

«Warum nicht?», fragte Mike.

«Weil Hiltrud ebenfalls getötet worden ist», erklärte Achim.

«Es könnte ja ein Selbstmord und ein Mord gewesen sein», schlug Marie vor.

«Hat der Therapeut», versuchte sich Mike an einem Scherz, «Hiltrud etwa als Geist erschossen?»

«Ich glaube kaum», wandte Achim ein, «dass ein Geist eine Pistole halten kann.»

«Bevor ihr noch weiter darüber fachsimpelt», unterbrach Angela, «es war definitiv kein Selbstmord.»

«Und auf welche Spur habe ich dich dann gebracht, Puffeline?»

«Das verrate ich euch, wenn ich den Beweis für meine Theorie habe», antwortete Angela. Bei früheren Fällen hatte sie mit ihren Gedanken nicht derart hinter dem Berg gehalten, doch ihre Theorie im Fall Fenstermacher war sehr verwegen. Zudem hegte Angela aufgrund ihrer generellen inneren Verunsicherung starke Zweifel, ob sie nicht doch danebenlag, wie so manches Mal – und wohl auch viel öfter, als es hätte sein müssen – in ihrer politischen Karriere.

«Und was bedeutet das jetzt?»

«Dass Mike und ich einen Ausflug unternehmen.»

«Zu dieser Rosa?», fragte Achim.

«Zu dem Pantomimen?», fragte Marie.

«Bitte nicht zu Schniedel Castro!», stöhnte Mike.

«Nein, es geht zum Tauchen.»

«Tauchen?», echote Mike entsetzt.

«Das haben Sie doch in Ihrer Ausbildung gelernt?»

«Ja, und ich hatte meinen letzten Auffrischungskurs, bevor ich die Stelle bei Ihnen antrat.»

«Na sehen Sie.»

«Aber wo soll ich tauchen?»

«Na, gewiss nicht im Marktplatzbrunnen», grinste Marie.

Angela amüsierte die Vorstellung, wie Mike in Tauchermontur in den Brunnen sprang, der noch aus DDR-Zeiten stammte und statt Poseidon, Proteus oder anderen Meeresgöttern dem viermaligen Olympiasieger und Weltklasserückenschwimmer Roland Matthes die Ehre erwies. Dem Brunnen waren gleich zwei Doppelseiten in der Fremdenverkehrsbroschüre von Klein-Freudenstadt gewidmet, deren Absatz man nicht gerade mit ‹reißend› umschreiben würde.

«Ich soll», verstand Mike endlich, und es gefiel ihm ganz und gar nicht, «in den Dumpfsee gehen?»

«Und nach den Überresten des Hausboots suchen.»

«Ich hasse meinen Beruf», stöhnte Mike.

«Du willst meinen Zukünftigen», hakte Marie skeptisch nach, «in einem See versenken, den alle Leute meiden, weil da das Seeungeheuer Margot lebt?»

«Bist du etwa abergläubisch?»

«Das fragst du jemanden, der an Horoskope glaubt?», erwiderte Marie.

«Ich kann dir versichern, dass Seeungeheuer nicht existieren. Weder eine Margot noch ein Jormudgandr.»

«Das kannst du ihr», warf Achim ein, «nicht versichern.»

«Du als Wissenschaftler solltest nicht an Seeungeheuer glauben.»

«Gerade als Wissenschaftler sollte ich das.»

«Wieso das?» Angela war von ihrem Puffel hochgradig irritiert.

«Laut der Stringtheorie gibt es unendlich viele Universen, in denen sich alle nur erdenklichen Varianten der Erde finden. Also gewiss auch einige, in denen Seeungeheuer leben, und mindestens eines, in dem eins dieser Ungeheuer im Dumpfsee haust und sowohl Jormudgandr als auch Margot genannt wird.»

«Mein Aneurysma meldet sich wieder», stöhnte Mike.

«Puffel, können wir uns darauf einigen, dass in unserem Universum, auf dieser Erde und in diesem Dumpfsee keine Ungeheuer lauern?»

«Selbstverständlich können wir das.»

«Dann», wandte sich Angela an Mike, «werden wir beide uns morgen bei Sonnenaufgang zum See begeben.»

«Sie wollen mit?»

«Selbstverständlich. Wenn ich richtigliege, entdecken Sie im See das fehlende Puzzleteil, und ich habe den Mord aufgeklärt.»

«Ich habe aber Kommissar Hannemann hoch und heilig versprochen, dass Sie hier im Haus bleiben.»

«Was er nicht weiß, macht ihn nicht heiß.»

«Sie glauben, er wird das nicht mitbekommen?»

«Halten Sie den Mann etwa für einen Frühaufsteher?»

«Nein», musste Mike eingestehen.

«Also wird er nicht vor Mittag zur Kontrolle erscheinen, wir können also morgen in der Früh ungestört zum See.»

«Du willst tatsächlich va banque spielen?», staunte Achim. «Der Mann könnte dich ins Kittchen bringen, wenn er davon erfährt.»

«Puffel, du bist der einzige Mensch auf der Welt, der noch ‹Kittchen› sagt.»

«Und du lenkst ab.»

«Das Risiko ist es wert. Hier geht es nicht nur um die Aufklärung eines Mordes.»

«Sondern?»

«Um das Seelenheil der Gruppenmitglieder, die nichts mit dem Mord zu tun haben.»

«Es existiert bestimmt ein Universum», seufzte Achim, «in dem ein Puffel seiner Puffeline Dinge ausreden kann …»

«… aber nicht in diesem», vollendete Angela den Satz und lächelte ihren Mann ebenso milde wie liebevoll an. Er konnte nicht anders, als liebevoll zurückzulächeln. Mike ächzte: «Ich würde gerne in das andere Universum umziehen.»

Und der kleine Adrian, der offenbar ans Ende seiner *Benjamin-Blümchen*-Geschichte gekommen war, rief: «Törööö!»

Da mussten alle lachen, selbst Mike, der damit, wie Achim, seinen letzten Widerstand aufgab.

39

Am nächsten Tag in aller Frühe standen Angela und ihr Bodyguard im alten Bootsschuppen des Schlosses. Dort hatte Mike den Krempel untergebracht, den er glaubte, nicht mehr zu benötigen, zum Beispiel sein altes *IKEA*-Sofa, die *IKEA*-Regale und die *IKEA*-Matratze namens *Hamarvik.* Auf der hatten die orangefarbenen Taucherflossen gelagert, die Mike bereits angezogen hatte, und der schwarze Taucheranzug, in den er sich versuchte hineinzuzwängen. Vergeblich. So was von vergeblich.

«Vor drei Jahren habe ich noch reingepasst», ächzte Mike.

«Da war meine Amtszeit zu Ende, und seitdem ist viel passiert.»

«Dass mir der Anzug nicht mehr passt, darf nicht passieren!» Mike zog und zog an dem Neoprenteil mit dem Ziel, den Reißverschluss vorne zu schließen.

Es war ein Trauerspiel. Ein amüsantes. Aber ein Trauerspiel. Dabei lief ihnen die Zeit davon: Angela wollte unbedingt an diesem Morgen ihre These bestätigt sehen. Die Gefahr, dass Hannemann sie doch noch ins ‹Kittchen› brachte, wuchs von Minute zu Minute. Bei dem Kerl wusste man nie, was für Gedanken sich in seinem Schädel formten. Und was, wenn der Mörder sich gänzlich vom Acker machte? Das war nicht undenkbar. Hoffentlich hatte er es nicht schon längst getan, nachdem er an Hiltruds Computer seine Bankgeschäfte erledigt hatte.

«Backe!», fluchte Mike.

«Backe?»

«Ohne B, dafür mit …»

«Schon verstanden. Was ist passiert?»

«Der Reißverschluss ist im Barsch ohne B.»

Angela bemerkte, wie Mike den Zug des Verschlusses in der Hand hielt und das Oberteil des Taucheranzugs links und rechts von seinem blanken Bauch fast bis zum Boden herabhing.

Sie konnte sich schönere Anblicke vorstellen.

«Das wird nichts mehr», gestand Mike und wirkte betreten.

«Es gibt immer einen Weg», erwiderte Angela. Hektisch sah sie sich im Schuppen um. Vielleicht fand sie irgendetwas, womit sie den Reißverschluss behelfsmäßig reparieren könnte.

«Aber nicht in diesem Taucheranzug.»

«Dann, dann, dann … nehmen wir eben das Ding!», lachte Angela freudig auf, nachdem sie etwas hinter einem Kleiderständer entdeckt hatte. Während sie das knarzende Gestell beiseiteschob, blickte Mike in ihre Richtung und stöhnte auf: «Sie wollen mich wohl versteigern?»

«Versteigern?»

«Mir fällt nichts Besseres für ‹verscheißern› ein.»

«Der ist doch ideal!» Angela zeigte auf einen altmodischen Taucheranzug, auf dessen Metallhelm ein kleines Scheinwerferlicht montiert war. Der Anzug hätte aus dem Film *Kapitän Nemo* oder aus dem Roman von Jules Verne stammen können, *20 000 Meilen unter dem Meer.* Das antike Stück hing an einem Haken an der Wand und hatte gewiss einst dem ermordeten Vorbesitzer des Schlosses Philip von Baugenwitz gehört und davor vermutlich dessen Vater und Großvater.

«Wenn Sie mit ‹ideal› meinen, dass das Ding mir auch zu klein ist, dann ist es ideal», sagte Mike und lächelte dabei ein wenig, was darauf hindeutete, wie erleichtert er war, auch in dieses Ungetüm nicht hineinzupassen. Angela musterte Mike, blickte zu dem Anzug, wieder zu Mike und musste feststellen: «Da haben Sie leider recht.»

«Dann müssen wir wohl zurück nach Hause», meinte Mike und lächelte dabei noch mehr. Angela ärgerte es, dass ihr Bodyguard seine Erleichterung nicht besser verbergen konnte. Wenn nicht heute Morgen jemand in den See hinabtauchte, um nach den Überresten des Bootes zu suchen, wäre es höchstwahrscheinlich zu spät.

Angela betrachtete den Anzug genauer. Sie überlegte und überlegte und sagte schließlich: «Dann nehme ich ihn.»

Mike starrte sie mit offenem Mund an.

«Mund zu, Tigermücken kommen rein», konnte Angela ihren Scherz endlich anbringen. Sie hatte ihn eigentlich vortragen wollen, als sie ihrem Bodyguard die Ape vorstellte.

Mike fand ihn nicht lustig.

«Machen Sie sich keine Sorgen. Ich habe in meiner Jugend bei Reisen der *Jugendtourist* an der Schwarzmeerküste vor Bulgarien getaucht.»

«Ihre Jugend ist schon etwas her», erwiderte Mike nicht gerade galant.

«Und vor meiner Kanzlerschaft habe ich einige Tauchurlaube auf Gran Canaria gemacht», ergänzte Angela.

«Das ist auch schon etwas her.»

«Tauchen ist wie Fahrradfahren, das verlernt man nicht.» Angela schnappte sich den Taucherhelm.

«Ich werde Sie in keinem Fall in den See springen lassen», sagte Mike streng.

«Der Tümpel soll nicht mal sechs Meter tief sein, was soll mir schon geschehen? Glauben Sie etwa wirklich an Seeungeheuer?»

«Das einzig Ungeheuerliche hier sind Sie.»

Angela ließ dem aufgebrachten Bodyguard seinen unhöflichen Ausbruch durchgehen. Er war kein normaler Untergebener mehr für sie. Schon seit der ersten Mordermittlung nicht. Dennoch konnte sie es ihm nicht ersparen, ihn wieder einmal unter Druck zu setzen, weil er seinen Personenschutzauftrag vor ihre Anweisungen stellte: «Sie haben nur zwei Möglichkeiten, Mike.»

«Welche?»

«Ich gehe mit Ihrer Unterstützung tauchen oder ohne. Sie können sich aussuchen, mit welcher Variante Sie sich wohler fühlen.»

Mike warf ihr einen Blick zu. In seinen Augen blitzte Zorn. Bisher hatte er sich Angela stets gefügt, aber diesmal schien er tatsächlich aufbegehren zu wollen. Würde er jetzt gehen? Seine Drohung zu kündigen, die sie sich bei bisher jeder Ermittlung hatte anhören müssen, wahr machen? Würde sie ihn verlieren? Nicht nur als Personenschützer, sondern auch als Mensch in ihrem Leben? War es das wert, nur weil sie den Mord aufklären und den Therapiegruppenmitgliedern Frieden und Gewissheit geben wollte?

Nein, das war es nicht wert.

Wenn sie es sich genau überlegte, würde die Wahrheit, falls sich ihre These bestätigte, die vier Leidensgenossen ohnehin mehr aufwühlen als beruhigen. Und der Mörder würde, wenn sie ihn nicht weiterverfolgte, zwar flüchten, aber mit ziemlicher Sicherheit nicht erneut zuschlagen.

Angela hätte zu Mike sagen können: «Sie haben recht.» Oder: «Ich beuge mich Ihrem Pflichtgefühl.» Oder auch nur: «Gut.» Stattdessen sagte sie: «Ich möchte Sie nicht verlieren.»

Es kam aus ihrem tiefsten Inneren.

Mikes Zorn verrauchte.

Die beiden schwiegen.

Bis Mike antwortete: «Ich Sie auch nicht.»

So nahe waren die beiden sich noch nie gekommen.

Eine Weile standen sie sich schweigend in der Bootshütte gegenüber. Mike immer noch mit herunterhängendem Taucheranzug über dem blanken Bauch und in Schwimmflossen, Angela mit dem Taucherhelm unter dem Arm. Schließlich meinte Mike: «Geben Sie mir den Helm.»

Angela tat, wie ihr geheißen.

Doch Mike legte den Helm nicht etwa ab, sondern …

… setzte ihn Angela auf.

Sie war so überrumpelt, dass sie erst etwas äußern konnte, nachdem das Innenglas des Helmes nicht länger von ihrem Atem beschlagen war: «Was machen Sie da?» Ihre Stimme hörte sich dumpf und metallen an.

«Sie haben keine Angst in dem Ding?», fragte Mike, der dank des Helms viel weiter entfernt klang, als er es in Wirklichkeit war.

«Nein», erklärte Angela.

«Sie sind wirklich eine mutige Frau», erwiderte Mike anerkennend.

«Sie wollen mir also helfen?», begriff Angela erst jetzt. Durch das Glasfenster des Helms mit den vier metallenen Querstreben, die ein Kreuz auf der Scheibe bildeten, konnte sie ihren Personenschützer nur halbwegs klar erkennen. Der antwortete und wirkte dabei so reif, wie Angela ihn bisher noch nicht erlebt hatte: «Vielleicht wären Ihre sechzehn Jahre im Amt erfolgreicher gewesen, wenn Sie mehr Unterstützung gehabt hätten.»

Angela war von den Worten zutiefst gerührt.

«Ich stehe an Ihrer Seite, Frau Merkel.»

Tränen schossen in Angelas Augen. Sie blinzelte sie rasch weg.

«Aber eins muss Ihnen klar sein.» Jetzt lächelte Mike schelmisch.

«Was denn?»

«Wenn Sie bei dem Tauchgang sterben, bringe ich Sie um.»

Beide mussten lachen.

Es hätte nur noch ein ‹Törööö› von Adrian gefehlt.

39

Im wunderschönen Morgenrot sprang Angela in voller Montur aus dem Ruderboot in den Dumpfsee, dessen Oberfläche die Sonnenstrahlen golden glitzern ließen. Genau dort, wo das Hausboot des Diplompsychologen Dietrich Fenstermacher explodiert war, tauchte Angela in die Tiefe. Mike blieb im Ruderboot sitzen, nun wieder bekleidet mit seinem Personenschützeranzug, und rief ihr hinterher: «Mast- und Schotbruch.» Angela war sich ziemlich sicher, dass dieser Ausspruch nicht von Tauchern verwendet wurde.

Als sie im See versank, sank ihr auch das Herz in die Taucheranzughose. Das Wasser war bei Weitem nicht so klar wie an der Küste Gran Canarias, wo sie einst getaucht war. Nun begriff sie auch, warum der See Dumpfsee genannt wurde und nicht etwa Kristallsee. Keine zwei Meter war Angela hinabgesunken, da wollte sie schon wegen mangelnder Sicht umkehren. Doch sie kämpfte gegen diesen Drang an, denn wenn sie ihm nachgab, würde sie ihre Mordthese nie bestätigen können.

Unter dem Helm hörte Angela ihren eigenen Atem – er klang zunehmend hektischer. Sie versuchte, sich von der aufkeimenden Panik abzulenken, indem sie sich vorstellte, wie sie auf einen Beobachter wirken musste. Sie führte sich das trüber werdende Wasser vor Augen. Ihren altertümlichen Taucheranzug. Den Helm, durch dessen Glas sie keinen halben Meter weit sehen konnte. Und das kleine

Scheinwerferlicht an seiner Oberseite, das allerdings ausgeschaltet war …

Scheinwerferlicht!

Na klar!

Irgendwo musste der Knopf dafür sein!

Hastig tastete sie den Anzug ab, berührte mit ihren viel zu großen Handschuhen den Metallgürtel, der um ihre Hüfte geschlungen war, und fand einen Knopf. Sie drückte ihn. Einmal. Zweimal. Dreimal. Nichts geschah. Viermal. Fünfmal. Sie wollte nach dem sechsten Mal schon aufgeben, da funktionierte es plötzlich: Das Licht des Helms leuchtete auf. Anfangs brannte es nur unruhig. Bei jedem Flackern konnte Angela die Fische im See erkennen, die vor der ungewöhnlichen Lichtquelle erschraken. Angela überlegte, ob hier unten unbekannte Tiergattungen lebten. Schließlich hatte niemand das Gewässer bisher erforscht. Auf dem Grund der Weltmeere herrschte ja auch mehr Biodiversität als lange angenommen. Geheimnisvolle Kontinente lagen in den Tiefen der großen Ozeane, die es zu erkunden galt, bevor man für viel Geld Multimillionäre ins Weltall schoss.

Irgendwann sprang das Helmlicht vollständig an und erleuchtete das Wasser vor ihr. Die Fische stürzten in heller Aufregung davon. Auch wenn Angela sich nicht hundertprozentig in der Wasserfauna auskannte, schien keiner der Flossenbesitzer ein der Wissenschaft fremdes Lebewesen zu sein. Ein Seeungeheuer war erst recht nicht in Sicht.

Unter sich konnte Angela jede Menge hin und her wogende Pflanzen ausmachen. Der Boden war also nah – der See in der Tat nicht sonderlich tief –, und ein paar Meter vor ihr entdeckte sie die Trümmer des Hausbootes. Sie hatte sich die Verwüstung schlimmer vorgestellt. Etwa die Hälfte des Kahns, einschließlich des oben aufliegenden Wohnbereichs, der im Gegensatz zu dem metallenen blauen Rumpf gänzlich aus Holz bestand, war noch intakt geblieben. Wunderbar, das würde ihre Aufgabe erleichtern!

Angela landete mit beiden Füßen auf dem Grund, um die wenigen Meter zu den Überresten zu gehen, die im Lichtkegel ihres Helmscheinwerfers aufblitzten. Ihr Herz klopfte. Wenn auch nicht mehr angstvoll in der Taucheranzughose. Es war wieder an seinen angestammten Platz gerückt und begann dort, vor freudiger Erregung zu hüpfen. Angela fühlte sich zwar nicht so jung und vital wie zu DDR-Zeiten bei den Tauchgängen auf den *Jugendtourist*-Reisen, aber mindestens so frisch wie damals im Meer von Gran Canaria. Und das war auch schon über zwanzig Jahre her.

Hier unten auf dem Seegrund fühlte sie sich lebendiger als an Land.

Ohne Selbstzweifel.

Weit weg von allem.

Von der Politik.

Den Kriegen.

All den schlechten Nachrichten.

Den Fehlern, die sie begangen hatte.

Vor allen Dingen von den Fehlern, die sie begangen hatte.

Hier ließe es sich leben!

Fröhlich sang sie: «*I'd like to be under the sea …*»

Angela konnte nicht gut singen. Genauer gesagt, sie hätte einen Ton selbst dann nicht getroffen, wenn er vor ihr gestanden hätte. Daher trällerte sie nur in unbeobachteten Momenten mit. Dass sie hier keine Angst davor haben musste, gehört zu werden, machte diesen Unterwasserort für sie so bezaubernd, zu ihrem ganz persönlichen *Octopus's Garden*. Vor lauter Freude begann sie zu tanzen. Ausgelassen. Im Kreis. Wie sie es sich an Land nie getraut hätte.

Das Scheinwerferlicht drehte sich mit ihr und erhellte Pflanzen, Fische, die Trümmer des Bootes und …

… Jormudgandr.

Das Seeungeheuer.

40

Angela erstarrte.
Traute ihren Augen nicht.

Der Kopf eines Seeungeheuers …

… glotzte sie mit furchterregender Miene an.

Und Angela konnte nicht anders …

… sie musste sich kringelig lachen.

Jetzt wusste sie, wovor die Menschen in der Umgebung seit Jahrhunderten so viel Angst hatten: Vor ihr auf dem Seegrund stand im Sand, mit dem Kopf nach vorne geneigt, die in Gold gefasste Galionsfigur eines mächtigen Wikingerschiffes. Einer monströsen Riesenschlange nachempfunden.

In der nordischen Mythologie war Jormudgandr der Name für die Midgardschlange, die die Welt umschlingen konnte und, wenn der Weltenbrand kam, gegen den nordischen Donnergott Thor kämpfen und verlieren würde. Ein Furcht einflößendes Tier, das viele Wikinger als Galionsfigur für ihre Schiffe gewählt hatten, um den Feind erzittern zu lassen.

Doch wie gelangte Jormudgandr auf den Grund eines Sees in der Uckermark?

Angela kombinierte: Hiltruds ehemaliges Pfarrhaus war gebaut worden, bevor Klein-Freudenstadt erstmals urkundlich erwähnt wurde, und in dem Holzbalken über der Tür war die Seeschlange eingeschnitzt.

Anscheinend hatten hier in der Gegend Nachfahren der Wikinger gelebt, die an der Ostsee gestrandet waren und einige Reichtümer, wie diese goldverzierte Galionsfigur, mit sich ins Landesinnere gebracht hatten. Als Christen die Umgebung besiedelten, wurde die Figur wahrscheinlich als heidnisches Symbol im See versenkt und anschließend vergessen, da die Menschen mit anderen Dingen beschäftigt waren, wie zum Beispiel der Pest, dem Dreißigjährigen Krieg oder simplen Alltagsproblemen wie der Frage: ‹Wie zum Teufel werde ich meine Zahnschmerzen wieder los, wenn der nächste Medicus weit entfernt lebt und zudem ein Folterknecht ist?›

Jormudgandrs Entdeckung würde den Touristikverantwortlichen von Klein-Freudenstadt, also den Standesbeamten, vor Glück in die Luft springen lassen. Und wie sich die Bewohner erst fühlen würden, wenn sie herausfänden, dass sie keine Angst mehr haben müssten, im Dumpfsee zu baden oder zu tauchen.

Die Vorstellung, den Menschen eine solche Freude zu bereiten, machte Angela glücklich.

Es war wahrlich schön am Grund des Sees!

Angela tanzte noch fröhlicher im Kreis und mit ihr das Scheinwerferlicht. Bis es erneut auf die Trümmer des Hausbootes fiel.

Angela hielt inne. Sie konnte nicht ewig hier unten bleiben, ihre Luft reichte nur für etwa eine Stunde, jedenfalls hatte Mike dies beim Anblick der Sauerstoffflasche geschätzt. Sie durfte keine Zeit mehr verschwenden, wenn sie ihren Beweis haben wollte.

Sie arbeitete sich zu dem halben Hausboot vor. Gottlob musste sie es nicht erklimmen, da das in der Mitte zerbrochene Deck vom Seegrund aus eine Rampe zum Wohnbereich bildete. Sie stieg mit ihren schweren Tauchschuhen das Deck hoch, öffnete die Hausbootwohnungstür und …

… musste schnell ausweichen. Jede Menge Gegenstände schwammen ihr entgegen. Töpfe. Pfannen. Sofakissen. Ein kleiner Tisch. Erst als alle losen Sachen aus Fenstermachers Hausrat auf das schräge Deck oder auf den dahinterliegenden Seegrund gepurzelt waren, betrat Angela das Innere. Sie hielt sich am Türrahmen fest und stützte sich an der Wand ab, während sie weiter in die Kabinen vordrang. Sie sah sich um. Gründlich. Wohnzimmer. Schlafzimmer. Kochnische. Bad. Und sie fand, wonach sie suchte.

Nämlich nichts!

Überschwänglich hastete Angela das schräge Deck hinunter, trat dabei auf eine große Pfanne, konnte aber mit rudernden Armen gerade so das Gleichgewicht halten, dass sie mit einem Fuß in der Luft und einem anderen auf der Pfanne zum Seegrund surfte, dort von der Pfanne absprang und nach oben schwamm. Über einen Druckausgleich musste sie sich keine Gedanken machen, denn es waren nur wenige Meter bis zur Wasseroberfläche. Oben angekommen, klopfte sie an die Bordwand. Mike half ihr ins Boot. Als sie sich hingesetzt hatte, nahm er ihr den Helm ab und fragte besorgt: «Geht es Ihnen gut, Frau Merkel?»

«Mir geht es großartig!», strahlte Angela.

«Schön», lächelte Mike, während er ihr die Sauerstoffflasche vom Rücken hob.

«Das finde ich auch.»

«Und, haben Sie Ihren Beweis gefunden?»

«Das ist ein Grund, warum es mir so großartig geht.»

«Gibt es noch einen?»

«Ich werde die Menschen von Klein-Freudenstadt, besonders den Touristikverantwortlichen, glücklich machen.»

«Ah ja …», sagte Mike verwirrt und blickte instinktiv auf die Sauerstoffflasche in seinen Händen.

«Keine Sorge, ich habe ausreichend Sauerstoff bekommen.»

«Gut», antwortete Mike erleichtert. «Können Sie mir dann endlich erklären, wer Fenstermacher und Hiltrud ermordet hat?»

«Ja, das kann ich.»

«Und wer war es?»

«Jemand, der humpelt.»

41

Da bin ich baff wie Buffalo Bill», staunte Achim beim Frühstück auf der sonnigen Terrasse des Fachwerkhäuschens, in dem Angela ihren Hausarrest absolvierte.

«Bitte keine Wortspiele», ächzte Mike. «Ich bin bereits überfordert.»

«Puffeline, bist du dir sicher?»

«Es ist glasklar. Es waren keine Leichenteile im Boot. Nirgendwo. Das lässt nur einen Schluss zu: Fenstermacher war nicht an Bord, als der Kahn explodierte.»

«Unglaublich.»

«Puffel, als du meintest, es könnte ein Selbstmord sein, fiel es mir wie Schuppen von den Augen: Es war tatsächlich eine Art Selbsttötung. Fenstermacher hat seinen Mord fingiert», verkündete Angela und köpfte ihr perfekt gekochtes Frühstücksei. Sie hatte einen unglaublichen Kohldampf und fühlte sich so wohl wie seit dem Tag nicht mehr, als die Bundeswehrkapelle zu ihrem Amtsabschied *Du hast den Farbfilm vergessen* geschmettert hatte.

«Der Seelenklempner hat sich also …», Mike mochte den Satz gar nicht beenden. Dafür tat es Achim: «… den Zeh selbst abgeschnitten.»

Beide Männer schoben ihren Frühstücksteller von sich weg. Angela hingegen biss in eines der leckeren Mettwurst-Brötchen mit Remoulade, die sie auf dem Rückweg vom See von ihrem Personenschützer in der Bäckerei Wurst hatte einkaufen lassen.

«Wir haben», seufzte Mike, «die ganze Zeit versucht, einen Mord aufzuklären, den es nicht gab.»

«Aber es gab einen», lächelte Angela. «Einen echten sogar.» Sie war sich bewusst, dass ihr Lächeln unangemessen war, aber sie konnte nicht anders. Sie freute sich nun mal so sehr über ihre gelungene Detektivleistung.

«Den Mord an Hiltrud», bestätigte Achim.

«Mit einem Pistolenschuss aus dem Rhododendronbusch», lächelte Angela noch breiter und ließ für ihren kleinen Mops ein bisschen Weißes vom Ei auf den Terrassenstein fallen. Der Hund gierte zwar eher nach der Mettwurst, aber die durfte er nicht fressen, denn sie konnte in seltenen Fällen das Aujeszky-Virus enthalten. Angela überlegte oft, ob man sich als Wissenschaftler wirklich geschmeichelt fühlen sollte, wenn Viren, Bakterien oder Krankheiten nach einem benannt wurden.

«Hiltrud», fuhr Angela mit ihren Beweisführungen fort, «hatte als Maklerin für Fenstermacher die Lebensversicherung abgeschlossen. Als Begünstigte war sie selbst eingesetzt.»

«Warum hat niemand bei der Versicherungsgesellschaft Verdacht geschöpft?», fragte Mike.

«Weswegen sollte eine Konzernzentrale in Hamburg auf den abwegigen, geradezu verrückten Gedanken kommen, dass eine Filialleiterin mit ihrem Kunden gemeinsam einen Mord vortäuscht, um ein Heidengeld zu kassieren? Besonders wenn es sich um eine unbescholtene Frau handelt, die schon seit Jahrzehnten für die Versicherung arbeitet?»

«Jahrzehnte», ergänzte Achim, «in denen sich bestimmt kein Vorgesetzter aus der Zentrale jemals hat blicken lassen.»

«Das ist eben das Gute an Klein-Freudenstadt», grinste Angela, «hier fährt kaum einer aus dem Westen freiwillig hin.»

«Aber warum hat Hiltrud dem Therapeuten geholfen?», hakte Achim nach, während er sich eine Tasse Hagebuttentee einschenkte. «Etwa weil sie auch etwas von dem Geld abbekommen sollte?»

«Ich gehe von etwas anderem aus.»

«Und wovon?»

«Unser Doktor hat weibliche Patienten, die ihm für seine Hilfe dankbar waren, gerne mal ausgenutzt.»

«Stimmt», sagte Mike, «Rosa hat er auch dazu gebracht, ihm das Hausboot zu kaufen.»

«Hiltrud hat die Police aus Zuneigung abgeschlossen, um ihn in seinem Vorhaben, das Geld zu kassieren, zu unterstützen.»

«Aber warum hat er sie dann umgebracht?», verstand Mike nicht recht.

«Weil sie eine Schwachstelle in seinem Plan war. Sie hätte ihn verraten können.»

«Warum hätte Hiltrud das tun sollen, wenn sie Fenstermacher verfallen war?»

«Weil er sich ohne sie vom Acker machen will.»

«Wie kommst du darauf?», fragte Achim.

«Bleibt er in Klein-Freudenstadt, muss er sich verstecken. In einer Großstadt ist das nicht notwendig. Und in einem Land ohne Auslieferungsvertrag wie Kuba oder Guatemala erst recht nicht. Vermutlich will Fenstermacher ein Flugzeug besteigen, um in ein fremdes Land zu fliegen und sich dort für den Rest des Lebens am Strand in die Sonne zu legen.»

«Als Toter muss er doch bei der Passkontrolle auffallen», gab Mike zu bedenken.

«Es dauert ein paar Tage, bis ein Totenschein ausgestellt wird», erklärte Angela, «also ist sein Pass noch gültig.»

«Alles aus Gier», meinte Achim verächtlich. Er hatte den Wunsch vieler Menschen nach Reichtümern nie begreifen können. In der kleinen Zweiraumwohnung, die Angela und er zu Beginn ihrer Beziehung bewohnt hatten, war Achim genauso glücklich gewesen wie später in der schicken Berliner Wohnung mit den fünf Zimmern. Hauptsache, er war mit Angela zusammen und konnte an seinen Quanten forschen, die von Natur aus so winzig waren, dass sie einen überall umgaben – im Luxus von Dubai wie auf dem Campingplatz Ennepetal, wo er am liebsten die Wochen verbrachte, in denen Angela mit einem Wirtschaftstross nach China hatte reisen müssen. Die Vorstandsvorsitzenden von DAX-Unternehmen waren für Achim die langweiligsten Gesprächspartner der Welt, da deren Vorliebe für Gewinnzahlen sich umgekehrt proportional zu der Stärke ihrer Moral verhielt.

«Ich glaube», entgegnete Angela, «Fenstermachers Motiv war nicht die reine Gier.»

«Sondern?», erkundigte sich Mike, der seinen Frühstücksteller wieder vorsichtig zu sich heranzog.

«Ein Mann, der sich einen Zeh abschneidet …»

Mike schob den Teller wieder zurück.

«… ist zutiefst verzweifelt. Ihr habt doch sein Gedicht gehört.»

«Ich hätte gerne darauf verzichtet», antwortete Mike und schob den Teller weit von sich.

«Das Gedicht beweist, dass der Mann am Ende war. Seinen Beruf nicht mehr ertrug, all die Fehlschläge, all die gebrochenen Menschen, denen er Tag für Tag begegnete.»

«Er wollte also», stellte Achim fest, «mit dem Geld aus der Versicherung ein neues Leben beginnen.»

«Man könnte fast Mitleid mit ihm haben.»

«Wenn er nicht Hiltrud umgebracht hätte.»

«Und nicht die Patientinnen ausgenutzt», fand Mike, der es nicht ausstehen konnte, wenn jemand einer Frau so etwas antat. Nicht nur, aber eben auch, weil der ehemalige Schlossherr von Baugenwitz seiner Marie einst die Liebe nur vorgespielt hatte.

«Puffeline?»

«Ja?»

«Folglich hat Fenstermacher gestern von Hiltruds Betriebskonto die

Versicherungssumme online auf sein eigenes Konto überwiesen und war schon weg, bevor Schniedel auftauchte. Der wiederum wurde von Mike vertrieben.»

«Davon gehe ich aus.»

«Was spricht dann dagegen, dass er längst über alle Berge ist und wir nichts mehr ausrichten können?», stellte Achim die Frage, über die Angela bisher mit aller Macht vermieden hatte nachzudenken, um ihre Hochstimmung nach dem Tauchgang nicht zu zerstören.

Jetzt war sie an der Reihe, ihren Teller zur Seite zu schieben. Der Appetit war ihr mit einem Schlag vergangen, während Mops Pupsi hechelnd das Mettwurstbrötchen anstarrte. Verzweifelt suchte sie nach einem Lichtblick und fand ihn auch: «Wir können nur dann nichts mehr ausrichten, wenn Fenstermacher sich nicht irgendwo in Klein-Freudenstadt versteckt, weil er noch etwas erledigen möchte.»

«Aber was könnte das sein?»

«Er könnte Nele überzeugen wollen, ihn zu begleiten.»

«Die junge Klimaaktivistin?»

«Rosa sagte, sie habe sich an ihn herangemacht.»

«Und?»

«Vielleicht beruhte die Beziehung auf Gegenseitigkeit.»

«Das ist ein großes Vielleicht.»

«Aber das einzige, das mir die Zuversicht gibt, den Fall zu lösen.»

«Und du glaubst, Nele würde mit Fenstermacher ins Ausland verschwinden?»

«Wenn sie auch in seinem Bann steht wie die anderen Frauen, dann ja. Aber das werden wir nur herausfinden, wenn wir zu ihr fahren und sie beschatten.»

«Aber was ist», mischte sich Mike wieder ein, «wenn Hannemann hier aufkreuzt und Sie nicht antrifft, Frau Merkel?»

«Dann haben wir Fenstermacher hoffentlich schon geschnappt.» Sollte ihr Plan misslingen, war Angela bereit zu riskieren, vom Kommissar wegen Verletzung ihres Hausarrests festgenommen zu werden. Mit all der Schande, die weltweit damit einhergehen würde und bei der es auch kein Trost wäre, dass eine Verhaftung den Absatz ihrer Autobiografie unter Garantie befördern würde.

42

Die grüne Ape ruckelte über das mehr als schäbige Kopfsteinpflaster des Gewerbegebiets von Klein-Freudenstadt, oder eher des Gewerbegebietchens, wenn dies ein Wort aus dem Duden gewesen wäre. Klein-Freudenstadt war kein wirtschaftlicher Hotspot, wo sich internationale Konzerne mit deutschen Steuermilliarden vollsaugten, obwohl sie Milliarden als Dividenden an ihre Aktionäre ausschütteten. Achim saß am Steuer des kleinen grünen Gefährts, Angela – im grünen Blazer und schwarzer Hosenanzughose – auf dem Beifahrersitz und Mike auf der Ladefläche, wo er arg durchgeschüttelt wurde. Als Achim um eine Kurve sauste, konnte Mike nur vermeiden, auf das Pflaster geschleudert zu werden, indem er sich krampfhaft festhielt. Vor lauter Ärger rief er sogar einen Satz, den Angela nie von ihm erwartet hätte: «Ich will das E-Auto zurück!»

Angela hatte gemutmaßt, dass Nele in einem gutbürgerlichen Haushalt leben würde wie so viele Anhänger der Klimabewegung. Aber ein Blick in die Patientenakte der jungen Frau, gefolgt von einem weiteren auf Google Maps, hatte ergeben, dass die Adresse einer ehemaligen Klebstofffabrik gehörte. War das Werksgelände mit Fördermitteln des Bundes in Lofts umgebaut worden? Oder nur von Aktivisten besetzt?

Die Antwort lag auf der Hand, als Achim die Ape vor der Fabrik zum Halten brachte. Das Gebäude sah noch genauso aus wie damals, als es 1993 von der Treuhandanstalt abgewickelt worden war, nur eben deutlich verfallener. Hätten Investoren es zu schicken Lofts umgestaltet, wäre das Mauerwerk nicht grünstichig gewesen. Immobilienfirmen liebten es nun mal, die Fassaden von alten Fabriken aufzuhübschen, damit Käufer bei der Besichtigung nicht daran dachten, wie schwer es später für sie sein würde, vier Meter hohe Räume ordentlich zu beheizen.

Gemeinsam stiegen Angela und Achim aus der Ape, während Mike von der Ladefläche kraxelte und sich den Hintern hielt. Skeptisch fragte er: «In der Bruchbude wohnt das Klimamädchen?»

«Das werden wir jetzt herausfinden», antwortete Angela und schritt auf die Fabrik zu. Gefolgt von Achim und Mike, der seine Pistole aus dem Schulterhalfter unter seinem Jackett zog.

«Das ist nicht notwendig», sagte Angela.

«Sie glauben doch, dass Fenstermacher hier sein könnte.»

«Sie können die Waffe immer noch zücken, wenn er tatsächlich da ist und Fisimatenten macht.»

«Fisimatenten», grinste Achim, «das Wort habe ich das letzte Mal gehört, als wir uns den Sherlock-Holmes-Film mit Hans Albers und Heinz Rühmann angesehen haben.»

«Man könnte den Film mehr genießen, wenn man nicht wüsste, dass Rühmann seine jüdische Ehefrau verlassen hat, um seine Filmkarriere unter den Nazis zu retten», seufzte Angela und öffnete die knarzende Tür zur Fabrik, während Mike seine Pistole grummelnd zurück in das Halfter steckte.

Das Gebäude war fast komplett leer. Ausgeschlachtet. Keine Maschinen, keine Möbel und keine Fässer mit Klebstoff, so weit das Auge reichte. Nur Staub, Dreck, ein Haufen Unrat und ein Container, der auf Eisenträgern in etwa fünf Metern Höhe thronte und zu dem jeweils vorne und hinten eine Leiter hinaufführte. Gewiss hatte der Container vor Jahrzehnten das Büro des Fabrikvorstehers beherbergt. An der Seite war wohl einst eine ordentliche Eisentreppe montiert gewesen, die irgendwann von einer der vielen Metallräuberbanden mitgenommen worden war.

«Da oben wird Nele wohnen», meinte Angela und steuerte auf die näher liegende der beiden Holzleitern zu.

«Was haben Sie vor?», erkundigte sich Mike.

«Dreimal dürfen Sie raten.»

«Sie wollen hochklettern, um in dem Container nach Nele und Fenstermacher zu suchen.»

«Und gleich beim ersten Mal liegen Sie richtig», grinste Angela. Sie griff nach der Leiter, doch Mike stellte sich ihr in den Weg: «Wenn Fenstermacher sich da oben aufhält, muss er nur die Leiter wegstoßen, und Sie brechen sich das Genick.» Mike erklomm nun statt Angela die ersten Sprossen.

«Das könnte er aber auch bei Ihnen tun», gab Achim zu bedenken.

«Stimmt auch wieder.» Mike hielt auf der fünften Sprosse inne.

«Vielleicht sollten wir nach ihm rufen?», schlug Achim vor, allerdings halbherzig, denn ihm war selbst klar, dass es nicht einleuchtete, einen Mordverdächtigen darauf aufmerksam zu machen, dass man ihn stellen wollte.

In diesem Augenblick ertönte aus einem angrenzenden Gang eine Toilettenspülung.

«Vielleicht», lächelte Angela, «kommt er uns ja entgegen.» Sie hielt es zwar für wahrscheinlicher, dass Nele gleich in der Fabrikhalle auftauchen würde, um zu ihrem Wohncontainer zurückzukehren, aber auch dies wäre eine erfreuliche Entwicklung der Ereignisse. Sie könnten die junge Frau nach Fenstermachers Aufenthaltsort befragen.

Doch weder trat Nele in die Halle noch der gesuchte Mörder von Hiltrud. Es war ein Mann mit wildem Bart, noch wilderem Haar und dickem Bauch. Seinen nackten Körper hatte er mit einer Kubaflagge umhüllt.

«Schniedel Castro», bemerkte Achim.

«Ich hätte lieber Bäcker werden sollen», seufzte Mike, der immer noch auf der Leiter stand.

«Bei ihrem Heißhunger nach Süßem», lächelte Angela, «würden Sie dann aber in gar keine Hose mehr passen.»

«Und», grinste Achim, «es würde dann nicht mehr heißen ‹Den Bock zum Gärtner machen›, sondern ‹Den Mike zum Bäcker›.»

«Sie beide sollten Comedians werden», erwiderte Mike ganz und gar nicht amüsiert. «Sie könnten sämtliche großen Hallen in Deutschland füllen.»

Als sie sich vorstellte, wie sie mit der *Puffel-und-Puffeline-Comedyshow* die Menschen zum Lachen brachte, verzog Angela kurz den Mund. Dann wandte sie sich an den Exhibitionisten, der mittlerweile zu ihnen getreten war. «Wohnen Sie hier?»

«Mal ja, mal nein, je nachdem, bei wem von meinen Leuten ich versacke.»

«Und zu diesen Leuten gehört auch Nele?»

«Ist ein liebes Mädchen.»

Von oben her hörte Angela, wie sich die Containertür öffnete und Nele fragte: «Mit wem redest du da, Achim?»

«Sie heißen auch Achim?» Achim starrte den kommunistischen Exhibitionisten an.

«Das ist mein zweiter Vorname. Der erste ist Fridolin, aber wer möchte schon Fridolin genannt werden?» Damit war das Rätsel, wofür das A. in Schniedels Namen stand, gelüftet.

Während Angelas Achim den anderen Achim musterte, als schaue er in einen stark verzerrenden Spiegel, blickte Angela selbst zu Nele hoch und erkannte, dass die blauhaarige junge Frau nur mit Unterhose und einem T-Shirt bekleidet war. Auf dem knallorangen Teil stand in schwarzer Farbe ‹Ton und Steine auf die Erben›. Nele war kreidebleich. Weil Fenstermacher bei ihr war? Weil sie mit ihm in mehrfachem Wortsinn unter einer Decke steckte? Oder hatte sich etwa Hannemanns Verdacht, Angela wäre die Mörderin, zu ihr herumgesprochen, und sie fürchtete nun, sie könnte das nächste Opfer sein?

Mike erklomm die nächsten zwei Sprossen der Leiter. Offensichtlich hatte er sich dafür entschieden, das Risiko einzugehen und in Neles Wohncontainer nach Fenstermacher zu suchen.

«Bleiben Sie, wo Sie sind!», rief die Klimaaktivistin verängstigt und griff mit beiden Händen nach der Leiter. Mike hielt inne.

Angela überlegte, wie sie die junge Frau beruhigen könnte. Hätte sie sich nicht so sehr auf ihre Gedanken konzentriert, hätte sie wahrgenommen, dass ein Auto vor der Fabrik hielt. Hätte Achim sich nicht so sehr mit seinem Namensvetter beschäftigt, hätte er den Wagen ebenfalls gehört. Und hätte Mike nicht darüber nachgegrübelt, ob er es nicht doch wagen sollte, die Leiter zu Nele hochzusteigen, wäre er vielleicht auf die Idee gekommen, dass Kommissar Hannemann vorgefahren war, um seine Dienstherrin zu verhaften. Aber alle drei waren nun mal in ihre Gedanken versunken und merkten nicht, wie die knarzende Tür aufging und jemand die Fabrik betrat. Schniedel Castro aber rief: «Du Sausack lebst!»

Alle starrten zu Fenstermacher.

Der Psychologe, der sein Jackett gegen eine Lederjacke, die ihm ebenso wenig stand, ausgetauscht hatte, starrte entsetzt zurück.

«Egal, ob du lebst oder nicht», Schniedel brodelte vor Zorn, «du wirst Nele nicht wieder belästigen!»

Fenstermacher drehte sich auf dem Absatz um und verließ die Fabrik, so schnell er konnte, was jedoch nicht allzu schnell war, denn er humpelte. Kein Wunder, er hatte sich ja den kleinen Zeh abgeschnitten, um seinen Tod vorzutäuschen.

Mike zog seine Pistole aus dem Schulterhalfter.

Nele schrie: «Hier wird nicht geschossen!», packte die Leiter mit den Händen und kippte sie mit aller Kraft um. Mike fiel mitsamt der Leiter rücklings zu Boden, ließ seine Waffe fallen und schrie «AHH!», dann

«AU!», dann «Mein Fuß!» und stöhnte schließlich: «Ich hätte wirklich Bäcker werden sollen!»

Nele verschwand im Container, nur um mit einer Jeans über der Schulter und zwei Boots wiederaufzutauchen, die sie an den Schnürsenkeln zusammengebunden und sich um den Hals gehängt hatte. Sie kletterte die zweite Leiter an der hinteren Containerseite wieselflink hinunter, wie es nur Aktivisten konnten, die in Trainingslagern gelernt hatten, zwanzig Meter hohe Bäume zu besetzen.

«Ich kriege dich!», rief Schniedel Castro und rannte Fenstermacher hinterher.

«Ich eher nicht», ätzte Mike unter der Leiter. Achim hastete zu ihm, befreite ihn von dem Ding und fragte: «Was ist mit Ihrem Fuß?»

«Ich glaub, ich habe mir sämtliche Bänder gerissen.»

Angela beobachtete, wie Schniedel aus der Fabrik stürmte. Seine Kubaflagge wehte wie ein Superheldenumhang, gab dabei aber dankenswerterweise nicht den Blick auf den Hintern frei, sondern nur auf einen Teil seines Silberrückens. Angela hörte, wie Fenstermacher vor der Fabrik seinen Wagen startete. Dann bemerkte sie, dass Nele mittlerweile unten an der Leiter angekommen war und in einen Nebentrakt der Fabrik hastete. Garantiert wollte die junge Frau von dort aus dem Gebäude fliehen. Aber dies war Angela gerade einerlei, die Klimaaktivistin würde sie sich später vornehmen. Fenstermacher zu schnappen, besaß absolute Priorität!

Mike, der sich seinen Fuß hielt, würde jedoch keine Hilfe sein. Schniedel, der von weltlichen Besitztümern nichts hielt, verfügte natürlich über kein Auto, mit dem er Fenstermacher hätte verfolgen können. Sie musste sich also selbst um die Angelegenheit kümmern!

Angela eilte los. Achim rief ihr hinterher: «Wo willst du hin, Puffeline?», sie rief zurück: «Kümmere du dich um Mike!», und bekam noch mit, wie der Bodyguard schrie: «Bleiben Sie hier, Frau Merkel!»

Angela ignorierte Mike wie die Bedenken der Energiewirtschaft bei der Streichung der Windkraftsubventionen in den Zehnerjahren und stürzte durch die Fabriktür. In diesem Moment brauste Fenstermacher mit einem klapprigen dunkelblauen Ford Taunus, dessen Auspuff schon fast abfiel, vom Hof. Offenbar hatte sich der Mann keinen besseren Wagen leisten können und sich auch seit gestern von der Versicherungssumme noch keinen SUV angeschafft. Ein Indiz für Angelas These, dass er das Land verlassen wollte. Schniedel Castro fluchte ihm hinterher: «Halt dich von Nele fern!»

Angela lief zu ihrer Ape, öffnete die Tür, kletterte auf den Fahrersitz und freute sich, trotz der ernsten Situation, dass sie das Gefährt nun endlich mal selbst steuern durfte. Gerade als sie auf das Gaspedal treten wollte, öffnete der Exhibitionist die Seitentür und erkundigte sich: «Brauchen Sie Hilfe?»

«No Pariser!», stieß Angela hervor, jene Worte, die sie, wie Schniedel Castro ihr gesagt hatte, bei Gefahr im Verzug rufen solle.

«Dann bin ich dabei!»

Bevor Angela etwas erwidern konnte, klemmte sich Schniedel auf den Beifahrersitz. Erleichtert stellte sie fest, dass der Mann unter der Flagge eine Unterhose trug, auf der das Abbild von Che Guevara mit revolutionärem Wehmutsblick prangte. Angela drückte aufs Gas und knatterte mit der Ape vom Hof.

«Ich bin so ein Ding», erklärte Schniedel, «mal in Kuba gefahren.»

«Meinen hat mir Silvio Berlusconi vererbt.»

«Oh, là, là», staunte der Exhibitionist.

Angela deutete auf den Ford Taunus von Fenstermacher, der auf dem holperigen Kopfsteinpflaster nicht schneller als dreißig km/h fahren konnte, wollte er nicht riskieren, dass seine klapprige Mühle den Auspuff verlor. Wild entschlossen sagte sie: «Den kriegen wir!»

Und Schniedel brüllte wie einst der alte Silvio auf seinen Partys voller Enthusiasmus: «Bunga! Bunga!»

43

Es handelte sich vermutlich um die langsamste Verfolgungsjagd der Weltgeschichte. Noch langsamer wäre sie wohl nur gewesen, hätte sie statt mit Autos mit zwei Zügen der Deutschen Bahn stattgefunden. Fenstermachers Ford klapperte aus dem Gewerbegebiet hinaus und bog in Feldwege ab, die im Winter wegen der Regenfälle nicht befahrbar waren und im Sommer, wie jetzt, ausgedörrt. Die Ape hoppelte hinterher, und Angela nutzte die Zeit, um weitere Informationen über den Fall zu sammeln. Frei nach dem Motto ‹Das Gaspedal durchtreten und das Ausfragen nicht lassen›: «Fenstermacher hat Nele belästigt?»

«Er liebt sie», antwortete Schniedel Castro abfällig.

«Aber sie ihn nicht»?»

«So ist es.»

Also, kombinierte Angela, steckte die Klimaaktivistin nicht mit dem Psychologen unter einer Decke, sondern Fenstermacher war in der Klebstofffabrik erschienen, um die junge Frau in einem allerletzten Versuch für sich zu gewinnen. Diesmal als reicher Mann, der eine hohe Versicherungssumme für seinen vorgetäuschten Tod kassiert hatte.

«Lieben Sie Nele?»

«Nein, die könnte ja meine Tochter sein!», wehrte Schniedel empört ab. «Wir haben nur ähnliche politische Einstellungen.»

«Ähnliche?»

«Das Mädchen kennt sich mit Marxismus so wenig aus wie ich mich mit Postkolonialismus.»

«Sämtliche Theorien haben einen gemeinsamen Feind», antwortete Angela.

«Das Establishment?»

«Die Realität», korrigierte Angela, die in ihrer Regierungszeit dem Pragmatismus alles untergeordnet hatte, aber rückblickend in ihrer Lebenskrise feststellen musste, dass auch ihr Pragmatismus an der Realität zerschellt war. Vielleicht wäre es sogar klüger gewesen, die ein oder andere Utopie zuzulassen?

Wäre es dafür womöglich auch als Rentnerin noch nicht zu spät?

Sollte sie versuchen, weniger Pragmatismus zu wagen?

«Ich», sagte Schniedel mit einem Mal wehmütig, «habe eine andere Frau geliebt.»

«Rosa», riet Angela und schlug sich mit der flachen Hand gegen die Stirn. Ihr war schlagartig klar geworden, dass es Fotos von Schniedel gewesen waren, die die mollige Frau unter der Streu in den Katzenklos ausgelegt hatte.

«Woher wissen Sie das?»

Angela war nicht sicher, ob sie Schniedel wirklich erzählen sollte, woher sie das wusste, kein Ex-Liebhaber wollte so etwas hören. Sie entschied sich dagegen und fragte: «Wieso haben Sie sich von ihr getrennt?»

«Sie liebt die Tiere viel zu sehr und kann nicht ertragen, wenn sie leiden. Alle waren wichtiger als ich: der Ziegenbock, die neun Katzen, das Schaf, sie hatte auch mal zwanzig Hamster und jede Menge Hühner, die aus der Legebatterie befreit wurden ...» Weiter kam der Exhibitionist nicht, denn am Auspuff von Fenstermachers Ford Taunus explodierte etwas.

Angela zuckte zusammen und geriet mit der Ape ins Schlingern. Entschlossen griff Schniedel ins Steuer und brachte das Gefährt wieder auf Kurs. Vor ihnen auf dem Feldweg begann der Auspuff des Fords zu brennen. Es folgte eine weitere Explosion, und der Wagen hielt. Fenstermacher öffnete die Fahrertür, sprang aus dem Ford heraus und lief humpelnd zu einer angrenzenden Kuhweide, auf die er sich durch ein Loch im Elektrozaun flüchtete.

Schniedel rief: «Dich kriege ich!» Während Angela noch bremste, sprang er auf den staubigen Feldweg und rannte dem Psychologen hinterher, durch das Loch im Zaun hindurch und vorbei an den staunenden Kühen.

Angela brachte die Ape zum Stehen und folgte den beiden Männern in die Felder. Diese Jagd zu Fuß war ebenfalls eine der langsameren Sorte: Fenstermacher humpelte, der schmerbäuchige Schniedel keuchte bei jedem Schritt, und auch Schlusslicht Angela machte nicht den Eindruck, sie trainiere für die Seniorenolympiade.

Alle drei ächzten über die Wiese, wobei Schniedel den Abstand zu Fenstermacher immer mehr verkürzte. Er war nur noch zwei Meter von dem Psychologen entfernt, als der Ford Taunus hinter ihnen in die Luft flog.

Die Druckwelle schleuderte Angela ins Gras, wobei sie im Fallen noch wahrnahm, wie sich Schniedel auf Fenstermacher stürzte und ihn niederriss. Die Kühe liefen laut muhend an Angela vorbei zur anderen Seite der Weide, wo sie vom Elektrozaun gestoppt wurden und sich aus Mangel an Alternativen tröstend aneinanderkuschelten.

Angela dröhnte der Kopf. Dennoch richtete sie sich auf, spähte zu dem brennenden Ford und registrierte erleichtert, dass die Ape so weit entfernt stand, dass keine Gefahr drohte, die Flammen könnten auf sie übergreifen. Danach wandte sie sich zu Fenstermacher um, auf dessen Bauch der fast nackte Schniedel Castro lag. So hatte sich der Psychologe den Ausgang seines mörderischen Plans gewiss nicht ausgemalt.

Angela klopfte ihren grünen Blazer und ihre schwarze Hose ab und marschierte auf die beiden zu. Als sie sich den Männern näherte, rollte sich Schniedel ins Weidengras hinab und japste: «Ich … muss mehr … lange Märsche … machen … wie Mao …»

«Herr Fenstermacher», sprach Angela den Psychologen an, dem offenbar sämtliche Kraft aus dem Körper gewichen war. «Sie haben Ihren Tod nur vorgetäuscht.»

«Ja …», gestand Fenstermacher. Es ließ sich auch nur schwer dementieren.

«Um die Versicherungssumme zu kassieren.»

«Ja …», gestand er erneut.

«Und um ein neues Leben anzufangen.»

«Ich konnte nicht mehr.»

«Sie konnten nicht mehr?»

«Tag für Tag, Stunde um Stunde habe ich mir die deprimierenden Geschichten meiner Patienten angehört.» Der Therapeut raufte sich die wenigen Haare.

Angela konnte sich vorstellen, wie belastend das war.

«Die kamen mit den merkwürdigsten Problemen zu mir.»

Angela fühlte sich ertappt: Ihre gedrückte Stimmung, die sie nach dem Schreiben der Autobiografie empfand, war auch nicht gerade eine gewöhnliche Herausforderung für einen Psychologen.

«Und man kann ihnen allen nicht helfen.»

«Man kann es nicht?», staunte Angela.

«Weil die Leute es nicht wirklich wollen.»

Was für ein Blödsinn! Sie zum Beispiel wollte Hilfe!

Oder wollte sie sie unterbewusst vielleicht doch nicht?

«Aber Sie haben bei Hiltrud und dem Pantomimen Paul Fortschritte erreicht. Ich war selbst dabei, als Sie sich in der Gruppensitzung darüber gefreut haben.»

«Aber in der nächsten Stunde hätte es die üblichen Rückschläge gegeben. Hiltrud hätte garantiert bald wieder ihre Heilpraktikerin angerufen.»

Dass Hiltrud die Dame sogar besucht hatte, behielt Angela für sich. Es war unerheblich, wenn sie Fenstermacher als Mörder überführen wollte.

«Niemand möchte sich ernsthaft helfen lassen!»

Angela wollte nicht weiter darüber nachdenken, ob dies auch bei ihr der Fall war, und konzentrierte sich auf ihre Ermittlung: «Sie haben den Sprengstoff an Ihrem Hausboot angebracht.»

Der Psychologe nickte.

«Hiltrud hingegen hatte die Lebensversicherung schon eine Weile zuvor abgeschlossen.»

Er nickte ein weiteres Mal.

«Und weil Hiltrud eine Zeugin war, musste sie sterben.»

«Sie …», der Therapeut starrte Angela mit weit aufgerissenen Augen an, «… Sie denken, dass ich sie umgebracht habe …?»

«Nach dem Mord haben Sie sich selbst das Geld über Hiltruds Onlinebankingzugang überwiesen. »

«Das schon …»

«Und Sie kannten das Zugangskennwort, weil Sie Hiltruds Einsamkeit und Verzweiflung ausgenutzt haben.»

Fenstermacher schwieg schuldbewusst.

«Als ihr Therapeut wussten Sie genau, welche Knöpfe Sie bei ihr drücken mussten.»

Fenstermacher blickte zur Seite. Er schien sich zu schämen.

«Sie haben Hiltrud erschossen!»

Dem Psychologen stiegen Tränen in die Augen. Angela deutete sie als Vorbereitung auf ein Geständnis, doch Fenstermacher wimmerte: «Ich war es wirklich nicht.»

«Ach», stöhnte Schniedel im Gras neben ihm, «wer soll es denn dann gewesen sein?»

«Das kann ich Ihnen sagen», antwortete der Therapeut und schien sich wieder ein wenig zu fangen. Er erhob sich und stand nun zitternd etwa zwei Meter von Angela entfernt. Sie erwartete, dass er ihr eine Lügengeschichte auftischen und eins der Mitglieder aus der Therapiegruppe beschuldigen würde. Ein Trick, auf den sie natürlich nicht reinfallen würde.

«Hiltrud wurde von ...», hob Fenstermacher an, da wurde er unterbrochen. Ein Schuss fiel. Wie aus dem Nichts.

Fenstermacher brach auf der Stelle zusammen.

Die Kühe am anderen Ende der Weide hörten auf zu kuscheln und liefen aufgescheucht umher.

In all dem Chaos versuchte Angela auszumachen, wo sich der Schütze oder die Schützin befand. Ein zweiter Schuss.

Angela spürte die Kugel über ihrem Haar hinwegpfeifen.

Hektisch sah sie sich nach dem Schützen um. Plötzlich wurde sie von dem immer noch auf dem Boden liegenden Schniedel von den Beinen gerissen und fiel ...

... genau auf seinen Bauch.

Die beiden lagen Nase an Nase. So nah war Angela – rein körperlich – seit Jahrzehnten keinem Mann mehr gewesen, außer Achim natürlich. Und sie hätte auch gut darauf verzichten können. Dennoch war sie dankbar, dass Schniedel sie aus der Schusslinie gebracht hatte. Besonders, als etwa eineinhalb Meter über ihnen noch weitere Kugeln flogen.

Angela klopfte das Herz bis zum Hals. Im Eiltempo. Sie spürte auch Schniedels Herz schlagen, das vor lauter Panik aus seinem Brustkorb springen zu wollen schien, als wäre es das Alien aus dem gleichnamigen Film. Den Streifen hatte Angela einmal mit Marie ansehen müssen. Ihre Freundin konnte aus irgendwelchen Gründen, die manche Psychologen gewiss sehr interessiert hätten, nach dem Genuss von Horrorfilmen besser schlafen.

Nach insgesamt sechs Schüssen vernahmen Angela und Schniedel ein Klacken.

«Das Magazin ist leer», stellte der Exhibitionist fest.

«Gut», antwortete Angela und wollte sich aufrappeln, um festzustellen, wer der Schütze war. Doch Schniedel hielt sie zurück: «Eine Pistole kann nachgeladen werden!»

Angela nickte und blieb liegen.

Eine Weile.

Zwei Weilen.

Nach dreien ging Angela das Risiko ein und stand auf. Sie schaute sich hastig nach allen Seiten um, bemerkte jedoch nur die Kühe, die sich in einer Ecke der Weide noch mehr aneinanderdrückten als zuvor, den fast ausgebrannten Ford Taunus, die Ape, den verlassenen Feldweg und den Wald hinter der Wiese, in dem der Täter oder die Täterin vermutlich verschwunden war. Dann blickte sie zu Fenstermacher, dem Schniedel gerade den Puls fühlte.

«Tot?», fragte Angela den Exhibitionisten.

«Mause.»

Angela betrachtete den Therapeuten: Er war des Versicherungsbetrugs schuldig gewesen, aber ganz offensichtlich nicht des Mordes an Hiltrud.

Wer war dann der Mörder? Oder die Mörderin?

Werner Wutbürger?

Rosa Katzenfrau?

Nele Klimaaktivistin?

Paul Pantomime?

Und was war das Motiv?

Das Versicherungsgeld konnte es nicht sein, das hatte Fenstermacher kassiert.

War es also eins der anderen gängigen Motive für Gewalttaten: Liebe? Eifersucht? Hass?

Oder ein nicht so gängiges?

Gar ein völlig einzigartiges?

Schließlich handelte es sich auch um die ungewöhnlichsten Verdächtigen, mit denen Angela je zu tun gehabt hatte.

Sie wusste keine Antwort auf die Fragen. Sie hatte nicht mal einen Ansatz, in welche Richtung sie weiterermitteln sollte. Sie fing wieder ganz bei null an.

44

Kommissar Hannemann, dessen neue Föhnwelle verschwitzt war, stand neben Angela, blickte auf den erschossenen Fenstermacher und murmelte: «Das arme Schwein.»

Die Worte klangen hart, aber Angela hörte aus ihnen eine Prise Mitgefühl heraus, die sie Hannemann nie zugetraut hätte. Im Hintergrund sicherten Polizeibeamte die Überreste des Ford Taunus, und Rettungskräfte bereiteten Trage und Leichensack zum Abtransport des Verstorbenen vor. Schniedel Castro hatte sich, nachdem Angela die Polizei gerufen hatte, schnell verdrückt – er war kein Freund der Staatsgewalt und zudem der festen Überzeugung, dass er eingebuchtet werden würde, wenn man ihn in der Nähe einer Leiche antraf. So fehlte Angela der einzige Zeuge, der Hannemann hätte bestätigen können, dass die Schüsse nicht von ihr abgefeuert worden waren.

Der Kommissar hatte ihr bereits Handschellen angelegt. Das konnte sie ihm nicht mal zum Vorwurf machen, viele Polizisten hätten an seiner Stelle so gehandelt. Schließlich war sie aus dem Hausarrest ausgebüxt und wurde schon zum zweiten Mal neben einem erschossenen Menschen aufgefunden. Diesmal aber wenigstens nicht mit einer Pistole in der Hand.

Achim und Mike warteten hingegen vor der Fabrik, wie Achim ihr am Telefon erzählt hatte, bevor Hannemann das Handy kassierte, auf den Taxifahrer von Klein-Freudenstadt. Der fuhr gerade Frau Kunze-

Kuntze, die sich nicht mehr auf die öffentliche Buslinie verlassen wollte, zu ihrem Ersatztermin beim Proktologen in Templin. Alternativen gab es für Achim und Mike keine: Marie besaß weder Auto noch Führerschein. Und auf dem Tandem seines Vaters hätte Mike mit dem verletzten Fuß nicht radeln können.

«Ich werde Fenstermacher vermissen», sagte Hannemann mit einem letzten Blick auf die Leiche.

«Wirklich?» Angela konnte nicht glauben, dass dem Kommissar ein anderer Mensch am Herzen lag.

«Er war mal mein Therapeut.»

Das wusste Angela, da sie im verwüsteten Büro auch auf Hannemanns Patientenakte gestoßen war. Wer das Büro in dem schrecklichen Zustand hinterlassen hatte, darauf konnte sie sich aber immer noch keinen Reim machen.

«Habe ich Ihnen schon mal erzählt, dass ich früher ein richtig, richtig guter Kommissar war?»

Angela verblüffte zweierlei: Zum einen, dass Hannemann plötzlich zerbrechlich wirkte, und zum anderen, dass er in der Vergangenheitsform sprach. Dieser Kerl hielt sich doch ständig für den Allergrößten.

«In meinen jungen Jahren war ich in Hannover ein echter Überflieger.»

Es hatte eine Zeit gegeben, in der Hannemann kein Provinzpolizist gewesen war?

«Bis sie mich bei einem Mordfall abserviert haben.»

«Was ist passiert?»

«In einem Zirkus, der gerade in der Stadt war, wurde der Jongleur zwei Stunden nach der Abendvorstellung in der Manege mit einem Hammer erschlagen. Aber wir konnten keine Fußspuren im Manegen-Sand entdecken.»

«Klingt mysteriös.»

«Verdächtig war zum einen die Frau des Jongleurs, sie war Tiertrainerin. Und zum anderen ihr Liebhaber, der Zirkusclown. Aber beide waren zum Tatzeitpunkt von mehreren Augenzeugen in einem Kino gesehen worden, wo sie sich *Titanic* anschauten. Es war wie verhext, niemand sonst hatte ein Motiv. Nur die beiden.»

«Und weil Sie den Fall nicht gelöst haben, wurden Sie abserviert?» Angela konnte es nicht glauben. Es gab doch unendlich viele ungeklärte Mordfälle auf der Welt.

«Ich habe ihn gelöst.»

«Aber?»

«Niemand hat mir meine Theorie abgekauft.»

«Und die lautete?»

«Die Frau trainierte in dem Zirkus Elefanten, Tiger und Affen.»

«Und?»

«Sie hat einem der Affen beigebracht, ihren Ehemann in der Manege mit dem Hammer zu erschlagen, während sie mehrere Kilometer entfernt mit ihrem Geliebten zusah, wie DiCaprio im Atlantik versank. Und es fanden sich keine Spuren im Manegen-Sand, weil der Affe vom Trapez aus mit dem Hammer zugeschlagen hatte.»

Angela musterte Hannemann. Sie war sich nicht sicher, ob seine Theorie irre oder genial war.

«Meine Vorgesetzten hielten mich für verrückt.»

«Und deswegen wurden Sie abserviert.»

«Das geschah erst, als ich mich an die Presse wandte.»

«Sie haben Ihre Theorie durchgestochen?»

«Das wurde zu meiner persönlichen Titanic. Ich wurde zum Gespött der ganzen Stadt und galt in allen Blättern nur noch als der ‹Affige Bulle›.»

Hannemann holte einen Zeitungsausschnitt aus seiner Brieftasche und zeigte ihn Angela. Auf dem Foto war ein junger, sehr gut aussehender, durchtrainierter Mann Mitte dreißig abgebildet, der akkurat mit Anzug und Hemd bekleidet war und einen perfekten Seitenscheitel trug. Es war kaum zu fassen, fand Angela, dass es sich bei ihm und Hannemann um ein und dieselbe Person handelte. Hohn und Spott und die Erkenntnis, dass ihm niemand glaubte, hatten den Mann so gebrochen, dass er sich in die Provinz versetzen ließ und verlotterte. Die Fälle, die Angela gelöst und die er als seine Erfolge ausgegeben hatte, waren seine Chance gewesen, ins Rampenlicht zurückzukehren.

Hannemann steckte den Ausschnitt zurück in die Brieftasche, blickte erneut zu dem Toten und sagte: «Was hat er Ihnen denn über mein Verhältnis zu Ihnen erzählt?»

«Sie haben mit ihm über mich geredet?», staunte Angela.

«Seit Sie hierhergezogen sind, ist alles für mich noch schlimmer geworden.»

Angela hätte nie für möglich gehalten, dass sie diesen Mann derart verunsicherte.

«Er meinte, ich solle bei meinem nächsten Fall mit Ihnen zusammenarbeiten und den Erfolg mit Ihnen teilen.»

Fenstermacher hatte also gewusst, dass sie Verbrechen aufklärte. Hatte ihre Anwesenheit in der Therapiegruppe ihn dazu bewogen, seinen Plan schneller durchzuführen als gedacht? Sie würde es vermutlich nicht mehr herausfinden können.

«Und was haben Sie Fenstermacher geantwortet?»

«Ich habe die Therapie abgebrochen.»

Womöglich hatte der Verstorbene recht gehabt, als er sagte, die Patienten wollten sich in Wahrheit gar nicht helfen lassen.

«Ich glaube nicht», fügte Hannemann hinzu, «dass Sie die Mörderin sind.»

Angela war kurz verblüfft. «Dann nehmen Sie mir die Handschellen ab», forderte sie schließlich.

«Nein. Bis die Fingerabdrücke von der ersten Waffe da sind, stecke ich Sie in die Zelle. Ich werde meine Vorgesetzten aber erst mal nicht informieren. Und ich werde auch die Kollegen einnorden, dass sie niemandem etwas verraten, damit hier nicht die Presse antanzt.»

«Sie wollen also keine Schlagzeilen?»

«Ich war schon der affige Bulle, ich muss nicht auch noch der affige Bulle sein, der die Ex-Kanzlerin fälschlicherweise des Doppelmordes beschuldigt.»

Noch mehr Spott und Häme, das war Angela klar, würden den Mann endgültig zerstören. Sie empfand Mitgefühl mit ihm, was sie selbst verblüffte, und erklärte: «Wenn ich den Fall löse, dürfen Sie ihn wieder als Ihren Erfolg ausgeben.»

Hannemann lächelte: «Vielleicht sollten wir, Fenstermacher zu Ehren, wirklich gemeinsam ermitteln.»

Angela erwiderte das Lächeln: «Das wäre mal was anderes.»

Vielleicht war das eine der schönsten Utopien: Zwei verfeindete Menschen arbeiten zusammen.

Hannemann freute sich: «Wir sind dann Sherlock Hannemann und ...»

«... jetzt sagen Sie nicht: Angela Watson!»

«Nein, nein, ich würde Sie nie als Watson sehen.»

«Gut.»

«Sie sind Mrs. Hudson.»

«Das ist die Haushälterin von Holmes!», empörte sich Angela.

«Also, ich finde, das passt. Sie bringen mir den Tee, während ich kombiniere. Obwohl ich Kaffee vorziehe. Schwarz. Am besten schon fünf Stunden auf der Heizplatte, der muss in der Speiseröhre richtig brennen, und dazu esse ich eine ordentliche Tafel Milchschokolade, keine dieser neumodischen mit Chili oder so, wer denkt sich nur solche Sachen aus? Ich meine, Gewürze haben in Schokolade nichts zu suchen, die Schokolade treibt sich ja auch nicht in der Currywurstsoße rum ...» Und in dieser Weise schwafelte Hannemann immer weiter, ohne Unterlass, bis er Angela in die einzige Zelle der Polizeistation Klein-Freudenstadt eingeschlossen und sich die Utopie schon lange in eine Dystopie verwandelt hatte.

45

Es war der deprimierendste Arbeitstag in Mikes Leben, das an deprimierenden Arbeitstagen nicht gerade arm war, besonders seitdem er in Frau Merkels Diensten stand. Er lag auf einer Chaiselongue im Foyer des Schlosses. In Maries weiter oben gelegenen Wohnbereich konnte er mit seinem verletzten, mittlerweile zu einem Ballon geschwollenen Fuß nicht hinaufsteigen. Mike machte sich Vorwürfe: Er war seiner Dienstherrin nicht beigesprungen, als sie die Verfolgung aufnahm. Auch nicht, als sie beschossen wurde. Und er konnte es auch jetzt nicht tun. Und das nicht nur wegen des Fußes, der noch von keinem Arzt untersucht worden war – ins Krankenhaus mochte Mike nicht fahren, das war zu weit weg vom Geschehen, und einen Termin beim Orthopäden von Klein-Freudenstadt, verkündete die Sprechstundenhilfe, würde es für einen Kassenpatienten wie Mike erst in drei Wochen geben. Nein, er war auch nicht bei Frau Merkel, weil sie ihrem Mann am Telefon die strenge Anweisung erteilt hatte, von einem Besuch in der Polizeistation abzusehen. Angeblich, weil sie die Nacht dazu nutzen wollte, um in aller Ruhe über den Fall nachzudenken. Doch Herr Sauer glaubte, dass sich die seelische Krise seiner Frau verstärkt hatte. Der besorgte Ehemann tigerte vor Mike im Foyer auf und ab und murmelte dabei abwechselnd Dinge wie: «Immerhin ist sie sicher», «Der Schütze wird sich vor mir nicht schützen können», und «Inkompetenz, dein Name ist Hannemann.»

Frau Merkel hatte auch ihren Berliner Anwalt nicht zu sich rufen wollen, weil sie auf keinen Fall wollte, dass sich ihre Verhaftung in der Hauptstadt herumsprach. Auf Achims Hinweis hin, es gelte doch das Anwaltsgeheimnis, hatte sie nur gelacht und gemeint, dass in der Berliner Blase der Wunsch zu tratschen alle heiligen Eide übertrumpfte.

Mike hörte also abwechselnd den Flüchen von Herrn Sauer, dem Pochen seines Fußes und dem Japsen von Hund Pupsi zu, der gerade seinem eigenen kaum vorhandenen Schwanz nachjagte. Das Tier war aufgedreht, weil es die Nervosität aller Anwesenden spürte. Marie, die mit einem Kühlpack die große Wendeltreppe heruntereilte, rief: «Es wird Zeit, dass du endlich ins Krankenhaus kommst!»

«Dann bin ich zu weit weg von Frau Merkel!»

«Du kannst für Angela sowieso nichts ausrichten. Oder willst du vom Krankenlager aus einen Gefängnisausbruch organisieren?», erwiderte Marie und drückte das Kühlpack auf Mikes geschwollenen Fuß.

«Das würde aber Spaß machen», ertönte die Stimme von Mikes Mutter Caro, die durch die offene Tür ins Schloss trat. Sie trug eine Strickjacke in Regenbogenfarben sowie eine orange eingefärbte Jeanshose und brachte damit viel bunte Farbe ins Schloss.

«Jetzt sag nicht, Papa und du habt in eurer Jugend bei einem Ausbruch geholfen.»

«Nein, nein, wofür hältst du uns?»

Diese Frage wollte Mike nach all dem, was er in den letzten beiden Tagen mitbekommen hatte, lieber nicht beantworten.

«Wir haben höchstens einen geplant.»

«Geplant?»

«Wir hatten vor, Freunde von uns aus dem Revier in Gorleben zu befreien, wo man sie in Präventivhaft genommen hatte. Sie wurden verdächtigt, die Gleise für den Atommülltransports sabotieren zu wollen.»

«Und wollten sie?»

«Nein.»

«Dann war die Verhaftung widerrechtlich.» Mike konnte sich auch über Ungerechtigkeiten aufregen, die Jahrzehnte zurücklagen.

«Nicht ganz.»

«Nicht ganz?»

«Unsere Freunde hatten sich in den Kopf gesetzt, die Oberleitung des Zuges zu kappen.»

«Und solche Leute wolltet ihr befreien?»

«Sie hätten ja sonst nicht die Oberleitung durchschneiden können.»

«Gut, dass ihr die Flucht nur geplant hattet.»

«Es wäre besser gewesen, wir hätten die Sache durchgezogen.»

«Wieso das?»

«Weil dein Vater es dann selbst mit der Oberleitung versuchte und vom Mast fiel.»

Mike bekam wieder Kopfschmerzen.

«Da musste ich es erledigen.»

Nun pochte der Schmerz im Kopf stärker als der im Fuß. Seine Eltern waren die einzigen Wesen auf der Welt, die noch anstrengender waren als Frau Merkel.

«Ich wäre nicht gefallen», sagte sein Vater Lutz, der gerade durch die Vordertür ins Foyer trat, «wenn du mich nicht die ganze Zeit mit deinem Gelächter genervt hättest.»

«Du wolltest doch, dass wir vorher noch einen fetten Joint rauchen.»

Für Mikes Kopf war das alles zu viel.

«Und du», zürnte Lutz, «bist damals fremdgegangen!»

Viel zu viel.

«Das bin ich nicht!», wehrte sich Caro.

«Du hast dem Wolfgang ständig schöne Augen gemacht! Und er dir! Und dann hast du mit ihm im Wald Feuerholz geholt, und ihr habt dafür eine Stunde gebraucht. Glaubst du, ich bin doof?»

«Wie oft denn noch? Da war nichts! Du hast dir das nur eingebildet!»

«Und jetzt fliegst du in einen Sex-Ashram!»

«Und du hast jetzt eine mit Vogelnesthaaren.»

«Und ich», platzte es aus Mike heraus, «halte euch nicht mehr aus!»

Beide Eltern musterten ihn entsetzt.

Achim hörte auf zu tigern. Marie hörte auf, das Kühlpack an Mikes Fuß zu pressen. Und Pupsi beendete die Jagd nach seinem Stummelschwänzchen und verpieselte sich unter die Chaiselongue.

Auch Mike war über sich selbst erschrocken. Er hatte seine Eltern noch nie angebrüllt. Nicht mal in der Pubertät. Egal wie verrückt sie waren, er hatte sie immer geliebt. Tat er auch jetzt noch. Deswegen schmerzte es ihn auch so sehr, dass sie nicht mehr zusammen waren.

«Geht es dir gut?», fragte Caro vorsichtig.

«Er hat einen kaputten Fuß und schreit herum», blaffte Lutz, «natürlich geht es ihm nicht gut!»

«Du bist ja so was von empathisch», ätzte Caro.

«Und ob ich das bin!»

«Deswegen konntest du mir auch nicht mehr sagen, dass du mich liebst!»

«Wer entzieht sich denn von uns beiden? Ich habe gestern versucht, deine Hand zu halten.»

«Du bist mit der Vogelnestschlampe zusammen!»

«Haltet endlich den Mund!», brüllte Mike.

Man hätte im Foyer eine Nadel fallen hören können. Da jedoch keine Nadel fiel, vernahm man nur das Knattern von Pupsis Stressblähungen, die die ohnehin schon dicke Luft noch ein wenig dicker werden ließen.

«Du liebst Papa!», schimpfte Mike. «Und du liebst Mama! Und wenn ihr beide das nicht wieder hinbekommt, ist es mir auch völlig egal!»

Mike lauschte seinen eigenen Worten hinterher und überlegte, ob es ihm wirklich völlig egal war. In diesem Moment schon. Aber er ahnte, dass es ihm nicht mehr gleichgültig sein würde, wenn seine Wut wieder verraucht war. Er nutzte seinen zornesbedingten Schwung und schimpfte weiter: «Und wenn ihr euch das nicht sofort eingesteht, dann will ich euch nicht auf meiner Hochzeit sehen!»

Caro und Lutz starrten sich an wie Kinder, die etwas ausgefressen hatten. Eine stille Weile lang, die gelegentlich von Pupsis Knattern unterbrochen wurde, standen sie sich gegenüber. Schließlich hielt Caro ihrem Mann die Hand entgegen. Lutz ergriff sie. Die beiden hielten Händchen.

Geht doch, dachte sich Mike.

Dann zog Lutz seine Frau zu sich und erklärte: «Ich liebe dich.»

Mikes Zorn verebbte.

Seine Eltern umarmten sich.

Dem Bodyguard wurde regelrecht warm ums Herz. Und er kam zu der Erkenntnis: Je älter Eltern werden, desto mehr muss man sie auch mal auf den Pott setzen.

Lutz und Caro küssten sich. Und küssten sich. Und küssten sich. Bis Lutz' Hand im Rausch der Leidenschaft unter Caros Strickjacke wanderte und Mike streng sagte: «Nehmt euch ein Zimmer.»

Beide Eltern mussten lachen.

Und Caro meinte zu ihrem Sohn: «Ein Zimmer ist nicht nötig, man kann überall Liebe machen. Da war das eine Mal im Prado-Museum in Madrid …»

«Schon wieder: viel zu viel!»

«Ich», mischte sich Achim nun ein, «habe da mal eine Frage.»

«Nein, wir sind dafür nicht aufs WC gegangen, so was haben wir nur auf den Flügen von und nach Nicaragua …»

«Mama!»

«Das war nicht das, was ich wissen wollte», wandte Achim ein.

«Geht es um Nackt-Yoga im Wald?»

«Mama!!!»

«Sie haben doch eben gesagt, Sie können Ausbrüche planen?» Achim ließ sich nicht beirren.

«Ja.»

«Dann lassen Sie uns meine Frau aus dem Gefängnis holen!»

«Aber gerne», antworteten Caro und Lutz wie aus einem Mund.

«Ich bin», stöhnte Mike, «von Irren umgeben!»

Marie lachte. «Du bist der Sohn der einen Irren und ein guter Freund der anderen.» Ihr Lachen war so entwaffnend, dass Mike gar nicht anders konnte, als sich still darüber zu freuen, dass er Eltern hatte, die er liebte und die sich liebten, und er das Ehepaar Merkel / Sauer wirklich als eine Art Freunde betrachten durfte. Aber das Schönste war, dass er diese Frau mit dem wunderbaren Lachen heiraten durfte. Womöglich war heute doch nicht der deprimierendste Tag seines Berufslebens.

46

Angela saß allein in der einzigen Zelle des Klein-Freudenstädter Reviers, das man der Duden-Redaktion hätte zeigen sollen, damit sie nicht nur das Wort ‹Gewerbegebietchen›, sondern auch ‹Polizeirevierchen› in das Standardwerk aufnahm oder zumindest eine Extraausgabe für kleine Orte in Ostdeutschland herausbrachte. Andererseits hörten sowieso viele Menschen nicht mehr auf den Duden, seien es Genderfreunde oder Gendergegner oder Teenager, die 98,3 Prozent ihrer Nachrichten ins Handy tippten. Lehrer, die noch an so etwas Altmodisches wie Zeichensetzung glaubten, schlugen den Kopf deshalb vor Verzweiflung regelmäßig auf die Tischplatte.

Mit echten Verbrechern wie einem Mitglied von Diebesbanden hätte Angela niemals die Zelle teilen müssen, weniger weil Hannemann ihr das nicht zumuten wollte, sondern weil er weder Diebe noch Räuber jemals schnappte. Und da die Kneipe *Zum sehr blauen Bock* heute Ruhetag hatte, bestand auch keine Gefahr, dass der Wirt, der sein eigener bester Kunde war, ihr zum Ausnüchtern in der Zelle Gesellschaft leisten würde.

Schniedel Castro mit seiner Kubaflagge und der Che-Guevara-Unterhose saß auch nicht bei ihr, worüber Angela recht froh war. Hannemann hatte sie nichts von der Anwesenheit des Exhibitionisten auf der Kuhweide erzählt, da sie ihren Helfer, der zu Recht befürchtete, eingebuchtet zu werden, decken wollte. Schniedel war eben nicht der Mörder. Und dennoch …

… dennoch war es ein wenig merkwürdig, dass der Typ ihr bei diesem Fall immer wieder über den Weg lief.

Auch im Rest des Revierchens war keine Menschenseele. Die Polizisten hatten Feierabend, und Kommissar Hannemann hatte sich vor einer Stunde verabschiedet, um nach Hause zu gehen. Kurz bevor er aufbrach, fragte Angela ihn, ob er in seiner Wohnung besser darüber nachdenken könne, wie er morgen mit ihr verfahren wollte. Er antwortete: «Erst schau ich mir das DFB-Pokal-Halbfinale an, dann schlafe ich aus, und morgen habe ich dann eine Idee. Die besten fallen mir nämlich im Schlaf ein.»

Angela konnte sich gerade noch verkneifen zu sagen: ‹Um unter der Dusche Ideen zu bekommen, stehen Sie auch zu selten drunter.›

Immerhin hatte Hannemann ihr etwas zu essen und zu trinken hingestellt. Über die drei Tafeln Billigschokolade konnte sie sich sogar ein wenig freuen, auch wenn sie nicht gerade eine ausgewogene Ernährung darstellten. Aber wie hieß es doch so schön: ‹In der Not isst der Teufel *Ja*-Schokolade.› Als Getränk hatte ihr Hannemann den Revierkaffee, der schon seit gestern auf der Heizplatte gestanden hatte, in eine Thermoskanne gefüllt, die anscheinend noch nie eine Spülbürste von innen gesehen hatte. Das Gebräu roch nach Batteriesäure; bestimmt hätte man damit im Wilden Westen Verbrecher teeren können, um sie anschließend zu federn und durch Lynchburg zu treiben.

Angela ertappte sich dabei, dass sie sich um den Volltrottel Hannemann ein wenig sorgte: Wenn er von solchem Kaffee täglich mehrere Tassen trank, müsste er sich keine Gedanken mehr machen, ob seine Beamtenpension später mal reichen würde.

Sie ließ die Thermoskanne auf dem Zellenboden stehen – selbst in der allerhöchsten Not würde der Teufel dieses Gebräu nicht trinken –, futterte die Billigschokolade und begann, über den Fall zu grübeln:

Fenstermacher war tot. Sein Mörder, der unter Garantie auch Hiltrud auf dem Gewissen hatte, noch auf freiem Fuß. Warum hatte jemand die beiden umbringen wollen?

Vielleicht aus Wut, dass der Therapeut und die Maklerin Fenstermachers Tod nur vorgetäuscht hatten und es ihnen egal war, wie viel Schmerz sie beim Mörder oder der Mörderin damit auslösten?

Auf Nele würde diese Theorie nicht zutreffen, denn der Therapeut hatte sie offensichtlich belästigt. Und Paul Pantomime schien eifersüchtig auf Fenstermacher gewesen zu sein. Also würde er ihm wohl ebenfalls kaum hinterhertrauern. Werner Wutbürger, den Fenstermacher vom Selbstmord hatte abhalten wollen, indem er ihm die Pistole wegnahm, war schon eher ein Kandidat. Hatte er sich an dem Therapeuten gerächt, weil er ihm erst Hilfe versprochen hatte, ihn dann aber im entscheidenden Moment alleinließ? Dieser Gedanke war nicht völlig aus der Luft gegriffen. Außerdem war es Werners Pistole gewesen, die Angela in Hiltruds Rhododendronbusch gefunden hatte.

Und was war mit Rosa?

Fenstermacher hatte sie ausgenutzt, damit sie ihm das Hausboot finanzierte, das er für seinen fingierten Selbstmord in die Luft sprengte. Das musste ihr wehtun, womöglich hasste sie ihn sogar und Hiltrud gleich mit. Außerdem war es merkwürdig, dass Rosas Ex Schniedel Castro immer wieder auftauchte. Nicht nur bei der Verfolgungsjagd, sondern auch in Hiltruds Haus, nachdem Fenstermacher dort die Online-Überweisung getätigt hatte, und kurz bevor Mike erschien und den Exhibitionisten damit quasi in die Flucht schlug.

Werner Wutbürger oder Rosa mit Hilfe von ihrem Ex Schniedel Castro – das waren die beiden wahrscheinlichsten Täter-Varianten.

Wenn, ja wenn es sich nicht um ein ganz anderes Motiv handelte.

Nur, verdammt noch mal, welches sollte das sein?

Angela wollte den Kaffee jetzt doch trinken, damit ihre Gehirnzellen ein paar Gänge höher schalteten. Sie nahm die Thermoskanne und öffnete sie. Der bittere Gestank kroch ihr in die Nase. Vor schädlichen Keimen in der nicht gespülten Kanne hatte sie keine Angst. Das Gebräu hatte gewiss sämtliche Erreger abgetötet. Vielleicht könnte man es in Krankenhäusern einsetzen, um antibiotikaresistente Bakterien zu vernichten? So widerlich die Brühe auch erschien, es handelte sich immerhin um Kaffee. Und den brauchte Angela jetzt zusätzlich zum Zucker-Kick der Schokolade, um einen Durchbruch in Sachen Mordermittlung zu erreichen. Sie füllte den Becher der Thermoskanne und wollte gerade trinken, da …

… hörte sie, wie sich jemand an der Reviertür zu schaffen machte.

Hannemann vielleicht, der noch mal mit ihr reden wollte?

Angela stellte Becher und Kanne zu Boden und lauschte. Es klang nicht so, als würde ein Schlüssel ins Schloss gesteckt. Die Tür knarzte und ächzte. Jemand versuchte, sie aufzubrechen!

Etwas Derartiges würde Hannemann nicht einmal tun, wenn er seinen Schlüssel verloren hatte. Er würde es als Zeichen verstehen, sich in der Kneipe eine schöne Pause zu gönnen, um auf den Schlüsseldienst zu warten, der wiederum sehr viel Zeit benötigen würde, bis er aus Templin anrauschte und dem Kommissar bereits vor getaner Arbeit eine Summe für die Türöffnung abknöpfte, die den Bund der Steuerzahler in helle Aufregung versetzen würde.

Angela hörte, wie die Tür nachgab und der Alarm losging. Wie lange würde es dauern, bis jemand darauf reagierte? Vermutlich lange, Hannemann und seine Kollegen hatten es bestimmt nicht eilig, sich in Gefahr zu bringen. Angela war also allein mit dem Einbrecher.

Doch was gab es in einem Polizeirevier groß zu holen? Dreißig Jahre alte Computer, kaputte Drucker – Angela hatte sogar einen Neun-Nadel-Drucker auf einem der Tische entdeckt – und ein Faxgerät, wie es nur noch deutsche Behörden benötigten und worüber Beamte im technikaffinen Estland Tränen lachen würden, wenn sie alt genug wären, das Gerät überhaupt zu erkennen.

Nein, einem Einbrecher könnte es kaum um diese Geräte gehen. Das Einzige, was in der Station zu holen war, war …

… sie.

47

Es konnte nur der Mörder sein.

Und sie saß gefangen hinter Gittern!

Der Alarm plärrte weiter.

Und Angela hätte am liebsten mitgeplärrt.

Schritte näherten sich vom Vorraum her in Richtung Gang, wo ihre Zelle lag.

Es klang, als wären es mehrere Personen.

Handelte es sich gar um eine ganze Mörderbande?

Wie könnte sie sich wehren?

Mit der Thermoskanne!

Der Kaffee war zwar nicht mehr so heiß, dass er üble Verbrennungen verursachen konnte, aber er würde ablenken. Sie würde ihn in das Gesicht des Anführers schütten und dann …

… ja, was dann?

Dann wären da immer noch weitere Verbrecher, und die wären ihr danach gewiss nicht freundlicher gesinnt.

Die Tür zum Gang öffnete sich. Vier Gestalten traten ein. Sie trugen schwarze Kleidung und hatten sich ebenso schwarze Skimasken über den Kopf gezogen.

Angela schnappte sich die Kanne, da der Kaffee die einzige Möglichkeit war, den Eindringlingen wenigstens irgendetwas entgegenzusetzen, anstatt ihr Schicksal einfach passiv hinzunehmen. Gerade als die erste

Gestalt an das Zellengitter trat, hob Angela den Arm und schüttete ihr das Gebräu ins Gesicht.

Die Person – der Stimme nach zu urteilen ein Mann – schrie: «Ahh!»

Eine weibliche Stimme, die Angela bekannt vorkam, die sie aber durch die dämpfende Skimaske nicht recht einordnen konnte, rief: «Warum machen Sie das?»

«Ich lasse mich nicht ermorden!»

«Wer spricht denn von ermorden?», fragte eine weitere weibliche Stimme, die Angela ebenfalls vertraut anmutete.

«Wir wollen Sie befreien!», schimpfte die erste weibliche Gestalt, während sie dem Mann, den Angela mit Kaffee überschüttet hatte, half, die nasse Skimaske vom Kopf zu ziehen.

«Wir müssen miteinander reden!», ergänzte die vierte Person, ein zweiter Mann. Er baute sich vor Angela auf und streifte seine Vermummung ab.

Sie erkannte ihn sofort!

Und wusste jetzt auch, wer die anderen drei Schwarzgekleideten waren.

Vor ihr stand Werner Wutbürger. Und mit ihm im Bunde: Rosa, Pantomime Paul und Nele.

«Sie … wollen mich befreien?», staunte Angela nicht schlecht, während Werner von einem Brett an der gegenüberliegenden Wand den Schlüssel für das Zellenschloss holte.

«Und dann», sagte die mollige Rosa – Angela hätte nicht im Traum gedacht, dass die Frau auch mal Schwarz trug – mit vor Wut und Trauer bebender Stimme, «werden Sie uns erzählen, warum Sie unseren geliebten Didi getötet haben.»

«Und Hiltrud», ergänzte Werner, «auch wenn wir die nicht geliebt haben!»

«Und anschließend», drohte Nele, «entscheiden wir, was wir mit Ihnen anstellen!»

Angela konnte nur hoffen, dass die Klimaaktivistin damit meinte, die vier würden sie wieder der Polizei übergeben. Aber so zornig, wie sie alle dreinblickten, war Angela sich nicht vollkommen sicher, ob sie das Recht nicht lieber in die eigenen Hände nehmen wollten. So wie einst die Wildwestbewohner von Lynchburg.

48

Marie hatte in ihrem kleinen Apartment, in deren Zimmern früher das Dienstpersonal des Schlosses gewohnt hatte, ihren Sohn ins Bett gebracht, sich in das Wohnzimmer begeben und eine Kokos-Vanille-Zimt-Duftkerze angezündet. Die holte sie nur aus dem Schrank, wenn Mike weg war, da der Geruch bei ihm einen Heißhunger auf Süßigkeiten auslöste.

Maries Verlobter und baldiger Ehemann war mit seinen Eltern und Achim auf dem Weg zum Gefängnis. Mangels Krücke hatte Marie ihm einen über hundert Jahre alten Gehstock des Freiherrn und Ersten-Weltkriegs-Generals Sigmund von Baugenwitz mitgegeben. Sigmund hatte damit einst Kaiser Wilhelm II. aus Zorn über dessen inkompetente Befehle auf den Pickelhauben-Helm geschlagen. Gleich darauf wurde dem Adeligen ein neues Einsatzgebiet zugeteilt, ein Schützengraben bei Verdun. Dort fand er als Testläufer ein schnelles Karriereende.

Eigentlich wollte Mike die anderen drei von dem wahnsinnigen Unternehmen ‹Gefängnisausbruch› abbringen, aber Marie konnte sich durchaus vorstellen, dass er schließlich doch mitmachen würde. In all den Jahren in Angelas Diensten lag seine Loyalität am Ende immer bei den Menschen, die er liebte. Genau das machte Mike zu einem so wunderbaren Mann.

In ihrem Lieblingssessel, der noch aus DDR-Zeiten stammte, als das

Schloss ein Waisenhaus beherbergte, schnappte sich Marie die Patientenakten, die sie aus Fenstermachers Büro erst Angela gebracht und anschließend mit nach Hause genommen hatte. Anfangs hatte sie es als falsch empfunden, darin zu lesen, doch jetzt, da Angela sich im Gefängnis befand und bereits zwei Morde geschehen waren, heiligte der Zweck sämtliche Mittel, fand Marie. Beim Lesen erfuhr sie mehr über die Mitglieder von Angelas Therapiegruppe, als ihr lieb war. Sie entdeckte Hinweise darauf, dass viele von ihnen unter den richtigen Umständen durchaus zu Gewalt fähig waren: Werner Wutbürger, dessen unbändige Trauer sich in Zorn verwandelt hatte, der Pantomime, den Fenstermacher für einen schwerst traumatisierten Kandidaten hielt, da er sich weigerte zu reden, und auch Nele, deren verzweifelter Kampf um das Klima jederzeit in Handgreiflichkeiten umkippen konnte. Wobei letztere These für Marie eher nach Propaganda klang, um Klimaaktivisten zu diskreditieren, indem man sie in die Ecke der RAF rückte. Von Rosa hatte sie keine Akte auf dem Schoß, die hatte die Katzenfrau ja zu sich nach Hause entführt, als Marie mit ihr im Büro des Psychologen stand. Machte das die Frau nicht verdächtig?

Andererseits handelte es sich bei ihr um eine Tierliebhaberin. Welche Tierliebhaber besaßen schon ein Gewaltpotenzial? Gut, Halter von Kampfhunden vermutlich. Und die Typen, die sich Raubtiere hielten, wie Marie aus vielen *Netflix*-Dokumentationen erfahren hatte. Wenn man diese Filme verfolgte, war man sich sicher, dass die Menschheit keine Klimakatastrophe benötigte, um sich auszulöschen, die gute alte Mischung aus Dummheit und Niedertracht reichte völlig aus.

Da die Akten sehr dick waren, stöberte Marie abwechselnd in ihnen. Es war wie beim Lesen auf dem Handy, bei dem sie sich nicht länger als ein, zwei Minuten auf etwas konzentrieren konnte. Schließlich verfiel Marie auf die Idee, nur die abschließenden Beurteilungen von Fenstermacher zu studieren. Als sie die Schlussbetrachtungen zu den ersten beiden Patienten gelesen hatte und die dritte Einschätzung aufschlug, klopfte es an der Tür. Es konnte nur Inge sein, die jetzt die Ex von Lutz war, von diesem neuen Beziehungsstatus jedoch bisher nichts wusste.

Marie hätte das Klopfen am liebsten ignoriert, denn sie wollte so schnell wie möglich Fenstermachers Urteil in der letzten Akte lesen. Aber wäre es anständig gewesen, die arme Frau einfach vor der Tür stehen zu lassen? Wohl kaum.

Marie hielt inne und wartete, ob Inge ein zweites Mal klopfen würde. Sie tat es nicht. Obwohl sie, dank des Kerzenduftes, der durch die Türritzen in den Gang kroch, damit rechnen konnte, dass sich jemand in dem Zimmer aufhielt. Inge verschwand aber nicht. So rang Marie sich dazu durch, «Herein» zu rufen.

Inge trat ein, ihr Vogelnesthaar umgab ihren Kopf noch wilder als sonst. Zudem wirkte sie nicht aufgedreht fröhlich wie sonst, sondern arg verunsichert: «Hast du meinen Lutzi-Putzi gesehen?»

Eine Notlüge, dachte sich Marie, wäre jetzt vermutlich der bequemste Ausweg aus diesem Gespräch. Aber ihr fiel keine ein.

«Wir wollten uns eigentlich am Kamin aus *Roots* vorlesen.»

«*Roots?*», fragte Marie.

«Von Alex Hailey.»

Der Hinweis half Marie auch nicht weiter.

«Es geht um schwarze Sklaven.»

Unter anderen Umständen hätte Marie in die Sessellehne gebissen, aber die Frau war derart ernsthaft bemüht, dass sie sich ein Lächeln abrang.

«Lutzi-Putzi und ich lesen uns gerne etwas vor. Wir haben gerade *Die unendliche Geschichte* durch.»

Das klang nicht gerade leidenschaftlich. Aber dennoch schön. Vielleicht sollte sie so etwas mit Mike auch mal versuchen, obwohl ihr Liebling eher selten las. Genauer gesagt, das letzte Buch, das Mike vor drei Jahren durchgelesen hatte, war *Selbstbewusstsein für Dummies*. Nicht, dass dies groß etwas gebracht hätte, denn Mike hatte nach wie vor keine Ahnung, was für ein großartiger Mann er war.

«Lutzi ist nicht hier?»

Marie schüttelte den Kopf.

«Ist er mit Caro unterwegs?», hakte Inge mit zittriger Stimme nach.

Marie nickte.

«Er liebt sie immer noch.» Inges Stimme brach.

Marie wollte zwar nicht die Überbringerin schlechter Nachrichten sein, aber sie mochte auch nicht lügen. Nicht zu reagieren, wäre feige gewesen und hätte Inges Befürchtung nur bestätigt. Daher beschloss Marie, doch eine Antwort zu geben, indem sie nickte.

Inge begann zu weinen.

Marie stand aus ihrem Sessel auf und nahm sie in den Arm. Tröstende Worte wollten ihr nicht in den Sinn kommen. Dafür spontan ein Lied von einem Musiker, dessen Mutter schwarz und dessen Vater weiß gewesen war: *«No woman, no cry ...»*

Inge schien es zu gefallen.

«... Lutzi-Putzi ist es nicht wert ...»

Inge musste, trotz der Tränen, kichern.

«He stinks sometimes out of mouth ...»

Jetzt lachte Inge auf und sang selbst: *«Yes he does und wie ...»*

Da musste Marie ebenfalls lachen.

Der Song Bob Marleys, ein Mann, der für viele Menschen zu schwarz und für andere zu weiß gewesen war, verband auf einmal eine Weiße und eine Schwarze.

Es dauerte eine Weile, bis Inge die Umarmung löste. Sie trocknete sich die Tränen mit dem Ärmel ihrer Bluse und sagte: «Ich packe dann mal meine Sachen.»

«Willst du nicht zur Hochzeit bleiben?» Plötzlich wollte Marie sie wirklich dabeihaben.

«Das wäre wie Salz.»

«Salz?»

«In meinen Wunden», lächelte Inge traurig, aber ohne Bitterkeit.

Marie drückte sie wieder an sich. Die beiden so ungleichen Frauen hielten sich fest, bis Inge auch diese Umarmung löste, Marie einen feuchten Kuss auf die Wange drückte und das Zimmer verließ.

Marie schaute der Vogelnesthaar-Frau, die sie bislang als nervig empfunden hatte, hinterher und fragte sich wehmütig, ob sie beide unter anderen Umständen Freundinnen hätten werden können. Dann schloss sie die Tür zum Wohnzimmer, ging zum Sessel zurück, vertiefte sich in die Schlussbeurteilung in der letzten Akte und vergaß Inge schlagartig. Denn vor ihren Augen stand klar und eindeutig: ‹Ist des Mordes fähig und auch bereit dazu!›

Es bestand kein Zweifel mehr, wer Fenstermacher und Hiltrud auf dem Gewissen hatte.

49

Angela hätte sich nicht vorstellen können, dass sie sich mal nach der Gefängniszelle, der *Ja*-Schokolade, dem sieben Stunden auf der Warmhalteplatte stehenden Kaffee und sogar nach Hannemann zurücksehnen würde, doch nun tat sie es. Die Entführer waren mit ihr in dem knallbunten Kombi des Pantomimen auf der Landstraße davongebraust. Zuerst hatte sie gemutmaßt, dass es zu Rosas Haus ging, und befürchtet, man würde ihr dort die Katze namens Stalin drohend vors Gesicht halten, um ihr ein falsches Geständnis abzupressen. Aber der Kombi bog in Richtung Klebstofffabrik ab. Und nun saß sie in der verlassenen und von Metalldieben ausgeplünderten Fabrikhalle. Beschienen von Neonlicht. Auf einem alten Klappstuhl. Mit einem rosa Schal an den Händen gefesselt. Und um sie herum standen die vier Mitglieder der Therapiegruppe, für die sie momentan nicht wirklich Sympathie aufzubringen vermochte. Allerdings konnte sie verstehen, dass diese zerbrechlichen Menschen so erschüttert und aufgewühlt von dem Tod ihres Therapeuten waren, dass sie die Suche nach der Wahrheit selbst in die Hand nahmen. Um damit den fürchterlichen Schmerz, ihren einzigen Halt im Leben verloren zu haben, wenigstens ein bisschen zu lindern.

Für Angela war klar: Einer von ihnen hatte die beiden Morde verübt und die anderen gegen sie aufgehetzt, um ihr die Taten in die Schuhe zu schieben. Wer als Erster von ihnen das Verhör eröffnete, war mit hoher

Wahrscheinlichkeit der Anführer und damit der oder die Hauptverdächtige.

Nur eröffnete niemand das Verhör.

Die Entführer schwiegen allesamt.

Daher begann Angela nach einer Weile: «Wenn Sie davon überzeugt sind, ich hätte Fenstermacher und Hiltrud umgebracht, warum haben Sie mich nicht in der Zelle gelassen und auf die Justiz vertraut?»

«Weil die von Hannemann vertreten wird», antwortete Rosa.

Die mollige Frau reagierte also als Erste – war sie auch die Initiatorin der Entführung?

Kaum hatte Angela den Gedanken für sich formuliert, ergriff Werner wütend das Wort: «Der Mann hat Sie vollkommen unbewacht allein gelassen. Das zeigt, dass er doch so inkompetent ist wie der Großteil der Polizei, die es nicht schafft, das Verbrechen in unserem Land einzudämmen.»

So schnell konnte es gehen: Früher hatte Werner den Kommissar für einen Helden gehalten, auf einmal verachtete er ihn.

«Im Gegenteil», pflichtete Nele ihm bei, «die Bullen beschützen nur die Konzerne!»

Für Angela war es immer wieder erstaunlich, wie oft Linke und Rechte, die sich eigentlich hassten, gemeinsame Feindbilder hatten. Dieses Phänomen wurde von Jahr zu Jahr deutlicher. Sie kannte nur ein Rezept dagegen: Man musste sich den Tiraden der Radikalen stellen, ohne die Realität zu verleugnen. So auch hier: «Für Hannemann und einige andere mag das mit der Inkompetenz individuell zutreffen, aber nicht für das Gros der Polizei.»

«Klappe!», wurde die zarte Nele nun richtig sauer. Rosa stellte sich zwischen die beiden, jedoch nicht, um Angela abzuschirmen. «Warum haben Sie unseren Didi und Hiltrud ermordet?», fragte sie stattdessen. Damit hatte die sonst stets fröhliche, alle aufmunternde Frau das Verhör eröffnet. Sie war tatsächlich die Anführerin!

«Ich kann Ihnen versichern, dass ich nichts dergleichen getan habe», antwortete Angela. Zu ihrer Verblüffung setzte Rosa jedoch nicht nach, sondern Werner übernahm erneut: «Sie sind in unsere Therapiegruppe gekommen, und danach geschahen die Morde. Bevor Sie zu uns stießen, war alles friedlich.»

«Koinzidenz ist noch lange kein Beweis für Kausalität.»

«Häh?» Werner wirkte sprachlos.

Auch Rosa und Nele verstanden sie nicht. Der Pantomime, dessen Schminke zu einer Fratze verlaufen war, die einen erschaudern lassen konnte, und der anscheinend nur zu einem Laut fähig war, wenn man ihm Batteriesäure ähnlichen Kaffee ins Gesicht schüttete, verformte seinen Körper wieder zu einem Fragezeichen. Wenn die Situation nicht derart ernst gewesen wäre, hätte Angela ihn gerne scherzhaft gefragt, ob er auch ein Semikolon darstellen könne. Stattdessen musste sie sich eingestehen, einen jener schlauen Sätze von sich gegeben zu haben, die ihr ehemaliger Pressechef stets mit den Worten kommentiert hatte: ‹Manchmal sprechen Sie nicht die Sprache des Volkes.›

«Soll heißen», erläuterte Angela ihren Entführern, «das ist alles reiner Zufall.»

«Dann war es also», schäumte Werner, «auch reiner Zufall, dass Sie bei Hiltrud im Gebüsch hockten?» Der kleine Mann hatte das Verhör völlig an sich gerissen, was ihn in Angelas Augen jetzt zum Hauptverdächtigen machte.

«Allerdings.»

«Und es war auch reiner Zufall, dass Sie dabei meine Pistole in der Hand hatten?»

Woher wusste er das?

Er war ja gar nicht da gewesen.

Oder etwa doch?

«Die Pistole», klagte Werner noch schärfer an, «die aus der Schublade in Fenstermachers Schreibtisch gestohlen wurde!»

Angela beschloss, eine beliebte Technik aus der Politik anzuwenden, für den Fall, dass man sich in der Defensive befand – den Spieß kurzerhand umdrehen: «Woher haben Sie die Information, dass ich ins Gebüsch gekrochen bin?»

Anstatt den Mann, wie gehofft, zu verunsichern, antwortete Werner bloß: «Paul hat Sie gesehen!»

Der Pantomime deutete erst mit Zeige- und Mittelfinger zu seinen Augen und anschließend auf Angelas Gesicht. Sie erinnerte sich wieder. Sie hatte in dem Rhododendronbusch Reste von weißer Schminke gefunden. Paul musste irgendwann vor ihr in dem Busch gewesen sein. Entweder direkt vor dem Mord oder an einem anderen Tag – es hatte schon eine Weile keinen Regen mehr gegeben, der die Schminke hätte wegspülen können. Dank Werner war jedoch klar, dass Paul sie aus der Nähe dabei beobachtet hatte, wie sie die Waffe in den Händen hielt. Das sprach nun wiederum sehr viel mehr für den Pantomimen als Täter als für Werner oder Rosa. Und damit für einen Mord an Fenstermacher aus Eifersucht.

Aber warum nur, warum hätte der junge Künstler Hiltrud töten sollen?

Hach, es war wie verhext mit dem Motiv!

Wenn Angela nicht so sehr Naturwissenschaftlerin gewesen wäre und gewohnt, sich auf ihren eigenen Verstand zu verlassen anstatt auf Gottes Hilfe, hätte sie den Allmächtigen genau um solche gebeten. Im Grunde glaubte sie an Gott, was in keinem Widerspruch zu ihrer rationalen Sicht auf die Welt stand. Die Pfarrerstochter und die Naturwissenschaftlerin in ihr hatten sich schon vor Jahrzehnten darauf geeinigt, dass die Existenz Gottes zwar nicht bewiesen werden konnte, jedoch die Abwesenheit von Beweisen noch lange nicht der Beweis für Gottes Abwesenheit war. Angela glaubte auch an seine Güte. Ihre Autobiografie hätte nie den Titel getragen, den der berühmte Regisseur Werner Herzog für seine Erinnerungen gewählt hatte: *Jeder für sich und*

Gott gegen alle. Aber womöglich verstand man die Welt so, wenn man wie Herzog in den unwirtlichen Bergen von Peru einen Film mit dem Quartalsirren Klaus Kinski hatte drehen müssen.

«Warum haben Sie es getan?», hakte Nele jetzt nach.

Ihr Gedanke, der Mörder würde sich dadurch entlarven, dass er das Verhör führte, war offensichtlich eine Fehlannahme gewesen. Die Entführer waren alle gleichermaßen in Rage, einer nach dem anderen griffen sie Angela verbal an. Der Täter musste gar nicht die Initiative ergreifen, um Angela als Schuldige zu brandmarken.

«Sagen Sie schon, warum?», setzte Nele nach. Die zierliche junge Frau war nun derart zornig, dass man hätte meinen können, sie würde jeden Moment beginnen, Steine zu werfen, nicht wie sonst vielleicht politisch motiviert, sondern im biblischen Sinne.

Angela sah keinen anderen Ausweg, als erneut den Spieß umzudrehen. Nicht, indem sie Nele des Mordes bezichtigte – das würde die Aktivistin nur noch mehr gegen sie aufbringen –, sondern auf subtilere Weise: «Sagen Sie es mir.»

«Was?», fragte Nele verwirrt.

«Sagen Sie mir, welches Motiv ich haben sollte, die beiden zu töten.»

Mit einem Mal herrschte Schweigen in der Klebstofffabrik. Die vier Entführer schienen angestrengt nachzudenken. Offenbar hatte keiner von ihnen sich mit diesem Punkt beschäftigt.

Nicht mal der Mörder?

Das konnte nicht sein!

Er oder sie müsste schon eine Theorie liefern, warum Angela die Taten begangen hatte, sonst würde der Versuch, die Schuld auf sie abzuwälzen, fehlschlagen.

«Weil Sie durchgeknallt sind!», stieß Werner hervor.

«Das ist Ihre Erklärung?», lächelte Angela provokant.

«Sie haben einen Therapeuten aufgesucht. Das bedeutet, Sie haben ein Problem.»

«Ja, das habe ich», musste Angela eingestehen. Genauer erläutern wollte sie es jedoch nicht.

«Sehen Sie!»

«Aber ich bin nicht mordlüstern.»

Werner schien die Antwort gleichermaßen zu verärgern wie zu verunsichern.

«Ist etwa einer von Ihnen mordlüstern?», fragte Angela in die Runde. Sie war nicht so naiv zu erwarten, dass der Mörder sich nun zu erkennen gab, indem er antwortete: ‹Ich schon.› Aber sie hoffte, er würde sich mit irgendeiner Reaktion verraten.

«Mordlüstern ist das falsche Wort», meinte Rosa zu Angelas Überraschung.

«Und welches ist das richtige?»

«Mordsehnend vielleicht.»

«Mordsehnend?» Angela staunte über die ungewöhnliche Formulierung.

«Wir alle haben dieses Verlangen ab und an.»

Hieß das, die Truppe hatte den Mord gemeinsam verübt? Wie in Agatha Christies *Mord im Orientexpress*? Angela hatte immer davon geträumt, in einem solchen Fall ermitteln zu können. Nur hatte sie sich dabei nicht vorgestellt, der Mörderbande als Entführungsopfer ausgeliefert zu sein. Und dass ihr die Taten untergejubelt werden sollten. Dergleichen war Hercule Poirot nie passiert.

«Wir …», hob Rosa an, nur um sogleich abzubrechen.

«Ja?», erkundigte sich Angela.

«Wir sind bei Didi gewesen, weil wir …» Die Tierfreundin vollendete erneut den Satz nicht.

«Weil?»

«Wir mit Selbstmordgedanken spielen.»

Das war die Mordsehnsucht, von der Rosa sprach.

Angela war aber nicht etwa erleichtert, weil sie augenscheinlich doch keiner Killerbande gegenübersaß. Der Gedanke kam ihr nicht einmal. Stattdessen überrollte sie eine Welle des Mitgefühls für diese vier Menschen, die noch zerbrechlicher wirkten als sonst. Offenbar hingen sie gerade ihren Selbstmordabsichten nach. Erst nach einer Weile fand Angela die Sprache wieder: «Sie denken also manchmal daran, sich das Leben zu nehmen?»

«Tun Sie das nie?»

«Nein», antwortete Angela und dankte Gott – und nicht der Naturwissenschaft –, dass sie selbst in ihrer jetzigen Krise diese Untiefen nie hatte erreichen müssen.

«Wir leiden alle sehr.»

Der Schmerz der vier war nun für Angela fast körperlich zu spüren. Am liebsten wollte sie, obwohl dies sonst nicht ihre Art war, jeden Einzelnen – bis auf den Mörder, wer immer das sein mochte – in den Arm nehmen und sagen: ‹So schlimm ist es nicht.› Aber sie war ja an den Stuhl gefesselt. Sie würde ihre aufmunternde Geste nachholen, falls sie diese Nacht überlebte.

«Werner», erläuterte Rosa, «wütet wahllos gegen alles und alle. Erst Didi hat ihm klargemacht, dass er das tut, weil er den Tod der großen Liebe seines Lebens nicht hat verhindern können. Seitdem er sich seiner Trauer stellt, hegt er Selbstmordgedanken.»

Werner sah betrübt zu einer Säule.

«Paul wird seine Schuldgefühle wegen des Unfalls nicht los.»

«Er hatte doch keine Schuld.»

«Nicht nur der Überfahrene hat auf sein Handy geschaut, sondern auch er.»

Angela blickte zu Paul, der sichtlich unter der Erinnerung litt.

«Zudem hat er furchtbare Angst, dass das herauskommt und er in den Knast muss. Der Gutachter des Versicherungskonzerns ist schon misstrauisch.»

Der Pantomime begann zu zittern. Nicht übertrieben wie in einer

Show. Sondern wie ein Mensch, der es mit sich selbst nicht mehr aushalten konnte.

«Ich selbst», redete Rosa weiter, «bin von meiner großen Liebe verlassen worden …»

Schniedel Castro, kombinierte Angela.

«… und danach fiel es mir schwer, Menschen zu vertrauen. Nun verlasse ich mich nur noch auf meine neun Katzen. Ohne sie hätte ich mich wohl …»

Rosa brach den Satz ab.

«Und Nele?», erkundigte sich Angela.

«Die hat so viel Angst vor dem Weltuntergang, dass sie in ihren dunkelsten Stunden dem Schrecken lieber ein kurzes Ende bereiten möchte, anstatt weiter gegen die Macht von Großkonzernen zu kämpfen.»

Nele nickte leicht, um Rosas Worte zu bestätigen. Ihr Gesicht mutete fast noch bleicher an als die Maske des Pantomimen.

Angela jedoch musste trotz des Leids, das sie umgab, lächeln.

«Was gibt es da zu grinsen?», fragte Nele aufbrausend.

«Ja, genau: Was gibt es da zu grinsen?» Werner wurde richtig aggressiv.

Der Pantomime verbog sich wieder zu einem Fragezeichen, aber diesmal zu einem, das die Fäuste ballte, und Rosas Augen funkelten Angela zornig an. Anstatt direkt zu antworten, sagte Angela jedoch nur: «Bitte nehmen Sie sich alle einen Stuhl.» Dabei deutete sie mit dem Kopf in Richtung einer Fabrikhallensäule, an der diverse alte Klappstühle lehnten.

«Wollen Sie jetzt mit uns eine Gruppentherapiesitzung abhalten?», ätzte Werner.

«So in etwa.»

«In etwa?»

«Ich werde Ihnen erzählen, wer Dietrich Fenstermacher und Hiltrud Zerny wirklich ermordet hat.»

Das verschlug fast allen die Sprache, bis auf Paul, der ja ohnehin kein einziges Wort herausbrachte.

Angela musste sich verkneifen, laut aufzulachen. Das letzte Mal hatte sie sich derart beschwingt gefühlt, als sie vor vielen Monaten einen anderen Mörder überführt hatte. Lange bevor sie sich an die Autobiografie gesetzt hatte. Dank Rosa wusste sie nun endlich, von wem und aus welchem Motiv heraus diese letzten beiden Taten an Fenstermacher und Hiltrud verübt worden waren. Es ging nicht um Gier. Auch nicht um Rache. Sondern – und das hätte sich Angela bei einer Therapiegruppe eigentlich von Anfang an denken können – um extrem starke Gefühle.

50

Während die Ape auf die Polizeistation zuhielt, klammerte sich Achim krampfhaft an die Kante der harten Ladefläche, um nicht allzu sehr durchgeschüttelt zu werden. Neben ihm hatte Mike sein verletztes Bein ausgestreckt. Lutz lenkte das Gefährt, und Caro kuschelte sich dabei dicht an ihn. Sie alle bildeten das ‹Befreiungskommando Angela Merkel›, wie Lutz das Team getauft hatte.

«Der Alarm plärrt», stellte Achim fest, als das Revier in Sichtweite geriet. Er war so in Sorge um seine Frau, dass er, obwohl ein passionierter Wortspielliebhaber, völlig vergaß, eine Anspielung auf Tony Blair zu machen.

«Und die Tür», sagte Mike nicht minder besorgt, «steht offen.»

«Ob Angela von allein ausgebrochen ist?»

«Mich würde bei Ihrer Frau nichts mehr wundern.»

«Mich auch schon lange nichts mehr», antwortete Achim. Dennoch plagte ihn das mulmige Gefühl, dass etwas Schlimmes im Busch war. Auch jetzt kam ihm nicht in den Sinn, ein Wortspiel zu kreieren, das Bezug auf George W. Bush, Herbert Walker Bush oder Bushido nahm.

Lutz hielt vor dem Reviereingang und stieg mit seiner Caro aus der Ape. Die beiden halfen Achim und Mike von der Ladefläche. Achim wollte sofort zu Angela eilen, Mike am antiken Gehstock hinterherhumpeln, aber Lutz stellte sich ihnen in den Weg: «Wir müssen um das Gebäude herumlaufen, um die Lage zu sondieren.»

«Könnte man», erwiderte Achim, «die Lage nicht besser sondieren, wenn man hineingeht?»

«Und sich dabei verhaften lassen?»

«Wenn die Polizei im Gebäude wäre», warf Mike, auf seinen Stock gestützt, ein, «hätte sie den Alarm schon längst abgestellt.»

«Und würde nicht gerade erst anrauschen», ergänzte Caro und zeigte auf die Straße. Die drei Männer drehten sich um und sahen einen Polizeiwagen auf sie zurasen. Am Steuer war Hannemann zu erkennen. Neben ihm seine Kollegin Lena Amado, in die sich Mike bei seiner Ankunft in Klein-Freudenstadt heftig verknallt hatte, was von ihr erwidert wurde. Dumm nur, dass Amado sich als bestechlich erwiesen hatte, ein Umstand, der Mikes Anstandsgefühl zuwiderlief und die sich anbahnende Beziehung im Keim erstickte.

Achim begriff sofort, dass die Anwesenheit der Polizisten kein gutes Zeichen war. Offensichtlich hatten sie sich nicht in der Station aufgehalten und Angela deshalb auch nicht vor Unheil bewahren können. Jetzt waren sie wohl nur gekommen, um abzuklären, was es mit dem Tony-Plärr-Alarm auf sich hatte – ah, nun hatte Achim das Wortspiel am Ende doch noch kreiert. Ihm fielen lediglich zwei Erklärungen für das Verhalten der Beamten ein: Entweder war Angela tatsächlich entflohen, oder der Mörder hatte sie entführt. An die dritte Alternative, seine Frau könne nicht mehr leben, mochte Achim gar nicht erst denken.

In diesem Augenblick sprangen Hannemann und Amado aus dem Polizeiwagen. Mit gezückten Waffen. Und der Kommissar rief: «Hände hoch!»

Achim, Caro und Lutz taten, wie ihnen geheißen, nur Mike nicht.

«Wird's schon?»

«Wenn ich die Hände hochhebe, muss ich den Gehstock in die Luft halten. Dann kann ich nur auf einem Bein stehen und verliere über kurz oder lang das Gleichgewicht.»

Für Achim war es nicht auszumachen, worüber der Bodyguard mehr verärgert war: seinen verletzten Fuß oder Hannemann.

«Ist mir egal», schnauzte der Kommissar

Jetzt war Mike definitiv mehr über den Mann verärgert. Höchst widerwillig hob er die Hände samt Gehstock hoch und balancierte auf einem Bein.

«Tut mir leid», sagte Amado. Offensichtlich empfand sie noch etwas für ihn.

«Und mir erst», entgegnete Mike, der nichts mehr für sie empfand.

«Du heiratest, habe ich gehört?»

«Übermorgen», antwortete Mike.

«Das ist doch jetzt scheißegal!», sprach Hannemann das aus, was Achim auch dachte minus Kraftausdruck. «Schauen Sie nach, ob die Merkel ausgebüxt ist.»

Amado folgte seinem Befehl und lief mit gezogener Waffe in die Polizeistation, wo sie als Erstes den Alarm abstellte.

«Was wollen Sie überhaupt hier?», fragte Hannemann die Mitglieder des ‹Befreiungskommandos Angela Merkel›, während Mikes Standbein anfing zu zittern.

«Warum ist niemand bei meiner Puffeline?», beantwortete Achim die Frage mit einer Gegenfrage. Was wiederum Hannemann dazu brachte, eine Gegenfrage zu der Gegenfrage auf seine Frage zu stellen: «Sie nennen Ihre Frau Puffeline?»

«Und Sie mich Puffel.»

Hannemann wollte seine Mundwinkel gerade zu einem Grinsen verziehen, da drohte Achim: «Wenn Sie grinsen, schnappe ich mir das Ding da und brate Ihnen eins über!» Er deutete auf den Gehstock, den Mike unverändert hoch in die Luft hielt. Der Bodyguard schwankte mittlerweile bedenklich auf seinem zitternden Bein.

Der Kommissar war schlau genug, die Ankündigung ernst zu nehmen.

«Wo ist meine Puffeline?»

«Nicht in der Station», rief Amado, die zu ihnen zurückkehrte. «Die Zellentür steht offen!»

Für einen Augenblick herrschte entsetztes Schweigen.

Mike verlor endgültig das Gleichgewicht und fiel um.

Alle sahen zu ihm.

Sein Handy klingelte. Er wollte in seine Innentasche greifen, doch Hannemann drohte: «Lassen Sie Ihre Waffe, wo sie ist!»

«Er will an sein Handy, Sie Kretin!» Vor lauter Sorge um seine Angela verlor Achim die Contenance.

«Ich komme nicht von Kreta.»

«Ich nehme Kretin zurück.»

«Will ich Ihnen auch geraten haben», warnte Hannemann.

«Sie sind eine Cerebrum Amoeba!»

«Was für ein Brumm?»

«Eine Hirn-Amöbe», wollte Achim aus dem Lateinischen übersetzen, da erklärte Mike, der immer noch neben seinem Gehstock im Gras lag: «Ich gehe jetzt ans Handy.»

«Auf den Trick falle ich nicht rein!», brüllte Hannemann und richtete die Waffe auf den Bodyguard. Aber Amado legte ihrem Chef die Hand auf die Schulter und meinte: «Lass ihn. Du kannst ihm vertrauen. Er ist ein anständiger Kerl.»

Hannemann hielt inne. Mike nickte Amado dankbar zu und nahm den Anruf entgegen, während sie ihn wehmütig ansah. Achim hielt den Atem an. Hoffentlich war seine Puffeline am anderen Ende der Leitung. Hoffentlich sagte sie, dass sie ausgebrochen war. Aber hätte sie dann nicht zuerst ihn angerufen? Ja, das hätte sie!

«Verstehe …», brummte Mike. Und gleich noch mal: «Verstehe.» Er klang konzentriert, aber auch besorgt. Es war definitiv kein Anruf, der bedeutete, dass Angela sich außer Gefahr befand. Achim wurde fast verrückt vor Angst.

«Gut, wir machen uns sofort auf den Weg.» Mike legte auf und rappelte sich auf seinem Gehstock hoch.

«Was ist? Was ist?», wollte Achim wissen.

«Marie hat in den Patientenakten den entscheidenden Hinweis gefunden, wer die Morde begangen hat.»

Achim blieb fast das Herz stehen. Ihm war klar, dass diese Person seine Puffeline in ihrer Gewalt haben musste, wenn sie überhaupt noch am Leben war.

«Und, worauf warten Sie?», fragte Hannemann. «Sagen Sie schon, wer war es?»

«Nele Stark!»

51

Es war wie in der Gruppentherapie. Nur, dass der Stuhlkreis in einer Fabrikhalle unter Neonlicht abgehalten wurde und Angela immer noch gefesselt war. Ihre Entführer schauten sie gespannt an, während sie, trotz der unangenehmen Sitzhaltung, begann, die Überführung des Mörders zu zelebrieren. Zuerst wandte sie sich an den Pantomimen. «Paul.»

Der Mann zuckte zusammen.

«Sie lieben eindeutig Nele.»

Er senkte den Blick beschämt zu Boden.

«Sie waren wütend auf Fenstermacher, weil er Ihre große Liebe bedrängte. Und dabei ausnutzte, was er über Neles Schwächen erfahren hatte, um sie für sich zu gewinnen.»

Paul sah wieder hoch, der Zorn auf Fenstermacher funkelte in seinen Augen.

«Du liebst mich?», staunte Nele.

Paul pflückte eine imaginäre Rose und überreichte sie ihr. Und die junge Frau nahm sie schüchtern an.

«Tun Sie bitte», lächelte Angela, «nicht so, als ob Sie das nicht geahnt hätten.»

«Na ja.» Nun war es Nele, die zu Boden schaute. Angela wandte sich wieder an Paul: «Sie haben auch bei Hiltrud im Rhododendronbusch gesessen.»

Der Pantomime wollte die Hände zur Abwehr hochhalten, doch da erklärte Angela scharf: «Leugnen ist zwecklos, ich habe Reste Ihrer Schminke im Gebüsch gefunden.»

Paul ließ die Hände wieder sinken.

«Außerdem hat Werner gesagt, Sie hätten mich in Hiltruds Garten bemerkt.»

Jetzt konnte der Pantomime nicht anders, als zu nicken.

«Sie waren gekommen, um die Frau zu beobachten.»

Paul schluckte.

«Wissen Sie, ich habe ständig darüber nachgedacht, dass es ein simples Motiv für beide Morde geben müsste. Wie zum Beispiel, das Geld aus einem Versicherungsbetrug zu kassieren. Aber der Gedanke, es könnten zwei Motive sein, wollte mir nicht einfallen. Sie haben Fenstermacher am Morgen nach der Explosion in Hiltruds Haus entdeckt. Ihnen war klar, dass er noch lebte. Und über kurz oder lang bei Nele auftauchen würde.»

Paul schluckte noch mehr.

«Hiltrud arbeitete für den gleichen Versicherungskonzern wie der Gutachter, der Ihren Unfall prüfte, oder?»

Paul erstarrte.

«Sie beschatteten Hiltrud aus Furcht, sie könnte dem Gutachter erzählen, was Sie den anderen in der Therapie verraten hatten: dass Sie während des Unfalls ebenfalls aufs Handy geschaut haben. Also, gesagt haben Sie das natürlich nicht, aber auf einen Zettel geschrieben.»

«Dann bist du der Mörder?», staunte Rosa.

Paul schüttelte verzweifelt den Kopf.

«Gib's doch zu!», wütete Werner und sprang von seinem Stuhl auf.

«Setzen Sie sich wieder hin!», befahl Angela. «Paul hat es nicht getan.»

«Hat er nicht?» Verwirrt nahm Werner wieder auf seinem Klappstuhl Platz.

«Paul hockte zwar an jenem Morgen in dem Busch, erkannte Fenstermacher, entgegen meiner provokanten Behauptung vorhin, jedoch nicht. Später kehrte Paul zurück, um sich erneut zu verstecken. Als er sich der Rückseite des Hauses näherte, hörte er die Schüsse und suchte Deckung. Und als er sich aus dem Versteck wagte, sah er nur mich mit der Pistole in der Hand.»

Paul nickte zur Bestätigung, und Werner brachte nicht mehr heraus als ein «Aha …».

«Außerdem war es Ihre Pistole, Werner, die ich im Busch gefunden habe.»

«Ich hatte sie Fenstermacher gegeben», hielt Werner dagegen.

«Und jemand hat sie aus seinem Büro gestohlen», erwiderte Angela.

«Aber ich doch nicht!», wehrte sich Werner.

«Fenstermacher hat Sie an die Quelle all Ihrer Wut geführt. Den Tod Ihrer geliebten Person.»

Werner schwieg.

«Und als Sie diese Trauer endlich zuließen, begannen Sie, an Selbstmord zu denken.»

Auch dazu sagte Werner nichts, aber es schien in ihm zu brodeln. An all sein Leid erinnert zu werden, machte ihn zornig.

«Es ist doch viel einfacher, auf die Welt wütend zu sein. Wahllos auf Leute zu schimpfen, als sich seinem Schmerz zu stellen.»

Werner musste nicht darauf antworten, die Zornesröte in seinem Gesicht war Bestätigung genug.

«Vielleicht ist es auch einfacher, wahllos Leute zu erschießen?»

Werners Gesicht färbte sich lila.

«Manchmal braucht es kein Motiv für zwei Morde. Oder zwei verschiedene Motive. Manchmal geschehen solche Taten aus unbändiger Wut auf die Welt. Da sterben dann auch Unschuldige.»

«Ich war es nicht!», schrie Werner so laut auf, dass es in der ganzen Fabrikhalle widerhallte.

«Ich weiß», antwortete Angela.

«Sie wissen es?» Werner verließ die Wut, und er begann, am ganzen Körper zu zittern, was den Klappstuhl, auf dem er saß, zum Klappern brachte.

«Sie waren es wirklich nicht. Sie sind nur so aufbrausend, weil Sie leiden.»

Werner kamen die Tränen. Er litt. Und wie.

«Ich verspreche Ihnen, in der Früh besuchen wir alle den Sterbeort Ihrer großen Liebe. Bis auf die Person, die Fenstermacher und Hiltrud auf dem Gewissen hat, die nehmen wir natürlich nicht mit.» Angela meinte es ernst, sie wollte wiedergutmachen, was sie ihm, aber auch Paul, gerade angetan hatte, um die Mörderin in die Enge zu treiben. Bei dem Ausflug würde sie auch endlich erfahren, wer der Mensch war, den der Wutbürger verloren hatte. Vorausgesetzt natürlich, sie würde am nächsten Morgen noch leben.

Werner war von Angelas Versprechen so gerührt, dass er seinen Tränen freien Lauf ließ. Währenddessen wandte sich Angela an Nele: «Kommen wir zu Ihnen.»

«Ich soll es gewesen sein?», fragte die Klimaaktivistin empört. Und Paul pumpte sich pantomimisch zu einem muskulösen Bodybuilder auf, der sie beschützen wollte.

«Ich mache es kurz: Sie haben für die Morde zwei verschiedene Motive: Erstens, Sie haben es nicht ausgehalten, wie Fenstermacher Ihnen nachstellte. Und zweitens, Hiltrud arbeitete für einen Konzern, den Sie für verbrecherisch hielten.»

«Was hat denn ein Versicherungskonzern», wunderte sich Werner, der sich wieder ein wenig gefangen hatte, «mit der Klimakatastrophe zu tun?»

«Was meinst du wohl», entgegnete Nele, «wer die ganzen Öltanker, Plattformen, Gaswerke und Ähnliches versichert?»

«Unter anderem Hiltruds Versicherungskonzern», lächelte Angela.

«So weit habe ich nicht gedacht», gestand Werner.

«Das tut ihr Rechten nie!», schimpfte Nele. Da der Wutbürger jedoch zu erschüttert war, um sich mit ihr zu streiten, drehte sich die Klimaaktivistin zu Angela. «Ich bin jetzt also für Sie die Mörderin?»

«Als wir den Traktor blockierten, haben Sie mir selbst erzählt, was Sie von Versicherungskonzernen halten.»

«Sie blockieren Traktoren?», hakte Werner erstaunt nach. «Nachdem Sie sechzehn Jahre das Land blockiert haben?»

«Das tut jetzt nichts zur Sache!»

«Ich bin keine Mörderin!», fauchte Nele.

«Nein, das sind Sie nicht. Aber jemand will mich das glauben machen.»

«Wer?» Nele war verwirrt.

«Die gleiche Person, die mir vorhin mit ihren Äußerungen auch Werner und Paul als mögliche Täter angeboten hat.» Sie deutete auf Rosa. Die anderen schauten zu der molligen Frau.

«Was soll ich getan haben?» Rosa gab sich ahnungslos.

«Sie haben von dem Versicherungsgutachter gesprochen, um den Verdacht auf Paul zu lenken. Aber mich auch daran erinnert, dass Nele sämtliche Konzerne hasst. Und bei Werner haben Sie angedeutet, er könnte beide Morde im Affekt begangen haben.»

«Sie drehen mir die Worte im Mund um», wehrte Rosa ab.

«Dabei waren Sie es, die Doktor Fenstermacher und Hiltrud Zerny ermordet hat!», holte Angela zum entscheidenden Schlag aus.

«Ich?», entgegnete Rosa entsetzt. «Wieso sollte ich so etwas tun?»

«Ich habe mir ewig den Kopf zerbrochen, wer ein einziges Motiv für beide Morde hätte haben können.»

«Spielen Sie etwa auf die Versicherung für Didis Tod an? Geld ist mir völlig egal.»

«Das glaube ich Ihnen sogar. Sie haben ihm ja auch sein Hausboot finanziert.»

«Warum soll ich denn die beiden getötet haben?» Rosa sah Hilfe suchend zu den anderen Mitgliedern der Therapiegruppe, die unentschlossen waren, was sie von Angelas Anschuldigungen halten sollten. Angela wandte sich an die drei: «Es war Rosas Idee, mich zu entführen, nicht wahr?»

Die drei nickten.

«Rosa wollte Sie im Lauf der Nacht so aufputschen, dass Sie mich gemeinsam umbringen. Sie hält Sie alle für derart labil und manipulierbar, dass sie meinte, ihren Plan zum Erfolg führen zu können. Und falls er doch schiefgegangen wäre, hätte sie mich ermordet. Und anschließend Sie.»

Nele, Paul und Werner konnten es nicht fassen.

«Und wieso sollte ich das im Schilde führen?», wollte Rosa wissen und verschränkte die Arme in Abwehrhaltung vor ihrem molligen Bauch.

«Aus dem exakt gleichen Grund, warum Sie auch Fenstermacher und Hiltrud getötet haben.»

«Ich», warf Werner ein, «versteh nur Bahnhof.»

Nele und Paul merkte man an, dass sie auch nicht mehr begriffen.

«Das ist doch alles Schwachsinn!», schimpfte Rosa. In ihrer verschränkten Haltung wirkte sie wie ein kampfbereiter Buddha.

«Ich sage nur: neun!», antwortete Angela.

Rosa wurde schlagartig blass.

«Neun?», echote Werner.

«Neun», bestätigte Angela.

Rosa war als Einziger in der Fabrikhalle klar, was Angela damit andeutete.

«Sie haben eben gesagt, Sie hätten in Ihrem Leben nur noch Ihre neun Katzen.»

«Ja.»

Der Pantomime formte mit seinem Körper erneut eine Neun.

«Aber bei meinem Besuch in Ihrem Haus waren es noch zehn kleine Tiger.»

Der Pantomime formte erst eine Eins …

«Das stimmt.»

… dann eine Null. Werner schnauzte ihn an: «Kannst du mal endlich mit dem Quatsch aufhören?», und Nele befahl: «Werner hat recht, wenn aus uns beiden etwas werden soll, musst du wieder anfangen zu reden.»

Paul war hin- und hergerissen. Aus Liebe zu Nele hörte er mit der Pantomimenbewegung auf, aber er schaffte es nicht, einen Ton von sich zu geben. Das hatte er bisher nur getan, als Angela ihm den Kaffee ins Gesicht schüttete. Aber in einer Liebesbeziehung konnte man das ja nicht bei jedem Gespräch tun. Zumindest war es für die Haut nicht zu empfehlen. Und für die Beziehung auch nicht.

«Der arme Chocolate-Chip», sagte Angela.

«Der arme Chocolate-Chip», wiederholte Rosa.

«Ich verstehe nur Chocolate-Chip», seufzte Werner.

«Das ist eine von Rosas Katzen», erklärte Angela.

«Na prima, jetzt verstehe ich zusätzlich noch Katze.»

«Sie hat unter Stalin gelitten.»

«Unter Stalin? Wie alt ist denn diese Katze?»

«So heißt ein anderer ihrer Stubentiger», lächelte Angela in die Stuhlkreisrunde und wurde danach gegenüber Rosa wieder ernst: «Erinnern Sie sich, wie Sie das Leben des armen kleinen Chocolate-Chip mir gegenüber beurteilt haben?»

«Verraten Sie es mir.» Rosa nahm ihre rosa Handtasche auf den Schoß und hielt sie nun vor ihren Bauch, als ob sie sich damit schützen wollte.

«Sie haben gemeint: ‹Es ist kein lebenswertes Leben für ihn.›»

«Das war es auch nicht für den Süßen.»

«Und deswegen haben Sie es beendet.»

Rosa überlegte, was sie darauf antworten sollte, schließlich entschied sie sich dafür, es nicht zu leugnen: «Da waren es nur noch neun.»

«Ein Gnadentod.»

«Ein Gnadentod», bestätigte Rosa und war offenbar mit sich im Reinen.

«Ich hätte schon viel früher darauf kommen müssen», erklärte Angela. «Schniedel Castro hat mir bei der Verfolgungsjagd auf Fenstermacher erzählt, dass die Tiere Ihnen wichtiger waren als er. Er hatte auch schon von neun Katzen gesprochen. Und davon, dass Sie es nicht ertragen können, wenn sie leiden.»

«Was hat das alles mit uns zu tun?», mischte sich Nele ein.

Angela überhörte die Frage und sprach weiter: «Nachdem das Hausboot explodiert war und wir alle dachten, unser Therapeut sei dabei getötet worden, haben Sie, Rosa, gesagt: ‹Keiner wird mehr für uns da sein. Wie sollen wir mit unserem Schmerz nur weiterleben?›»

«Das habe ich.» Rosa schien langsam zu akzeptieren, dass Angela sie in die Enge getrieben hatte.

«Und dann haben Sie noch hinzugefügt: ‹Das ist doch kein lebenswertes Leben.›»

Werner, Nele und Paul schluckten: Dass man so über ihr Leben urteilte, erschütterte sie.

«Wir alle», fuhr Angela fort, «hatten Ihrer Ansicht nach ohne Beistand eines Psychologen, der uns half, kein lebenswertes Leben mehr. Und weil Sie es nicht ertragen konnten, uns leiden zu sehen, beschlossen Sie, uns den Gnadenschuss zu versetzen.»

«Das ist das Einzige, was gegen das Leid hilft», antwortete Rosa.

Werner, Nele und Paul hielten gleichzeitig die Luft an. Ihnen war nun klar, dass unter den Gruppenmitgliedern eine Psychopathin saß.

«Als Erste war Hiltrud dran», erzählte Angela.

«Als Sie bei ihr im Haus waren», ergänzte Rosa, «wollte ich Sie von dem Elend des Lebens gleich mit erlösen.»

Für Angela war die Vorstellung, dass man ihr Leben als elend betrachtete, nur weil sie eine Therapiegruppe aufgesucht hatte, ebenfalls nicht schön. Unbeirrt machte sie jedoch weiter: «Ich konnte mich hinter einem Stapel Bücher verstecken. Heute Nacht hatten Sie dann gehofft, die anderen überzeugen zu können, ich wäre die Mörderin. Sie wollten die drei dazu bringen, Selbstjustiz an mir zu üben.»

«Und danach wären sie von mir erlöst worden», gestand Rosa. Dabei lächelte sie auf verstörende Weise. Wie eine Tante, die Kindern einen heißen Kakao ans Bettchen brachte, von dem sie nie mehr aufwachen würden. «Und niemand müsste mehr leiden.»

Die restlichen Mitglieder der Therapiegruppe starrten Rosa zutiefst erschrocken an.

«Und Sie», ergänzte Angela, «müssten unsere Qualen dann auch nicht mehr ertragen.»

Rosa lächelte noch verstörender.

«Ihren Ex-Liebhaber Schniedel Castro haben Sie gebeten, nach dem Mord an Hiltrud zu deren Haus zu gehen, um Ihnen die Pistole zu holen, die Sie bei Ihrer Flucht in den Busch geworfen hatten», fuhr Angela fort. «Daher wusste Schniedel auch, dass Sie nur noch neun Katzen hatten. Er ahnte aber nicht, dass Sie selbst die Täterin waren …»

«Ich habe ihm erzählt, dass ich die Waffe an Hiltrud ausgeliehen hatte und jetzt befürchtete, man könnte ihren Tod mit mir in Verbindung bringen. Und er hat es geglaubt.»

«Als linker Revolutionär gehört er nun mal, trotz allem Bravado, zu der naiven Sorte Mensch.»

«Sehr naiv», bestätigte Rosa.

«Die Pistole hatte aber schon die Polizei beschlagnahmt. Dafür hat Schniedel bemerkt, dass das Onlinebanking geöffnet war und die Versicherungssumme für Fenstermachers Tod transferiert wurde …»

«… zu Didi selbst», soufflierte Rosa. «Er war noch nicht für tot erklärt worden und konnte das Geld kassieren.»

«Auf diese Weise hast du auch erfahren, dass er noch lebt», fand Nele die Sprache wieder. «Und du wurdest derart wütend auf ihn, dass du ihn getötet hast!»

«Nein, das stimmt nicht.»

«Warum hast du ihn dann gekillt?»

«Sie hatte Mitleid», erklärte Angela. «Auch bei ihm hat sie gedacht, er führe ein nicht lebenswertes Leben, wenn er so verzweifelt war, seinen Tod vorzutäuschen.»

«Ich wollte euch eben alle erlösen», lächelte Rosa jetzt wie eine Tante, die den Kindern vor dem Entschlafen noch ein kleines Lied vorsingen wollte, bei dem es darum ging, dass es besser für sie sei, nie wieder etwas empfinden zu müssen.

Die anderen fröstelten, selbst Angela.

Plötzlich bremsten Autos mit quietschenden Reifen vor der Fabrik. Schritte waren zu hören. Alle lauschten, keiner sprach ein Wort. Noch nicht mal Angela, die ‹Hilfe› hätte schreien können, es aber für unnötig hielt, da die Kavallerie ohnehin gerade eintraf. Die Tür zur Halle wurde aufgestoßen, Hannemann, Amado, Achim und – mit etwas Abstand – der an einem Gehstock humpelnde Mike stürmten herein. Der Kommissar rief: «Nele Stark, Sie sind verhaftet!»

«Ich, wieso denn ich?», fragte die Klimaaktivistin.

«In Ihrer Patientenakte steht, dass Sie des Mordes fähig sind!»

Nele, Werner und Paul waren verwirrt.

Angela jedoch nicht: «Rosa, Sie haben das Büro von Fenstermacher nach dessen angeblichem Tod zweimal aufgesucht. Das erste Mal stahlen Sie Werners Pistole und den Laptop, in dem Ihre Patientenakte digital abgelegt war. Sie haben aber erst begriffen, dass es auch eine Papierakte gab, als Werner mich beschuldigte, in seiner gelesen zu haben. Ihr eigenes Dossier konnten Sie da nicht mitnehmen, wir standen ja alle dabei. Deswegen sind Sie ein zweites Mal in das Büro eingedrungen und haben, bevor Sie die Papierakte entwendeten …»

«… das letzte Blatt mit der letzten Seite aus Neles Akte vertauscht, um den Verdacht auf sie zu lenken», vollendete die Katzenfrau kalt lächelnd.

«Dann verhaften wir eben Sie», verkündete Hannemann, der zwar verwirrt, aber wild entschlossen war, irgendjemanden hinter Gitter zu bringen.

«Nicht so schnell», lächelte Rosa unbeirrt weiter. «Sie haben noch etwas vergessen.»

«Und was?», wollte Angela wissen.

«Ich habe zwar Werners Pistole im Busch bei Hiltrud liegen gelassen, aber mir eine eigene Waffe besorgt, mit der ich Fenstermacher erschossen habe, und die habe ich bei mir.» Rosa zückte den Revolver aus ihrer rosa Tasche, stand auf und richtete ihn auf Angela.

52

Angela verfluchte sich selbst, dass sie nicht so weit gedacht hatte. Natürlich hätte sie das Szenario, wie Rosa heute Nacht alle Gruppenmitglieder hatte töten wollen, durchspielen müssen. Das Adrenalin schoss ihr in den Kopf. Jetzt galt es, schnell zu handeln. Die Situation auszusitzen, wie sie es so oft im Kanzleramt getan hatte, war schlecht möglich. Auch die ewige Vermeidung von Risiken half hier nicht weiter. Also wagte sie alles und sagte: «Dann schießen Sie!»

«Puffeline!», rief Achim.

«Schießen Sie schon. Beenden Sie mein nicht lebenswertes Leben!»

«Puffeline!»

«Jetzt ist sie endgültig verrückt geworden», kommentierte Hannemann, während Mike versuchte, mit seinem Gehstock noch rechtzeitig in die Schusslinie zu humpeln.

«Schießen Sie endlich!»

«Wie Sie wollen!»

Rosa drückte ab.

Angela ließ sich mit ihrem Klappstuhl nach hinten fallen.

Sie fiel auf den Boden.

Der Schuss verfehlte sie.

Im selben Augenblick feuerte Hannemann auf Rosa!

Die Kugel zerschmetterte weit entfernt von der Mörderin eine Scheibe.

Aber Rosa erschreckte sich derart, dass sie die Pistole fallen ließ.

Mike wollte nun auf die Mörderin zuhumpeln. Aber Werner und Paul sprangen auf, packten sie und drehten ihr die Arme auf den Rücken, während Nele die Pistole mit dem Fuß wegkickte. Amado legte Rosa Handschellen an.

All das konnte Angela vom Boden aus verfolgen, bis Achim sich über sie beugte und sagte: «Ich hätte nie gedacht, dass ich mal mit Hannemann einer Meinung bin. Aber er hat recht: Du bist verrückt geworden.»

«Das bin ich nicht.»

«Oh doch!»

«Ich habe nur etwas Verrücktes getan.»

«Und wie du das hast.»

«Manchmal», lachte Angela, «muss man eben weniger Pragmatismus wagen!»

53

Angela, Werner, Paul und Nele standen vor einer mächtigen Eiche im Wald nahe dem Dumpfsee. Die Sonne strahlte und der Morgentau funkelte auf den Blättern. Nachdem die vier bei der Polizei ausgesagt hatten, waren sie hierhergekommen. Schweigend. Aber einträchtig.

«Hier ist es also geschehen?», fragte Angela.

Werner nickte.

Was genau passiert war, musste sie nicht aus ihm herauskitzeln. Werner hatte es in seinem Wutausbruch am Kohlegrill, den Achim für erstaunlich spezifisch gehalten hatte, quasi schon enthüllt: Im Sturm war ein Ast auf Werners geliebte Person gefallen und hatte sie schwer getroffen. Sie siechte drei Tage dahin, bevor sie an einem Blutgerinnsel im Hirn starb.

Angela betrachtete die Eiche und erkannte, dass weit oben an einer Stelle die Rinde dünner war. Ob dort der Ast gehangen hatte?

«Es tut mir leid um Ihre Frau», bekundete Angela ihr Beileid.

«Frau?»

«Es ist doch Ihre Ehefrau gewesen, die hier vom Ast erschlagen wurde?»

«Ich war nie verheiratet.»

«Ihre Lebensgefährtin?»

«Ich hatte schon lange keine mehr.»

Dass Angela dies nicht verwunderte, behielt sie für sich.

«Es war …», in Werners Augen sammelten sich Tränen, «… meine kleine Schwester Mara.»

Angela musterte den Mann voller Mitgefühl. Paul tat dies ebenfalls, und selbst Nele, die sich politisch weit entfernt von Werner befand, stand ihm offensichtlich in diesem Moment im Herzen nahe.

«Sie hatte das Downsyndrom. Und sie war der fröhlichste, herzlichste Mensch, den man sich vorstellen kann.»

«Sie haben sich um sie gekümmert.»

«Immer. Schon als ich ein Kind war und nur ihr großer Bruder. Nachdem unsere Eltern, habe ich für Mara die Vormundschaft übernommen. Und sie hat mit ihrer Art mein Leben erhellt. Und jetzt … und jetzt …»

«Ist das Leben dunkel?», verstand Angela.

«Ja», schniefte Werner.

Nun hätte sie den traurigen Wutbürger am liebsten in die Arme geschlossen, aber es brach aus ihm heraus: «Wir waren am See, und plötzlich zog eine Sturmfront auf, wir machten uns auf den Weg nach Hause, aber der Sturm war so viel schneller und heftiger als jemals zuvor …»

Angela merkte, dass Nele ihm jetzt erklären wollte, dass solche Stürme zu den Auswirkungen der Klimakatastrophe gehörten. Auch Paul schien das zu bemerken, jedenfalls legte er Nele zärtlich einen Finger auf die Lippen. Sie verstand und hielt sich zurück.

«Und dann fiel der Ast auf Mara, sie stürzte zu Boden und lag reglos da. Blutend. Und ich setzte mich zu ihr und nahm ihren Kopf in meinen Schoß und sagte: ‹Alles wird gut, Mara, alles wird gut. Das verspreche ich dir.› Aber nichts ist gut geworden …»

Weiter kam Werner nicht. Er begann, hemmungslos zu weinen.

Jetzt zog Angela den Wutbürger in ihre Arme.

Sie hielt ihn fest, ohne etwas zu sagen.

Paul trat mit ausgebreiteten Armen hinzu.

Und schließlich sogar Nele.

Als Werner sich wieder etwas beruhigt hatte, schniefte er dankbar: «Das habe ich noch nie jemandem erzählt.»

Manchmal braucht man eben, dachte sich Angela, für die Therapie keinen Psychologen, sondern nur Menschen um einen herum, die den Schmerz verstanden.

«Danke, Werner, dass du das mit uns geteilt hast», sagte der Pantomime.

Alle starrten ihn erstaunt an. Werners Gefühlsoffenbarung hatte anscheinend dafür gesorgt, dass sich auch in Pauls Innerem etwas bewegt hatte. Nicht nur Krankheit und Leid konnten also ansteckend sein, auch Heilung.

Paul wandte sich an die verdutzte Nele: «Schau nicht so erstaunt. Du hast gemeint, ich muss wieder reden, wenn es zwischen uns etwas werden soll.»

Darauf musste Nele lachen und gab ihm einen Kuss.

Und all das, während sich die vier noch in den Armen hielten.

Angela begriff in diesem Augenblick der großen Nähe: Sie konnte zwar nicht mehr das Schicksal des Landes lenken, um Millionen von Menschen zu helfen. Menschen, die sie nicht einmal kannte. Aber sie konnte Nele, Paul und Werner in den nächsten Monaten helfen, den Weg ins Leben zurückzufinden. Und damit auch sich selbst.

54

Als Angela in dem wunderbar blühenden Rosengarten des Schlosses stand, festlich herausgeputzt für die Hochzeit von Mike und Marie, hatte sie das Gefühl, aus einer langen Dunkelheit ins Helle getreten zu sein. Endlich verspürte sie wieder echte Freude, so wie sie sie in den letzten Wochen nur kurz auf dem Seegrund erlebt hatte: Die Sonne schien in ihrem herrlichsten Licht, die verschiedenfarbigen Rosen standen in voller Blüte, ihr Duft war betörend. Unter Maries Pflege hatte der Garten seine alte Pracht wiedererlangt, die er das letzte Mal im siebzehnten Jahrhundert unter der Regentschaft des Freiherrn Ansgar von Baugenwitz besessen hatte. Eines Mannes, der in die Geschichtsbücher einging als einziger Landesherr, der sich mehr für das Schöne als die Ausbeutung seiner Untertanen interessierte.

«Willst du, Marie», fragte der Standesbeamte, ein fröhlicher, vom Dorffriseur Silvio blond gefärbter Mittfünfziger im lila Frack, «an der Seite von Mike sein, in guten wie in schlechten Zeiten? Dann sage: ‹Ja, ich will.›» Der Mann platzte fast vor guter Laune, weil Angela ihm von ihrem Fund am Grund des Dumpfsees erzählt hatte. In seiner Nebenfunktion als Tourismusdirektor sah er schon die Urlauber in Massen nach Klein-Freudenstadt strömen, sobald die Galionsfigur, die die mythische Schlange Jormudgandr darstellte, geborgen war.

Seine Eheformel konzentrierte er auf die einzige Frage, die er für wesentlich hielt. Deren kirchlicher Zusatz ‹Bis dass der Tod euch scheidet› wurde ohnehin von keinem Standesbeamten bundesweit aufgesagt. Dafür beurkundeten sie viel zu viele Ehen, die der Tod der Liebe schon lange vor dem wahren Ableben beendet hatte.

Marie, die in ihrem schlichten weißen Kleid und mit einer Rose im Haar aussah wie eine Märchenprinzessin, antwortete strahlend: «Ja, ich will!»

«Und willst du, Mike, an der Seite von Marie sein, in guten wie in schlechten Zeiten? Dann sage: ‹Ja, ich will.›»

Mike stand zitternd vor Aufregung Marie gegenüber. Auf Krücken. In seiner besten Bodyguard-Anzugjacke. Und in einer Jogginghose. Im Gegensatz zu der Anzughose passte die noch über seinen Gips. Und um seinen in den letzten Tagen angewachsenen Bauch.

Achim fungierte neben ihm als Trauzeuge. Er trug sein einziges, mittlerweile dreißig Jahre altes braunes Jackett, während Angela in ihrem roten Lieblingsblazer und für ihre Verhältnisse ganz verwegen mit einer roten Hose an Maries Seite stand. Weiß durfte nun mal nur die Braut tragen, und Schwarz kombiniert mit Rot wirkte zu sehr nach offiziellem Empfang im Bundeskanzleramt.

Als Gäste wohnten lediglich Mikes Eltern der Trauung bei. Caro in einem Blumenkleid, das so farbenfroh war wie die Rosen im Garten. Und Lutz in einem umwerfend grünen italienischen Anzug, den er sich bei einem Toskana-Urlaub in einem Secondhandladen gekauft hatte. Die beiden hielten Händchen.

Vor ihnen hatte sich der kleine Adrian aufgebaut, der ein Spiderman-Kostüm anhatte, was für alle in Ordnung war. An solch einem besonderen Tag sollte jeder das anziehen dürfen, worin er sich am wohlsten fühlte. Vor dem Kleinen wiederum hockte Pupsi. Die Hochzeitsgemeinde wartete gespannt auf Mikes Antwort, doch der brachte vor lauter Aufregung kein Wort heraus.

«Mike», grinste der fröhliche Standesbeamte, «dies wäre ein guter Augenblick, ‹Ja› zu sagen.»

«Fblmpf.»

«Das ist nicht ganz ‹Ja›», lachte Marie.

«Fblmumpf.»

«Das auch nicht wirklich.»

Marie trat zu dem zitternden Bräutigam und strich mit ihrer Hand zärtlich über seine Wange. Das beruhigte Mike zumindest so weit, dass er sagen konnte: «Jjjj …»

«Das nehme ich», lächelte Marie von ganzem Herzen.

«Ich auch!», strahlte der Standesbeamte. «Hiermit erkläre ich euch zu Mann und Frau!»

Alle klatschten. Der kleine Adrian hüpfte vor Freude im Kreis herum. Mops Pupsi tat es ihm gleich. Und Mike war so erleichtert, dass er das ‹Du darfst die Braut jetzt küssen› des Standesbeamten gar nicht erst abwartete. Er warf die Krücken davon, stellte sich auf das gesunde Bein und nahm Marie in die Arme. Es war der innigste Kuss, den es bis dato in all den Jahrhunderten im Schloss gegeben hatte.

Angela war sicher, dass die zwei Eheleute noch viele weitere austauschen würden. Und vielleicht auch weitere Kinder folgten, für die sie ‹Tante Schmangela› sein durfte.

Sie hörte, wie Lutz stolz zu Caro sagte: «Wie der küsst …», und Caro antwortete: «Er ist eben unser Sohn.» Beide lachten daraufhin und küssten sich leidenschaftlich. Und ausdauernd.

Angela trat als Erste zu dem Brautpaar, um zu gratulieren. Sie schloss Marie in die Arme, und ihre beste Freundin raunte ihr ins Ohr: «Ohne dich wären wir nie zusammengekommen.»

Angela war auf keinen politischen Erfolg so stolz wie auf diesen privaten.

Nach einer Weile sagte Achim: «Jetzt bin ich aber dran.»

Angela ließ Marie los, sah kurz zu, wie Achim sie umarmte, wandte sich dann an ihren Bodyguard, reichte ihm seine Krücken und sagte: «Mein Name ist Angela.»

Da musste Mike lachen: «Das ist mir ja völlig neu.»

«Ich biete Ihnen hiermit das Du an.»

Mike hörte schlagartig auf zu lachen und wurde wieder nervös. Diesmal trat sogar Schweiß auf seine Stirn.

«Versuchen Sie es mal», munterte Angela ihn auf.

«D … d … d … d …»

«Wenn Sie jetzt noch ein U dranhängen, wird was draus.»

«U … u … u …»

«Und jetzt beide Buchstaben zusammen.»

«Ud … Ud … Ud …»

«Wenn es Ihnen leichter fällt, nennen Sie mich einfach Schmangela.»

Da konnte Mike wieder lachen.

Caro und Lutz näherten sich, und Angela wich gerne zur Seite. Während die Eltern ihren Sohn umschlossen und Marie ihren kleinen Sohn und Pupsi gleichzeitig an die Brust drückte, trat Achim zu seiner Frau und führte sie am Arm zu einer besonders schönen Rosenranke. Er deutete auf Caro und fragte: «Hast du geglaubt, ich hätte Interesse an ihr?»

Angela hatte geahnt, dass dieses Thema aufkommen würde, seitdem Achim erfahren hatte, dass Mike auf ihre Anweisung seine Eltern wieder zusammenbringen sollte. Ihr Puffel war zwar naiv, aber nicht dumm. Und da sie ihn nie anlog – die ein oder andere Notlüge während einer Ermittlung oder einer Eifersucht mal ausgenommen –, antwortete sie: «Ja.»

«Bis dass der Tod uns scheidet.»

«Was?», fragte Angela irritiert.

«Das habe ich dir einst geschworen.» Im Gegensatz zu Marie und Mike hatten die beiden kirchlich geheiratet, schließlich war Angela eine Pfarrerstochter.

«Ja, das hast du getan.»

«Aber viel wichtiger ist: Das ist, was ich immer wollte und immer noch will.»

Angela liebte ihren Mann so sehr.

«Wir werden noch viele solche schönen Tage haben, Urlaube, Feste, Ostern, Hochzeitstage …»

«… Weihnachten …»

«Solange du dir keinen Mord wünschst.»

«Mord unter dem Tannenbaum», grinste Angela.

«Mit einem toten Weihnachtsmann?»

«Mindestens.»

Beide lachten. Bis Achim meinte: «Puffeline?»

«Ja, Puffel?»

«Weißt du, was für mich die beste Therapie ist?»

«*Scrabble* spielen?» Angela dachte an sein Hobby und hoffte, dass er nicht erwidern würde, es sei der Garagenbau. Die schiefe Garage von Klein-Freudenstadt wollte sie bestimmt nicht bei ihrem Fachwerkhäuschen stehen haben. Egal wie sehr der Standesbeamte im lila Frack sich auch über diese Attraktion freuen würde.

«Das bist du.»

Angela antwortete nicht, sondern küsste ihren Puffel.

In diesem Augenblick waren all ihre trüben Gedanken, die sie nach dem Schreiben ihrer Autobiografie geplagt hatten, endgültig fort.

Es gab nun mal keine schönere Therapie als die Liebe.

Dank

Mein aus tiefstem Herzen stammender Dank gilt Ulrike Beck – eine fantastischere Lektorin kann man sich nicht vorstellen –, meinem wundervollen Mentor Michael Töteberg, dem konstant herausragenden Coverzeichner Oliver Kurth und natürlich Angela Merkel.

Weitere Titel

28 Tage lang

Aufgetaut

Die Ballade von Max und Amelie

Happy Family

Jesus liebt mich

Mieses Karma

Mieses Karma hoch 2

MUH!

Plötzlich Shakespeare

Solange wir leben

Traumprinz

Merkel Krimi

Miss Merkel: Mord in der Uckermark

Miss Merkel: Mord auf dem Friedhof

Miss Merkel: Mord auf hoher See